3 労働者災害補償保険・雇用保険

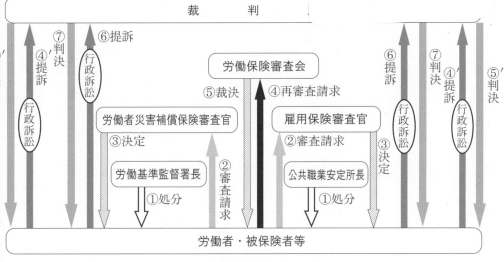

〔注〕再審査請求（④→⑤）を行わずに提訴することも可能（④′→⑤′）。

4 生活保護

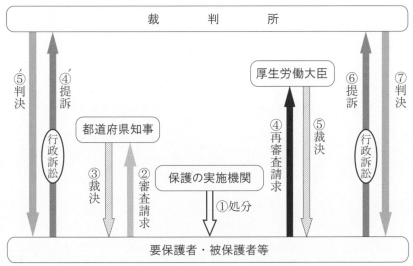

〔注〕再審査請求（④→⑤）を行わずに提訴することも可能（④′→⑤′）。

トピック 社会保障法

〔2022 第16版〕

本沢巳代子
新田秀樹 編

不磨書房

第16版 はしがき

　今年も『トピック社会保障法』の「2022　第16版」を刊行することができた。2006年に学生目線の「トピック」を織り込んだ「新しいタイプ」の社会保障法テキストとして本書がスタートして以来，ほぼ毎年改訂を行って版を重ね続けることができるのは，ひとえに読者の皆さま方のご支援の賜物である。

　第16版でも，例年のとおり，執筆者自身がテキストを使用する中で気がついた問題点やテキストを利用した学生たちの声を踏まえ，執筆者間で意見交換をしながら，１年間の制度改正の動向や新たな裁判例等を盛り込みつつ，各章においてきめ細かな内容の見直しをおこなった。特に，マルチジョブホルダー制度の導入や育児休業制度の見直しが行われた「4　労災補償」や「5　雇用保険」の章などはかなり手を加えている。もっとも，執筆者間の意見交換は，COVID-19の大流行の継続により，今回も基本的にオンライン会議によらざるを得なかった。

　一方で，学生にとってのわかりやすさを重視するという観点から，各章の冒頭でトピックとそれに対する解題を簡単に示し，つぎに生活実感に繋がりやすい給付を扱い，社会保険の当事者関係などは後に回すというスタイルは，第16版においても引き続き堅持されている。また，「3　年金保険」について，田中秀一郎先生の書かれた文章を可能な限り活かしつつ，所要の修正・更新をおこなったことも変わりはない。

　毎年改訂を行って常に「最新のテキスト」として社会保障法に関する直近の情報を読者に提供するという執筆者一同の目標は，この第16版においても引き続き達成できたと思う。稲葉文子氏をはじめとする不磨書房および信山社のスタッフの皆さまの引き続きのお力添えに厚く御礼を申し上げたい。

　2022年3月吉日

本沢巳代子

新田　秀樹

はしがき

（初　版）

　2002年に厚生労働科学研究費補助金の給付を受けて立ち上げた「福祉契約研究会」のメンバーに，新しいタイプの社会保障法テキストを出版する話が，2年ほど前に舞い込んできた。福祉契約研究会の場を借りて，社会保障法学会員である若手メンバーから執筆希望者を募り，どのような「新しいタイプ」の教科書にするかについて，折を見ては話し合いを深めていった。そして，若手を中心に執筆するのだから，学生達とも共有できる話題で，身近感をもてるようなトピックを冒頭において，解題をしながら社会保障法の基礎知識を身につけられるものを目指そうということになった。そのためには，できるだけ学生が身につけておくべき最低限の知識に絞って記述することとし，次に，どうしても必要な項目についてはコラムで扱い，それ以上はステップアップで紹介する書物に委ねることとした。執筆陣の所属もバラエティーにとんでいるので，法学部以外の学部でも使用でき，学生達にも興味を持って学習してもらえるようなものにすること，そして講義だけでなく，ゼミ教材としても使用できるようにするという欲張ったものを目標とした。

　お互いの原稿を持ち寄っての度重なる編集会議を経て，全体の構成や執筆者相互間の内容の調整など，執筆陣の熱意の詰まった，手間暇をかけたテキストとなっている。また若い執筆陣の原稿についての不備などがあるとすればひとえに編者の責任である。そして，執筆者達の熱意が冷めることなく出版にまでこぎつけることができたのは，企画・編集の初期段階から根気強く付き合ってくださった不磨書房の稲葉文子氏の熱意に拠るところが大きい。ここに記して，改めて感謝の意を表したい。

2006年3月14日

執筆者を代表して

本沢　巳代子

●トピック目次●

目　　次

補論 留学生の皆さんに知ってもらいたい日本の社会保障制度
Major social security programs to know for
international students

■ コラム目次 ■

● 本書に使われている判例集・法令等の略称

1　判例集等略称

　判例を引用する際にも一定の約束事がある。たとえば，最判昭和43年4月23日民集22巻4号964頁という記載は，この判例が，最高裁判所の昭和43年4月23日の判決であり，最高裁判所民事判例集第22巻第4号964頁以下に記載されている，ということを示している。

①　裁判所の略称

最高裁判所	最判，最決	高等裁判所	東京高判，名古屋高決,等
最大判(最高裁判所大法廷判決)		地方裁判所	大阪地判,千葉地決,等
最小二判（最高裁判所第二小法廷判決）		家庭裁判所	大阪家決,等

②　判例集の略称

民　集	最高裁判所民事判例集	裁　時	裁判所時報
判　タ	判例タイムズ	家　月	家庭裁判月報
訟　月	訟務月報	労　判	労働判例
行　集	行政事件裁判例集	賃　社	賃金と社会保障
判　自	判例地方自治	裁web	裁判所ウェブサイト
判　時	判例時報		

2　本書で使用した法令の略称

育　援	子ども・子育て支援法	国保則	国民健康保険法施行規則
育　休	育児休業，介護休業等育児又は家族介護を行う労働者の福祉に関する法律[育児介護休業法]	雇　保	雇用保険法
		雇保則	雇用保険法施行規則
		児　虐	児童虐待の防止等に関する法律[児童虐待防止法]
医　療	医療法	児施基準	児童福祉施設の設備及び運営に関する基準[児童福祉施設最低基準]
介　保	介護保険法		
家　審	家事審判法		
家審規	家事審判規則	児　手	児童手当法
行　審	行政不服審査法	児　福	児童福祉法
行　訴	行政事件訴訟法	児福令	児童福祉法施行令
行　手	行政手続法	児扶手	児童扶養手当法
憲	日本国憲法	児扶手令	児童扶養手当法施行令
健　保	健康保険法	社　福	社会福祉法
厚　年	厚生年金保険法	社福則	社会福祉法施行規則
高齢者医療	高齢者の医療の確保に関する法律[高齢者医療確保法]	障　基	障害者基本法
		障　雇	障害者の雇用の促進等に関する法律[障害者雇用促進法]
国共法	国家公務員共済組合法		
国　年	国民年金法	障　差	障害を理由とする差別の解消の推進に関する法律[障害者差別解消法]
国年令	国民年金法施行令		
国　保	国民健康保険法		

障　総	障害者の日常生活及び社会生活を総合的に支援するための法律［障害者総合支援法］		母　福	母子及び父子並びに寡婦福祉法
障総則	障害者総合支援法施行規則		母子令	母子及び父子並びに寡婦福祉法施行令
障総令	障害者総合支援法施行令		母子保健	母子保健法
身　障	身体障害者福祉法		民	民法
精　神	精神保健及び精神障害者福祉に関する法律［精神保健福祉法］		民　委	民生委員法
			民　執	民事執行法
			労　安	労働安全衛生法
生　保	生活保護法		労安則	労働安全衛生規則
地　自	地方自治法		労　基	労働基準法
知　障	知的障害者福祉法		労基則	労働基準法施行規則
特児扶手	特別児童扶養手当等の支給に関する法律［特別児童扶養手当法］		労　災	労働者災害補償保険法
			労災則	労働者災害補償保険法施行規則
認定こども園法	就学前の子どもに関する教育，保育等の総合的な提供の推進に関する法律		老　福	老人福祉法
			労保徴	労働保険の保険料の徴収等に関する法律

3　通知で使われる略称

保　発	厚生（労働）省保険局長が各都道府県知事あてに発する通知		雇児発	厚生労働省雇用均等・児童家庭局長が各都道府県労働局長あてに発する通知
基監発	厚生労働省労働基準局監督課長が各都道府県知事あてに発する通知		社　発	厚生省社会局長が各都道府県知事あてに発する通知（現在は「社援発」：厚生労働省社会・援護局長が各都道府県知事・各指定都市市長・中核市市長あてに発する通知）
基　発	厚生（労働）省労働基準局長が各都道府県労働局長あてに発する通知			
基　収	各都道府県労働局長からの法令の解釈に疑義についての問い合わせに対する（厚生）労働省労働基準局長による回答		社保発	厚生省社会局保護課長が各都道府県・各指定都市民生主管部（局）長あてに発する通知（現在は「社援保発」：厚生労働省社会・援護局保護課長が各都道府県・指定都市・中核市民生主管部（局）長あてに発する通知）
職　発	厚生労働省職業安定局長が各都道府県労働局長あてに発する通知			
雇児総発	厚生労働省雇用均等・児童家庭局総務課長が民生主管部（局）長あてに発する通知		庁保発	社会保険庁運営部長が各地方社会保険事務局長あてに発する通知

オリエンテーション

1．この本の目的とコンセプト

　この本では，「トピック」として，学生や若者にとって身近で具体的な事例を各章の冒頭にあげ，まず社会保障法を身近に感じてもらうことからスタートすることを目指している。そこで，各章において2〜3のトピックを使うことで，それぞれのトピックに関係する社会保障法の基礎知識をわかりやすく説明するとともに，トピックで示された事例に関する具体的な解説を通して，社会保障法の基礎知識をより立体的・実践的に身につけられるように工夫した。また，それぞれの章で扱われる事項に関連した項目について，他の章で扱われている場合には，該当箇所を矢印（⇨）で示し，総合的な学習を行うことができるようにしている。したがって，この本は，第一義的には社会保障法を初めて学ぶ学生達のための教科書であるが，学生達と同年配の若者をはじめとする一般の社会人にとっても，社会保障法の入門書として広く活用してもらえるものとなっている。

　もっとも，トピックにそった形で基礎知識を身につけてもらうことに主眼をおいたため，通常の教科書であれば必ず解説しなければならない項目について，これを網羅的にすべて取り扱うことはできなかった。それらの項目については，「コラム」や「ステップ・アップ」の中で少なからず触れるように努力している。とくに「コラム」では，本文中では書き込めなかった重要な事項について解説をしたり，社会保障法に関わる今日的テーマを取り上げたり，重要な判例を紹介したりしている。さらに，実社会において発生している事件や諸問題を通して，社会保障法と私たちの生活とのかかわりを具体的に理解してもらうために，別冊『変わる福祉社会の論点　第3版』を2021年9月に出版し，この本の関係箇所に矢印（⇨）を付すことにした。この本と別冊とを相互に参照し活用することで，より具体的かつ実践的な知識や応用能力を身につけることができる。その意味では，この本と別冊は，社会保障法の教科書としてだけでなく，ゼミ教材としても活用してもらえるものとなっている。

2．この本の構成と特徴

　この本の構成は，社会保障法の通常の教科書とは異なるものになっている。この冒頭の「オリエンテーション」ガイドで，この本の特徴を活かした学習方法の

ヒントを示すこととした。その上で，社会保障制度の基礎となっている社会保険制度を理解してもらうために，誰もが一度は利用したことのある医療保険制度として健康保険と国民健康保険について解説するとともに，高齢者医療を含む医療保障制度全般を概観する。つぎに医療と密接な関係にある介護保障制度について，介護保険制度を中心に老人福祉法の各種サービスをも含めて総合的に取り扱う。したがって，社会福祉の教科書であれば，後掲の児童福祉や障害者福祉と同様に個別の項目として扱われる高齢者福祉は，この本では独立の項目立てとなっていない。また，学生を中心に若い人達にはなかなか実感のわかない年金については，学生についても直接関係してくる可能性のある例として，障害を負った場合について解説するとともに，保険料を支払わなかった場合の不利益を実感できるように工夫している。労災補償では，学生に身近なアルバイトの過労死と通勤災害をトピックで取り上げている。さらに，雇用保険については，若者が直面するかもしれない就職後に直ぐに離職した場合における再就職の問題や非正規雇用者の増加問題に対応するなど独自の工夫をしている。

　これら社会保険による所得保障とともに，生活支援・自立支援のために重要な役割を果たす福祉制度についても多くの紙面を使っているのが，この本の特徴である。子ども支援（児童福祉）については，共働きをしながら子育てをしたいとき利用することになる保育所や認定こども園，マスコミをにぎわしている児童虐待や児童の非行に的を絞って解説している。つぎに家族支援として，児童福祉とも関わりの深い子育て支援やひとり親家庭に対する経済的支援などを取り上げる。その上で，家庭ないし家族を支援するために，社会保険や社会福祉といった社会保障給付のネットワーク化，あるいは他の法律分野や社会政策分野との連携の必要性にも言及している。障害者の問題については，重度障害者などを例に挙げつつ障害者総合支援法を中心にわかりやすく解説するとともに，障害者権利条約などにも触れている。社会福祉の項目では，社会福祉の事業者や福祉の担い手である専門職について解説するとともに，福祉サービスの利用者の権利擁護や成年後見制度についても取り扱う。そして，おそらく学生達が最も身近に感じにくいであろう生活保護については，手続きの流れに沿ってできるだけ解りやすく解説することを心がけている。これら社会保障制度に関する学習を終えたことを前提に，この本では，社会保障法体系全体を最後に見渡す形で，通常であれば冒頭に扱われる「総論」を最後に位置づけている。このような構成を取った理由は，それに

よって社会保障法全体の仕組みや体系，社会保障制度の歴史的展開と改革議論，個々の社会保障法や社会保障制度間の相互関係について，より良く理解してもらえると考えたからである。

この本は毎年改訂を重ねて第16版まで版を重ねてきたが，上記に示した本の構成やトピックの内容は，版を重ねるごとに見直され修正されてきたものである。特に，この本は毎年改訂を行うという当初のコンセプトを維持するために，執筆者全員が毎年末に集まって編集会議を開き，相互に最新情報や細かな情報を検証し合いながら，オープンな議論を重ねている。この本では，紙幅の都合上，個別分野における法改正の変遷を詳細に紹介することは難しいが，毎年改訂を繰り返している結果，法改正後の新版と法改正前の旧版を随時参照することによって，各分野における新旧制度の違いや移行期の変化などを知ることができる。学習にあたっては，適宜，第15版までの各版の記述を参照して頂きたい。

3．この本を使った学習方法

この本は，身近で具体的な「トピック」を使って社会保障法の基礎知識を身につけてもらうことを目指したものである。したがって，「トピック」にそって学習すれば，在学中はもちろん，就職したり結婚したりしても，日常生活で遭遇するかもしれない諸問題について，社会人として必要な社会保障法の基礎知識を自然に身につけることができる。また，本書で得た基礎知識をベースに，より具体的な社会問題に対する応用能力を身につけてもらうため，この本の別冊『変わる福祉社会の論点』を大いに活用してもらいたい。

社会保障は行政の重要な役割の一つであり，少子高齢化や国際化の進展の中で，行政官を目指す公務員志望の学生にとって，この本と別冊は，社会保障に関する基本的な法知識と応用力を身につけるために有用である。重要な社会保障行政の役割を理解した上で公務員試験を目指すことは，どうしても単調になりがちな試験勉強に対し目的意識を持って取り組むことができる。

社会保険労務士を目指す学生にとっても，この本と別冊は，社会保障の基本的な法律知識と応用力を身につける上で役立つばかりでなく，社会保障制度全体を体系的に理解することに役立つであろう。社会福祉を含む社会保障制度全体を理解した上で，社会保険労務士の試験に必要な社会保険や労働保険をさらに勉強し，受験用の参考書や問題集に取り組んでいって欲しい。

　社会福祉士，介護福祉士，精神保健福祉士，保育士など福祉系の資格取得を目指す学生にとっても，この本と別冊は，社会福祉の個々の分野に関する専門知識だけでなく，社会保障全体に関する基本的な法知識を身につけるために役立つだけでなく，社会福祉の個々の分野の持つ意味をより良く理解できるようになるであろう。また，社会保障制度全体の中で社会福祉の専門知識を，社会保険などの他の法律知識と結びつけ総合的に理解することで，個々のケースにより適切に対応できるようになるであろう。

4．外国人留学生のために

　この本の最後には，日本の大学や日本語学校で学ぶ外国人留学生のために，英語による補論「留学生の皆さんに知ってもらいたい日本の社会保障制度」を設けた。少なくとも，外国人留学生が日本で生活するために最低限知っておくべき社会保障法に関する情報を英語で得られるようにと考えたからである。日本の在留資格を得て市町村に住民登録する際，国民健康保険や国民年金の加入手続きをすることになるが，その意味を知っておいて欲しい。また，学費や生活費のためにアルバイトをした場合，自分たちも労災補償の対象になることを知っておくことが大切である。

5．ステップ・アップのために

　この本の最後には，事項索引を掲載し，ピンポイントで用語の説明を検索することができるだけでなく，各章で紹介された代表的な判例についても，この本の最後に，入手しやすい雑誌を優先した形で判例一覧を掲載している。これらを使って，法学部の学生はもちろんのこと，ワンランク上の学習を目指す者は，掲載されている判例を直接読んでみて欲しい。また，各章の執筆者が参照・引用した書籍や論文，資料などは，参考文献や官公庁資料として，最後に列挙している。より広範に，あるいはより専門的に学習をしたいと思う場合には，これらの文献を「ステップ・アップ」で紹介された書籍などとあわせて読んでみてもらいたい。さらに，利用者の便宜のために，表表紙の余白を利用して，各社会保険制度や生活保護制度における不服申し立ての流れを示すとともに，裏表紙の余白を利用して，わが国の社会保障制度関連の主な施策および日本と世界の動きに関する年表を掲載したので，社会保障法を学習する際，大いに活用して欲しい。

社会保障法

2022 第16版

1 医療保障

　ある日，筋肉痛と関節痛を感じたので熱を測ったところ，38度の高熱であった実家暮らしの大学生Ａさん。すぐに，近くの内科クリニックに向かった。初診ということもあり，被保険者証を提出して症状などを受付で書いた。その後，医師に診察をしてもらい，インフルエンザ検査も受けた。窓口では2,440円を支払った。その時，「請求書兼領収証」と「医療費明細書」をもらった。明細書を見ると，なにやら難しい項目や点数などが書いてある。これは一体何だろう。

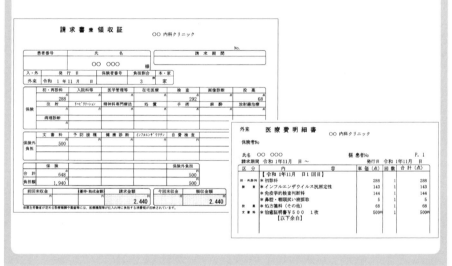

　私たちが医療を受ける場合，通常，医療機関で被保険者証を窓口で提示し，診療を受けて，最後に窓口でお金を支払う。このあたりまえのような一巡の流れのように，医療保険の仕組みを用いて受ける診療を保険診療という。Ａさんがもらった「請求書兼領収証」と「医療費明細書」には，保険診療で行った行為が書かれており，これを積算した金額が医療費として算定される。この医療費の一部をＡさんが窓口で支払ったことになる。

1　医療保険の保険給付の種類と内容

⑴　医療保険の保険給付の種類

　私たちが被保険者証（一般にいう保険証）を提示して受ける保険診療では，公的医療保険（以下では単に「医療保険」という。公的保険と民間保険の違いについて⇨11社会保障3⑴）の療養に関する保険給付が給付される。医療保険各法の保険給付の種類は下記のように多少の違いがあるものの，おおむね健康保険法52条に列挙されている保険給付の種類に代表される。これらの給付は，後述のように，療養の給付を中心とする「療養に関する給付」と，療養以外の「その他の給付」に分類することができる。

　各制度間の保険給付の相違点として，国民健康保険（国保）および後期高齢者医療制度では，出産育児一時金（国保のみ）や埋葬料は，療養の給付や療養費，高額療養費等の支給とともに法定給付とされているが，保険者に対する義務付けの度合いに差がある（国保58条1項，高齢者医療86条1項）。出産（国保のみ）・葬祭に関する給付はほとんどの国民健康保険および都道府県後期高齢者医療広域連合で実施されている。これに対し，傷病手当金などは国民健康保険や後期高齢者医療制度では，その実施を保険者の自主的判断に委ねた任意給付としている（国保58条2項，高齢者医療86条2項。）この他，国民健康保険および後期高齢者医療制度では，被保険者資格証明書の交付（⇨3⑵(b)）を受けている場合に要した療養に関する費用を支給する特別療養費がある（国保54条の3，高齢者医療82条）。

⑵　療養に関する給付と業務災害

　医療保険の中心的な任務は傷病に対する療養に関する給付を行うことであるが，必ずしもすべての傷病を対象とするわけではない。健康保険制度による給付は，労働者またはその被扶養者の業務災害（労災7条1項）以外の疾病，負傷もしくは死亡または出産に関して行われ（健保1条），労働者の業務上の事由による労働者の負傷，疾病，障害，死亡等に関する労災保険制度の保険給付（労災1条）とは区別される。健康保険制度では，法人の役員等も被保険者となる場合がある（⇨3⑵(a)(ii)）。もっとも，被保険者または被扶養者である法人の役員（取締役等）が業務に起因して負傷等をした場合には，健康保険の保険給付の対象にはならない（健保53条の2（ただし，被保険者数が5人未満である適用事業所に所属する法人の役員であって，一般の従業員と著しく異ならないような労務に従事している者につい

ては，その者の業務遂行の過程において業務に起因して生じた傷病に関しても，健康保険の保険給付の対象としている））。この場合，労災保険の特別加入制度にあらかじめ加入することにより，労災保険の給付を受けられる場合がある。これに対し，国民健康保険制度はもともと雇用関係を前提としない地域住民を対象とする医療保険であり，業務上・外の区別なく，国民健康保険法2条に掲げた保険事故に対して保険給付を行う。

(3) 療養に関する保険給付とその種類（健康保険制度を例に）

(a) 療養の給付（家族療養費）

(i) **傷病の範囲** 療養に関する給付は，被保険者の業務外の事由による疾病および負傷を対象にしている。その対象となる傷病の範囲であるが，健康の保持・増進および予防については，傷病発症前（保険事故発生前）の問題として捉え，それらに関連する給付は限定的である。また，正常分娩は傷病とはみなさずに傷病と別個の保険事故として給付を行っており，療養の給付の対象外としている。ただし，異常分娩や分娩にともなう疾病が併発した場合などは療養の給付の対象となる。この他，日常生活に支障のない美容を目的とする治療等は療養の給付の対象にはならない。

(ii) **療養の給付** 健康保険制度では，被保険者の疾病または負傷に関して，療養の給付として，①診察，②薬剤または治療材料の支給，③処置・手術その他の治療，④在宅で療養する上での管理，その療養のための世話，その他の看護，⑤病院・診療所への入院，その療養のための世話，その他の看護が行われる（健保63条1項）。療養の給付は傷病の治癒を目的とした一連の医療サービスを給付する現物給付である（東京地判平27・12・15では，疾病・負傷が「業務外の事由」（健保1条）に該当しない場合に被保険者が療養の給付を受けたときには，保険者は職権により当該療養の給付について不支給決定をすることができるとする）。ただし，保険医療機関等以外の病院等で診療や手当を受けた場合で，保険者がやむを得ないものと認めるときは，保険者は療養の給付等に代えて，金銭給付として療養費（⇨ 1(3)(b)）を支給することができる（健保87条）。

(iii) **家族療養費** これに対し，被保険者に扶養されている者は被扶養者として医療を受けることになる（被保険者と被扶養者の違いは，⇨ 3(2)(a)）。トピックに登場するＡさんは実家暮らしの大学生で被保険者に扶養されていると考えられるので，被扶養者として受けたＡさんの診療費用は家族療養費として支給されてい

る。

　健康保険制度では，被扶養者が保険医療機関等から療養を受けた場合，被保険者に対して家族療養費が支給される（健保110条）。家族療養費の給付の範囲等は被保険者に対する療養の給付と同じである。家族療養費は法文上では被保険者に対する償還払い方式の金銭給付であるが，実際は被扶養者に対して現物給付化されている給付である（健保110条4項・6項）。

　(b)　**療養費**　　療養費は，療養の給付等を給付することが困難であると保険者が認めたときや，被保険者が保険医療機関以外の医療機関で診療等を受けることがやむを得ないと保険者が認めたときに，いったん被保険者が自費で診療費を負担し，あとで保険者から保険給付の範囲内で費用の支払いを受ける給付である

コラム 1-1　保険外診療（自由診療）と混合診療

　保険外診療（自由診療）とは，保険未適用あるいは適用除外の医療で，美容医療，正常妊娠，正常分娩，健康診断，インフルエンザなどの予防接種費，経済的事情による人工中絶などがこれにあたる。自由診療の場合，医療機関側の医療を提供する役務提供債務と患者の医療費支払債務により構成される私的契約であり，医療費の単価は保険診療のような公定価格ではなく，当事者間の取り決めによる。

　保険診療では，保険診療の準則等が定める範囲内で医療が提供されるが，その範囲を超える医療を受ける場合には，混合診療禁止の原則ないし混合診療保険給付外の原則（保険診療と保険外診療の併用は原則として禁止）により，本来は保険給付の対象である診療も含めてすべてが自由診療扱いとなる取り扱いが行政解釈を通じて行われている。混合診療禁止の原則の例外として，厚生労働大臣の定める「評価療養」，「患者申出療養」，または「選定療養」と保険診療を受けた場合には，保険診療部分については保険外併用療養費が支給され，保険診療と保険外診療の併用が認められている（健保86条）。混合診療禁止の原則について，健康保険法では直接に規定した条文はないが，最高裁は「（健康保険）法は，先進医療に係る混合診療のうち先進医療が評価療養の要件に該当しないため保険外併用療養費の支給要件を満たさないものに関しては，被保険者の受けた療養全体のうちの保険診療相当部分についても保険給付を一切行わないものとする混合診療保険給付外の原則を採ることを前提として，保険外併用療養費の支給要件や算定方法等に関する法86条等の規定を定めたものというべきであり，規定の文言上その趣旨が必ずしも明瞭に示されているとはいい難い面はあるものの，同条等について上記の原則の趣旨に沿った解釈を導くことができるものということができる。」と判示している（最判平23・10・25）。

（健保87条）。

(c) **入院時食事療養費および入院時生活療養費**　入院中の滞在にかかる費用の一部も保険給付から支給される。被保険者が保険医療機関に入院したときは、療養の給付とあわせて食事の給付として入院時食事療養費が受けられる。入院期間中の食事の費用は入院時食事療養費と入院患者が支払う標準負担額でまかなわれる（健保85条）。

また、療養病床に入院する65歳以上の者の生活療養（食事療養ならびに温度、照明および給水に関する適切な療養環境の形成である療養）に要した費用について、保険給付として入院時生活療養費が支給される（健保85条の2）。

(d) **保険外併用療養費**　保険外併用療養費は、被保険者が保険医療機関等において「評価療養」（高度先進医療、必ずしも高度ではないが先進的な技術、国内未承認薬など保険導入のために評価を行う必要のあるもの）、「患者申出療養」（高度の医療技術を用いた療養であって、当該療養を受けようとする者の申出に基づき、保険収載を目指すことを前提に、適正な医療の効率的な提供を図る観点から評価を行うことが必要な療養として厚生労働大臣が定めるもの（健保63条2項4号））、または「選定療養」（快適性・利便性に関するもの、医療機関の選択に関するもの、制限回数を超える医療行為）を受けたときに支給される（健保86条）（⇨コラム1-1）。

(e) **高額療養費および高額介護合算療養費**　保険診療では、一部負担金等の自己負担を原則としつつも、療養に要した費用が著しく高額である場合に、一部負担金として支払うべき額の一部を支給する。長期入院や治療の長期化、医療の高度化等の場合には、医療費の自己負担額が高額となるため、医療費の負担を軽減できるように、年齢および所得に応じて算定される一定の金額（自己負担限度額）を超えた部分については、高額療養費として払い戻される（健保115条）（⇨コラム1-2）。

また、世帯内の同一の医療保険の加入者について、1年間にかかった医療保険と介護保険の自己負担を合計し、年齢および所得に応じた基準額を超えた場合には、その超えた金額を高額介護合算療養費として支給する（健保115条の2）。

(f) **訪問看護療養費（家族訪問看護療養費）**

居宅で療養している人が、かかりつけの医師の指示に基づいて指定訪問看護事業者（訪問看護ステーション）から療養上の世話や必要な診療の補助を受けた場合、その費用が訪問看護療養費として支給される（健保88条）。また、被保険者

の被扶養者が指定訪問看護事業者から指定訪問看護を受けたときは，被保険者に対し，その指定訪問看護に要した費用について，家族訪問看護療養費を支給する（健保111条）。訪問看護療養費および家族訪問看護療養費は，保険者が被保険者に代わり指定訪問看護事業者にその費用を直接支払うことから，患者は直接基本利用料のみを支払えばよい。

⑷　その他の保険給付

健康保険制度では，療養に関する給付のほか，出産・埋葬に関する費用や傷病手当金等が金銭給付として支給される。

⒜　出産育児一時金・家族出産育児一時金

健康保険制度では，正常妊娠や正常分娩は傷病とはみなされないため療養の給付の対象にはならず，被保険者が

コラム 1-2　　**患者の負担を軽減する高額療養費**

高額療養費は，保険診療による一部負担金または自己負担額が一定期間に一定の額を超えた場合に，その超えた分を保険給付として被保険者に支給するものである。高額療養費の適用により，実質的には自己負担額に限度額が設けられていることになり，家計負担を軽減する役割を担う。高額療養費は法文上では償還払い方式の金銭給付であるが，事前に全国健康保険協会の各都道府県支部に「健康保険限度額適用認定申請書」を提出し，「健康保険限度額適用認定証」の交付を受け，保険医療機関の窓口に認定証と被保険者証を提出した場合，入院および外来診療に係る高額療養費が現物給付化され，一医療機関ごとの窓口での支払いを自己負担限度額までにとどめることができる（協会けんぽの例であり，実際の申請窓口は各保険者により異なる）。

（例）70歳未満・年収約370万円～約770万円の場合（3割負担）

出典：厚生労働省『令和3年版　厚生労働白書』（2021年）・資料編28頁

出産した場合には，分娩費用の一部に充てるための金銭給付として出産育児一時金が支給される（健保101条）。また，被扶養者が分娩した場合には，家族出産育児一時金が被保険者に支給される（健保114条）。出産育児一時金と家族出産育児一時金の支給額はいずれも1児につき42万円である（産科医療補償制度（2009年1月創設）に加入している医療機関等で分娩した場合に限る。それ以外の場合は40.8万円）。ただし，実際には，出産育児一時金等は直接支払制度により，保険者から医療機関等に直接支払われる。

(b) 埋葬料　被保険者が亡くなったときは，埋葬を行う人に埋葬料または埋葬費（いずれも5万円）が支給される（健保100条）。

(c) 出産手当金　出産手当金は，被保険者が出産の前後に労務に服さず，その期間報酬を受けなかった場合に1日につき支給開始日の以前12カ月間の各標準報酬月額を平均した額を30で除した額の3分の2相当額が支給される金銭給付である（健保102条）。

(d) 傷病手当金　傷病手当金は，被保険者が疾病または負傷により労働不能となり報酬を得られない場合にその療養期間中の収入を補う金銭給付である（健保99条）。傷病手当金の支給額は，被扶養者の存否または入院・通院にかかわらず，1日につき支給開始日の以前12カ月間の各標準報酬月額を平均した額を30で除した額の3分の2に相当する金額である。ただし報酬の全部または一部（傷病手当金の額よりも少ない場合を除く）を受けることができる者に対しては，その期間は支給されない。支給期間は通算して1年6カ月である。

2　保険診療の仕組み

(1)　医療機関の開設

　医療が現実のかたちで提供されるためには，医師，看護師等の医療従事者である人的手段とともに，病院，診療所という医業等を行う場所である物的手段を必要とする。医療法では，「傷病者が，科学的でかつ適正な診療を受けることができる便宜を与えること」を主たる目的として，組織・運営され，医師等が公衆または特定多数人のため医業等を行う場所であって，20人以上の患者を入院させるための施設を有するものを病院という（医療1条の5）。また，医師等が公衆または特定多数人のため医業等を行う場所であって，患者を入院させるための施設を有しないものまたは19人以下の患者を入院させるための施設を有するものを診療

所という（医療1条の5）。街角にみられる「××医院」やトピックで登場した
Aさんが行った「〇〇クリニック」という呼称は法律上のものではなく，医療法
にいう診療所の別称として多く用いられている。

　医療法では，病院の開設にあたり，開設申請に係る施設の構造設備及び人員基
準等（医療21条等）に適合するときは，都道府県知事は開設許可を与えなければ
ならない（医療7条4項）としている。ただし，医療計画の達成の推進のために
特に必要がある場合，都道府県知事は病院の開設中止の勧告をすることができる
（医療30条の11）。病床過剰地域であることを理由になされた病院開設中止勧告に
従わずに病院を開設した場合，健保法では当該病院について保険医療機関の指定
を拒否することができる（健保65条4項2号）。こうした指定拒否について，最高
裁は職業選択の自由（憲22条1項）に対する不当な制約にはならないとしている
（最判平17・9・8）。

(2)　保険医療機関の指定

　医療機関が保険診療の担当を望む場合には，医療機関は厚生労働大臣から保険
医療機関としての「指定」を受けなければならない。また，医師は，厚生労働大
臣から保険医として「登録」を受けなければ，病院等で保険診療に携わることが
できない。保険診療に携わるために，わが国では保険医療機関の「指定」と保険
医等の「登録」という二重指定方式を採用している。

　裁判例では，指定について，保険者と保険医療機関との療養の給付に関する委
託契約であると解しており，これにより，保険医療機関は被保険者に対して「療
養の給付の担当方針」（⇨2(3)(b)）に従って療養の給付を行う債務を負い，保険
者は保険医療機関が行った療養の給付について診療報酬の支払う債務を負うとし
ている（大阪地判昭56・3・23）。なお，近時の下級審判決では，保険医療機関ま
たは保険薬局の指定は，厚生労働大臣が病院もしくは診療所または薬局の開設者
の申請により，当該申請に係る病院もしくは診療所または薬局と全ての健康保険
の保険者との間に当該保険者が管掌する被保険者に対する療養の給付に係る契約
関係を包括的に成立させる形成的な行政行為であるとするものがみられる（東京
地判平24・11・1（保険薬局指定拒否処分等取消請求事件））。

(3)　保険診療の仕組み

(a)　被保険者証の提示
　　被保険者は，保険医療機関の窓口で被保険者証を提
示することにより，保険診療にかかる給付の受益の意思表示を行う。一方，被保

険者証の提示により，保険医療機関は当該患者の一部負担金の負担割合，保険者の特定および診療報酬の請求先の特定を行う。そして，保険医が患者の病状を診察し，療養の給付の対象に該当すると判断した時点で，被保険者には療養給付請求権が発生する（東京地判昭48・5・16）。この時点では，療養給付請求権は具体的なものではなく，個別具体的な診療内容については，保険医療機関と被保険者との間の私法上の診療契約により確定されることになる。その診療契約の内容は完全な医師の自由裁量によるものではなく，健康保険法に定められる種々の診療準則（⇨2⑶(b)）に沿った内容であることが求められる。このため，保険給付を前提とした診療契約を保険診療契約と呼び，保険適用のない自由診療契約と区別することがある。

交通事故による負傷の治療について，保険診療の適用は妨げられていない（大阪地判昭60・6・28）が，交通事故の負傷者が医療機関に搬送された場合，被保険者証の提示がないなどの理由により，保険診療による治療を受ける旨の意思表示ができないことがある。この場合，患者は自由診療契約のみを締結したに過ぎないものと解され，負傷者が被保険者証を提示して保険診療を求めた時点から保険診療の適用を行うこととされている（福岡高宮崎支判平9・3・12）。

(b) 保険診療の診療準則

(i) 療養担当規則

保険医療機関および保険医は，療養の給付を行うにあたり，「保険医療機関及び保険医療養担当規則」（以下，「療養担当規則」という）等の準則に従わなければならない（健保70条・72条等）。療養担当規則には，保険医療機関が遵守すべき事務的手続き事項と保険医が遵守すべき診療方針が規定されている。

(ii) 診療報酬点数表

保険診療が行われた際に，その対価として保険医療機関等が保険者から受け取る金銭のことを診療報酬とよんでいる。診療報酬の点数を定める診療報酬点数表は，健康保険法76条2項に基づいて厚生労働大臣により告示されるものであり，保険診療については，日本全国どこでも同じ基準に沿って1点あたり10円の単価で計算される。診療報酬点数表は，次のような役割を担っている。

第1に診療報酬点数表は保険診療における治療行為の価格表としての役割・機能を有する。第2に診療報酬点数表は療養の給付等の保険診療の給付内容を具体的に画定する役割を有する。診療報酬点数表や薬価基準に収載されていない治療

行為や薬剤の給付は，保険診療としては認められない（⇨コラム1-1，1-3）。
このため，どのような行為が診療報酬点数表に収載・削除されるかにより，保険
診療の給付内容と給付範囲が決定されることになる。第3に療養担当規則や診療
報酬点数表は，診療に係る方針について一般的な原則を定める。このため，定め
られた方針から外れた療養の提供は保険診療としての診療報酬の支払いを拒否さ
れることになる（京都地判平12・1・20（「抗生物質の使用基準」（現在廃止）の定め
る標準的使用法），横浜地判平15・2・26（医薬品の添付文章の記載に従った投与））。
第4に，診療報酬点数表は保険医療機関の水準規定として機能する。診療報酬点
数表では，医療法で定められた施設基準や人員基準の上乗せ的な基準として，医
療従事者や施設の設備，機器等の基準を満たすことを要件に所定点数や加算点数
を算定できる項目がある。このような，診療報酬による誘導という手法を用いて，
保険医療機関の水準を向上させる機能を有する。

(c)　一部負担金等の支払い

(i)　療養の給付　保険医療機関等から療養の給付を受けた被保険者は，一部
負担金を保険医療機関等に支払わなければならない（健保74条）。一部負担金の

コラム1-3　薬価と後発医薬品

　保険診療を受けた場合，保険医療機関や保険薬局で患者がもらう薬の値段（薬
価）は薬価基準により定められている。新しく開発された薬（新薬）が保険診療で
使用できるようになるためには，各種の試験を経たのちに厚生労働省の承認を得る
必要があり，この時に薬価が決められる。新薬の特許期間（20年〜25年）終了後に
開発した製薬会社とは別の会社から製造・販売される同じ成分の薬を後発医薬品
（ジェネリック医薬品）と呼んでいる。後発医薬品も新薬と同様に厚生労働省の承
認審査を受けて販売される。後発医薬品は新薬に比べ研究開発費が少なくなってい
る分，価格が低く抑えられているため，患者の経済的負担を減らすとともに医療保
険財政の改善も期待される。処方せんの「後発医薬品への変更不可」という欄に医
師の署名等がない限り，保険薬局の窓口で患者の要望があれば，薬剤師の判断で後
発医薬品に変更することが可能である。なお，生活保護の医療扶助では，被保険者
である患者について，医師が医学的知見に基づき後発医薬品を使用することができ
ると認めたものについては，原則として，後発医薬品への変更を不可としない場合
には，後発医薬品により，その給付を行うものとしている（生保34条3項，平成
30・9・28社援保発0928第6号）。

図表１-１　保険診療関係の概念図（健康保険の場合）

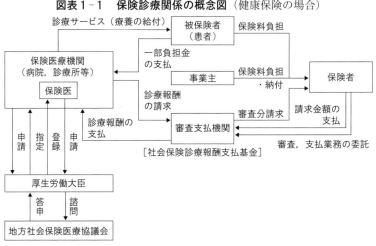

出典：厚生労働省2006ｂ：502を一部改変

　負担割合は，①70歳未満の被保険者は療養に要した費用の３割，②70歳以上75歳未満の被保険者で現役並み所得者は３割，③70歳以上75歳未満の②以外の被保険者では２割である。

　(ii)　**家族療養費**　　これに対し，被扶養者の負担に関する直接的な規定は健保法にはおかれていない。被扶養者の療養については，家族療養費が被保険者に対する金銭給付を建前としているが，被扶養者の療養に要した費用の７割（未就学児の場合は８割，70歳以上75歳未満の被保険者で現役並み所得者の被扶養者は７割，それ以外の被保険者の被扶養者は８割）相当額を保険者が保険医療機関等に直接支払うことになっている。このため，実際の取扱いでは，被扶養者が保険診療を受けたときは被扶養者が療養に要した費用から家族療養費の支給額を控除した金額（医療費の３割相当（未就学児は２割，70歳以上75歳未満の被保険者で現役並み所得者の被扶養者は３割，それ以外の被保険者の被扶養者は２割））を自己負担額として保険医療機関等に支払えばよい。窓口で一定額を支払うことにはかわりないが，被保険者の一部負担金が療養に要する費用の一定割合の負担金と位置付けられているのに対して，被扶養者の自己負担は家族療養費の給付割合に応じた療養に要した費用の差額分であるという違いがある。

　Ａさんが窓口で受け取った「請求書兼領収証」と「医療費明細書」には，Ａさ

んがその日に受けた治療等の内容が細かく表記されているので，自分の受けた治療や検査の内容を確認することができ，また，今日の診療等にいくらかかり，そのうち，Ａさんはいくら負担したのかがわかる。トピックの例では，その日の診療にかかった費用（保険外負担である，インフルエンザり患に関する文書料500円を除く）は6,480円（648点×10円）で，うち３割の1,940円（10円未満四捨五入）をＡさんが負担しているから，残りの4,540円は医療保険から診療報酬というかたちで，のちに保険医療機関に支払われることがわかる。

⑷ **後期高齢者医療制度の一部負担金**　後期高齢者医療制度の一部負担金の割合は，所得区分により異なる。現役並み所得者（住民税課税額が145万円以上ある後期高齢者医療制度の被保険者，またはその被保険者と同じ世帯にいる被保険者）に該当する場合は３割負担，一定以上の所得のある者（現役並み所得者（窓口負担割合３割）を除く）は２割負担，それ以外の場合には１割負担となる（２割負担は2022年10月から）。

⑷ **療養に関連する保険外負担（選定療養費）**　こうした一部負担金ないし自己負担金のほか，療養を受ける際に，療養に要する費用とは別の費用負担が発生する場合がある。例えば，個室などを利用した場合の差額ベッド代，緊急時以外の時間外診療にかかる料金，紹介状なしで高度な医療を提供する「特定機能病院」などの大病院を受診する場合の定額負担などである。これら選定療養は，保険給付の対象外であることから，患者が自由に選択し，患者の同意に基づいて利用することになる。その費用は，保険外併用療養費（⇨ 1⑶⒟）の選定療養費として全額自己負担することになる。選定療養費は各保険医療機関で個別に定めることができ，その金額はあらかじめ院内に掲示される（特別療養室への転室の際に脳梗塞で判断能力がなかった亡Ｂの診療に伴う特別療養室費（差額室料）を病院が遺族に請求した事案として，東京地判平28・2・26（医療費請求事件）がある）。

⑸ **乳幼児等医療費助成制度と自己負担額の軽減**　都道府県が域内の市町村に補助を行い，地方単独事業として多くの市町村が乳幼児等医療費助成を行っている。乳幼児等医療費助成制度は，公費により自己負担分を軽減する仕組みであり，その内容は，対象年齢，所得制限の有無，一部自己負担の有無等について，地域ごとに違いがある。例えば，未就学児の医療費が無料となる自治体では，未就学児の自己負担２割分は公費で賄われ，残りの８割は当該未就学児が加入する医療保険が負担をしている。乳幼児等医療費助成制度は，子育て支援の一環とし

て注目を集める一方，同制度による自己負担額の軽減が小児医療に対する需要を不必要に増加させ，その結果，小児医療の提供体制に過重な負荷をかけている可能性も指摘されている。

(4) 診療報酬の支払い

保険医療機関が療養担当規則等に従って被保険者または被扶養者に医療を行った場合，保険者は，審査支払機関を通じて，保険医療機関に対して診療報酬を支払う。保険医療機関の診療報酬請求権は，療養の給付が行われるごとに，算定方法告示の規定に従って発生し，その報酬額が決定される。Ａさんが窓口で受け取った「医療費明細書」はＡさんがその日に受けた治療等の診療報酬が書かれているものであり，2010年より無料発行が原則義務化されている。

保険者は，当該保険医療機関の請求が療養担当規則等に適合するかを審査した上で，診療報酬を支払うことになる。この審査および診療報酬の支払い事務は，被用者保険の場合には社会保険診療報酬支払基金法により設立されている社会保険診療報酬支払基金が行う。また，国民健康保険および後期高齢者医療制度の場合には，都道府県ごとの国民健康保険団体連合会（国保83条）または支払基金に委託することができる。これらの機関の審査で保険診療として適切性を欠くと判断された診療行為は，請求点数から減点され（減点査定），保険医療機関には請求額から減額された額の支払いがなされる。

3 医療保険の保険関係

(1) 医療保険制度の体系

日本では，1958年の国民健康保険法の改正，1961年の施行により，医療保険の適用対象を全国民とし，国民すべてが何らかの医療保険に加入することを原則とする国民皆保険を実現している。日本の医療保険制度のひとつの特徴は，就労先によって加入する医療保険制度が異なるところにある。医療保険制度は職業の形態に着目して同じ職業の者の間で保険集団を形成する「職域保険」，地域に着目して同じ地域内において保険集団を形成する「地域保険」の2本だてを採用している（⇨図表1‐2）。

職域保険は，さらに被用者保険と自営業者保険に分類される。被用者保険には，一般被用者を対象とする健康保険があるほか，特定の被用者を対象とする船員保険，国家公務員共済組合，地方公務員等共済組合，私立学校教職員共済がある。

図表1-2 医療保険制度の体系

制度名			保険者	対象者
医療保険	健康保険	全国健康保険協会管掌	全国健康保険協会	健康保険組合に加入している組合員以外の適用事業所の被用者
		組合管掌	健康保険組合	健康保険組合が設立された適用事業所の被用者
	船員保険		全国健康保険協会	船員として船舶所有者に使用される者
	共済	国家公務員	共済組合	国家公務員
		地方公務員等	共済組合	地方公務員等
		私立学校教職員	日本私立学校振興・共済事業団	私立学校の教職員
	国民健康保険		国民健康保険組合	国保組合の設立されている同種の事業または業務に従事する者
			都道府県・市区町村	被用者保険の加入者以外の者(農業従事者,自営業者,小規模個人事業所の被用者,無職者等)
退職者医療			国民健康保険の保険者	被用者年金に一定期間加入し,老齢年金給付を受けている65歳未満等の者
後期高齢者医療制度			後期高齢者医療広域連合	75歳以上の者,65歳以上で寝たきり等の状態にある者

（※「職域保険」「地域保険」は表中の縦書き区分を示す）

このほか,自営業者保険として,医師,歯科医師,弁護士,理容師,美容師といった特定の職種別に設立されている国民健康保険組合(国保組合)がある(国保13条)。

　これら職域保険に加入していない者(農業従事者,自営業者,年金受給者,無職者など)は,地域保険である国民健康保険に加入することになる。この他,後期高齢者については,2008年4月に創設された,地域保険の性格を併せもつ後期高齢者医療制度に加入する(⇨コラム1-4)。後期高齢者は,後期高齢者医療制度に加入し,被保険者として保険料を納付し,高齢者医療給付を受給することになる。

　このように職域保険と地域保険に分立している点が日本の医療保険制度のひとつの特徴であるが,制度間で前期高齢者に対する医療費の負担等の不均衡が生ず

るため，国保および被用者保険の加入者数に応じて，前期高齢者に関する医療費の費用負担を保険者間で調整する財政調整の仕組みが設けられている（高齢者医療32条以下）。

以下では，全国健康保険協会管掌健康保険，国民健康保険，後期高齢者医療制度に関する保険関係を取り上げよう。

⑵　医療保険の保険関係

(a)　全国健康保険協会管掌健康保険

(i)　**保険者**　　健康保険には，主に中小企業の被用者を適用対象とする全国健康保険協会管掌健康保険（協会けんぽ）と大企業の被用者が加入する組合管掌健康保険（組合健保）がある。組合健保は，所定の手続を経て任意に設立される公法人である健康保険組合を保険者とし，その組合員である被保険者に関する健康保険事業を行う（健保6条以下）。また，協会けんぽは公法人である全国健康保険協会を保険者とし，健康保険組合の組合員でない被保険者等に関する健康保険事業を行うが，被保険者の資格の取得および喪失の確認，標準報酬月額等の決定，保険料の徴収などの業務は日本年金機構が行っている（健保7条の3）。

(ii)　**被保険者**　　健康保険の被保険者は，健保法3条3項所定の適用事業所に使用される者および任意継続被保険者をいう（健保3条1項）。前者は，後述する任意継続被保険者や日雇特例被保険者と区別するために，強制被保険者と呼ばれることがある。

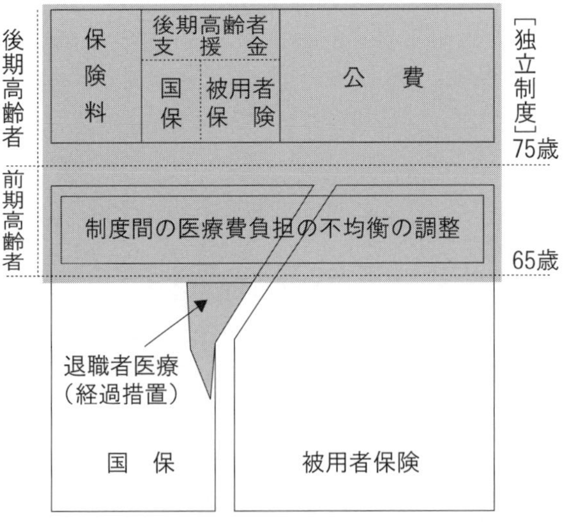

被保険者資格の取得・喪失（得喪）は使用関係の開始と終了による。これについては，保険者が確認を行うことによってその効力が生ずる（健保35条）。通常，この確認

図表1-3　高齢者医療制度の概要

〈高齢者の医療の確保に関する法律〉

は適用事業所の事業主からの被保険者資格の得喪，報酬月額および賞与額に関する事項の届出（健保48条）に基づいて行われるが，何らかの理由でこの届け出が事業主によりなされていない場合や報酬額が過少申告されていた場合などには，被保険者または被保険者であった者は，いつでも直接保険者に被保険者資格の得喪の確認をすることができる（健保39条2項・51条1項，大阪高判平23・4・14）。

①　適用事業所　適用事業所とは，健康保険法3条3項1号に掲げる事業の事業所であり，常時5人以上従業員を使用するもの（健保3条3項1号），または，国，地方公共団体または法人の事業所であって，常時従業員を使用するもの（健保3条3項2号）である。

②　使用される者　健康保険の被保険者資格の判定では，労働法よりも広い

コラム 1-4　高齢者医療制度の沿革

　1961年の国民皆保険の実現以降，地方自治体単独事業による高齢者の患者負担の免除または減免措置の普及を経て，1973年に老人福祉法において公費を財源とした70歳以上の高齢者を対象とした患者負担無料化（いわゆる「高齢者医療の無料化」）が実施された。しかし，患者負担無料化以降，高齢者の受診率の著しい伸び等により，高齢者の医療費は急増し，国保と被用者保険の間の高齢者の加入率の格差により，両制度間の高齢者の医療費の負担に著しい不均衡が生じることとなった。そこで，1982年には老人保健法が制定され，70歳以上の高齢者に定額の患者負担を設けるとともに，給付費については公費と各医療保険者からの老人保健拠出金で賄うという仕組みが設けられた。さらに，1984年の健保法等の改正の一環として，市町村国保の中に退職者医療制度が設けられた。しかし，老人保健制度については，拠出金分として現役世代が負担する保険料と高齢者の保険料が区分されておらず，現役世代と高齢世代の費用負担関係が不明確である等の問題が指摘されるようになり，今後伸びゆくことが予想される高齢者医療費を誰がどのように負担するかが，医療保険制度改革の最重要課題のひとつとなった。そこで，2006年の医療制度改革により，2008年4月から老人保健法の一部を改正し，名称を「高齢者の医療の確保に関する法律」に改め，後期高齢者医療制度を創設した。しかし，2009年の衆議院選挙で後期高齢者医療制度の廃止を政権公約に掲げた民主党に政権が移り，2009年11月から同制度の廃止に向けた検討作業が「高齢者医療制度改革会議」で進められた。だが，その後，2012年の社会保障と税の一体改革関連法の成立を受けて設置された社会保障制度改革国民会議の報告書（2013年8月）では，後期高齢者医療制度は現在では十分定着しており，現行制度を基本としながら，実施状況等を踏まえ，必要な改善を行うことが適当とされている。

使用関係の判断を行い，被保険者資格の適用範囲を広く解する傾向にある。健保法の被保険者となる「使用される者」とは，労務の対価が支払われていれば「事実上の使用関係」があればよく，雇用契約の締結など必ずしも法律上の根拠が有効に存在することを要しないという行政実務が確立し，判例・学説もこれを肯定している。例えば，企業の代表取締役は，労働基準法9条の労働者ではなく，明らかに契約上も被用者ではないが，行政実務では，法人の代表者または業務執行者であって，他面その法人の事務の一部を担任し，法人から労務の対象として報酬を受けている場合には被保険者とされている（昭24・7・28保発74号，同旨・岡山製パン事件：広島高岡山支判昭38・9・23）。

③　短時間労働者の被保険者資格　　長い間，行政実務では，短時間労働者については，内かんで定める一定の要件を満たす場合に被保険者として取り扱っていた。2012年に成立した社会保障・税一体改革関連法のひとつである「公的年金制度の財政基盤及び最低保障機能の強化等のための国民年金法等の一部を改正する法律」では，健康保険法や厚生年金保険法など被用者保険における短時間労働者への社会保険の適用拡大を図っている。それによると，特定適用事業所（同一事業主の適用事業所で，被保険者（短時間労働者を除く）の総数の合計が，常時500人を超える事業所）に勤務し，勤務時間・勤務日数が常時雇用者の4分の3未満の短時間労働者で，①週の所定労働時間が20時間以上である，②雇用期間が1年以上見込まれる，③賃金の月額が8.8万円以上である，④学生でない，という要件にいずれも該当する場合には，健康保険法の適用対象者となる（健保3条1項9号）。なお，2020年に成立した「年金制度の機能強化のための国民年金法等の一部を改正する法律」に基づき，上記条件のうち，2022年10月から企業規模要件の段階的引き下げと継続雇用見込み期間の短縮が予定されている（⇨3年金保険の最新情報）。

④　生活保護受給者　　健康保険法3条1項但書では，生活保護を受給している者を適用除外としていないことから，生活保護を受給している者でも適用事業所に使用される者であれば健康保険の被保険者となり，その者の収入から保険料が徴収される。

(iii)　**任意継続被保険者**　　使用関係終了までに継続して2カ月以上被保険者期間のある者は，使用関係終了後20日以内に任意継続被保険者資格の取得を申し出ることにより，2年間に限り使用関係がないまま被保険者であることができる

（健保 3 条 4 項・37条）。任意継続被保険者資格の得喪には保険者の確認を要しない（健保39条 1 項但書）。

　(ⅳ)　**日雇特例被保険者**　一定の期間を定めて雇用される者や臨時の必要により雇用される者等は，常用的な使用関係を前提としている健康保険法の強制被保険者にはならない。しかし，これらの者にも医療給付を行う必要があるため，健保法では，雇用の特性に対応した日雇特例被保険者に関する特例制度をおき，日雇労働者（健保 3 条 8 項）が適用事業所において使用される場合，日雇特例被保険者として（健保 3 条 2 項），その使用関係・雇用管理の特殊性を考慮して，日雇特例被保険者手帳，標準賃金日額，保険料の算定，保険料の徴収方法，保険給付等に関する規定を別途定めている（健保124条以下）。

　(ⅴ)　**被扶養者**　健康保険では，被保険者のみならず，日本国内に住所を有しており，被保険者と一定の範囲内の関係にある者を被扶養者とし，その者の法定の保険事故に関して保険給付を行うことにしている（健保 3 条 7 項）。被扶養者の保険事故について保険給付を行うこととされているのは，被扶養者の事故は，結局被保険者に経済上の負担を課すことになり，被保険者の経済生活に影響を及ぼすからとされる。トピックに登場する実家暮らしの大学生であるＡさんは被扶養者ということになる。

　(b)　**国民健康保険**

　(ⅰ)　**保険者**　都道府県は，当該都道府県内の市区町村とともに，国民健康保険を行う（国保 3 条）。なお，国民健康保険法ではこれとは別に，同種の事業または業務に従事する者で当該組合の地区内に住所を有する者を組合員とする国民健康保険組合も保険者として規定している。

　(ⅱ)　**被保険者**　都道府県の区域内に住所を有する者は，生活保護受給世帯に属する者など国民健康保険法 6 条の適用除外に該当する者を除き，その住所を有するだけで法律上当然に，都道府県が当該都道府県内の市区町村とともに行う国民健康保険の被保険者となる（国保 5 条・ 7 条）。健康保険法などには被保険者と被扶養者の区分はあるが，国民健康保険では世帯主も家族も被保険者として同一の取り扱いを受ける。すべての者が住所を有する区域内の国保の被保険者とすることを原則としながら，すでに他の医療保険制度に加入している者を適用除外することにより，すべての者が医療保険制度に加入する国民皆保険が実現している。このように国保では生まれたばかりの赤ちゃんからお年寄りまで，国保の被保険

者資格を有する者はすべて「被保険者」という資格を持つ。

　なお，国民健康保険法施行令1条に定められた特別な事情もなく1年以上保険料を滞納すると，保険料納付義務者である世帯主はその世帯に属する被保険者の被保険者証を保険者に返還しなければならない（国保9条3項，国保則5条の6）。この場合，被保険者証の替わりとして被保険者資格証明書が交付される。被保険者資格証明書で医療を受ける場合，かかった医療費の全額を窓口で支払わなければならず，後日，保険者に特別療養費（国保54条の3）の支給を申請することにより一部負担金を除いた額が戻ってくる。しかし，こうした取扱いを一律に行うことにより子どもの医療受給に大きな影響を与えかねないことから，その世帯に属する高校生以下の被保険者がいる場合は，保険者は当該世帯主に対して，当該被保険者の被保険者証を交付している（国保9条6項）。

　日本国籍を有しない外国人については，2012年7月の新たな在留管理制度の導入（外国人登録法の廃止，入管法・住民基本台帳法の改正）にあわせて，①3カ月を超える在留期間を決定された外国人住民（中長期在留者，特別永住者など改正住民基本台帳法30条の45の適用者），②出入国管理及び難民認定法に基づく「興行」「技能実習」「家族滞在」「特定活動」の在留資格を有する3カ月以下の在留期間を決定された外国人住民であって，在留資格に応じた資料により，日本国内に3カ月を超えて日本に滞在すると認められるものを国保の被保険者とする国民健康保険法施行規則等の改正が行われた（国保6条11号，国保則1条1号等）。

(c)　後期高齢者医療制度

(i)　運営主体（保険者）　後期高齢者医療制度は，都道府県ごとにすべての市町村および特別区が加入する後期高齢者医療広域連合（以下，「広域連合」という）を運営主体（保険者）としている（高齢者医療48条）。広域連合は保険料の賦課をはじめ，後期高齢者医療の事務を実施する。市町村は保険料の徴収事務（高齢者医療104条），被保険者資格・医療給付に関する事務などを行う。

(ii)　被保険者　広域連合の区域内に住所を有する①75歳以上の者，②広域連合により一定程度の障害の状態にあると認定された65歳以上75歳未満の者が被保険者となる（高齢者医療50条）。このため，後期高齢者医療制度への加入後は，これまで加入していた医療保険の被保険者または被扶養者ではなくなる。ただし，生活保護を受けている世帯に属する者など適用除外に該当する者は被保険者にはならない（高齢者医療51条）。後期高齢者の被保険者には，個人単位で後期高齢者

医療被保険者証が交付される。なお，被保険者が他の広域連合の病院等に入院等をして病院等所在地に住所を変更した場合には，現住所地（病院等所在地）の広域連合ではなく，元の住所地（病院等入院直前）の広域連合の被保険者となる「住所地特例」が設けられている（高齢者医療55条）。

4　医療保険の保険財源

トピック　国民医療費と医療保険料

　最近，Ａさんは医療機関などを受診して治療などに支払われる国民医療費が過去最高を記録したというニュースを目にした。そのうち，65歳以上の高齢者の医療費が約半分を占めるそうだ。そういえば，77歳の祖父も膝が痛いといって医者通いをしているといっていたなぁ。

　実家暮らしで大学生のＡさんは医療保険の被保険者証は持っているものの，実際に保険料を払った記憶はない。年金暮らしの祖父も保険料をそれほど払えるわけでもなさそうだし……だとすると，みんなの医療費は誰が負担しているのだろうか。

　国民医療費とは，医療保険制度等による給付（公費負担医療制度を含む），これに伴う患者の一部負担などによって支払われた医療費を合算したものであり，単年度内の医療機関等における保険診療の対象となり得る傷病の治療にかかった費用を推計したものである（保険診療の対象とならない評価療養，選定療養，正常妊娠・分娩にかかる費用，健康診断・予防接種等にかかる費用などは除かれている）。こ

図表1‐4　協会けんぽの保険料1万円あたりの使い道

（平成30年度決算（医療分））

加入者が
病院等を受診した
時の医療費
約5,580円

加入者が病気で
職場を休んだ際の手当金や
出産した時の給付金
約570円

加入者の
健診費
保健指導費
約120円

高齢者が
病院等を受診した時の
医療費（拠出金）
約3,590円

協会けんぽの
事務経費等
約140円

出典：全国健康保険協会ホームページ掲載資料を一部改変

図表1-5 後期高齢者医療制度の運営の仕組み

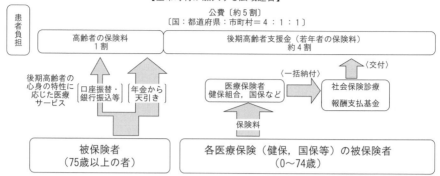

出典：厚生労働省資料

　うした国民医療費を支えるおよその財源比率は，公費39％，保険料49％，患者負担・その他12％であるとされる。医療保険制度は被保険者一人ひとりが支払う保険料などによって成り立っている。その保険料は加入する保険によって，また各個人の収入等により，負担の割合も金額も異なる。

(1) 医療保険の保険財源

(a) 全国健康保険協会管掌健康保険　　全国健康保険協会管掌健康保険の保険給付にかかる財源は原則として保険料でまかなわれるが，一部国庫補助がある（健保153条）。事務費の一部は国庫が負担する（健保151条）。

(b) 国民健康保険　　国民健康保険の保険財源は，保険料のほか，都道府県に対する療養給付費等補助金，調整交付金などにより構成される（国保69条・70条・72条等）。

(c) 後期高齢者医療制度　　後期高齢者医療制度の財源は約5割が公費（国：都道府県：市町村＝4：1：1）でまかなわれ，残りは現役世代（医療保険加入者）からの後期高齢者支援金4割と高齢者（被保険者）の保険料1割が充てられる。

　トピックで登場する77歳のAさんの祖父のように，年金暮らしの人の保険料拠出能力は限られており，高齢者の保険料だけでは安定した保険財源は確保できない。そこで，現役世代が加入する医療保険の保険者が後期高齢者医療制度の財源に充てるために後期高齢者支援金を納付する義務を負っている（高齢者医療118条）。この後期高齢者支援金は，各医療保険者が被保険者から徴収する保険料によって

まかなわれる（⇨図表1-5）。被用者保険者の後期高齢者支援金については，各保険者の総報酬額によって決める総報酬割により算定されている（高齢者医療119条～121条）。後期高齢者支援金の納付額は，医療保険者の特定健康診査等の実施（高齢者医療19条・20条）およびその成果にかかる目標の達成状況に応じて加算・減算される（高齢者医療20条・121条）。

(2)　保　険　料

(a)　全国健康保険協会管掌健康保険　　健康保険の保険料の算定では，標準報酬月額と標準賞与額が基礎となる。標準報酬月額は各被保険者の報酬月額に基づき，第1級（58,000円）から第50級（1,390,000円）に区分し，これを標準報酬月額としている（健保40条）。また，標準賞与額は被保険者が賞与を受けた月において，その月に当該被保険者が受けた賞与額に基づき標準賞与額を決定する（健保45条1項）。このため，保険料の額の算定においては，被扶養者数は一切関係しない。トピックに登場するAさんが保険料を納めていないのは，Aさんを扶養する親の収入から保険料が納められているからである。

　ここにいう「報酬」とは，賃金，給料，俸給，手当，賞与その他いかなる名称であるかを問わず，労働者が労働の対償として受けるものをいう（健保3条5項）。例えば，通勤手当も「報酬」に含まれるため，遠距離通勤で通勤手当が多く支給されている場合には，標準報酬月額が高く評価され，同額の給与を受けている者と比べて可処分所得が減少する現象が見られる。また，「賞与」とは，いかなる名称であるかを問わず，労働者が労働の対償として受けるすべてのもののうち，3カ月を超える期間ごとに受けるものをいう（健保3条6項）。

　保険料の額は被保険者の標準報酬月額および標準賞与額に保険料率（一般保険料率＋介護保険料率（40歳以上））を乗じた額となる。このうち，協会けんぽの医療に係る保険料率である一般保険料率は，1000分の30から1000分の130までの範囲内において，事業主・被保険者が参画する運営委員会や各都道府県の意見を聴いた上で，都道府県ごとに決定される（健保160条）。この場合，年齢構成や所得水準の違いは都道府県間で調整した上で，地域の医療費を反映した一般保険料率が設定される（2022年4月現在の保険料率：最低9.51％（新潟県），最高11.00％（佐賀県））。

　保険料は事業主と被保険者が折半で負担する（任意継続被保険者の保険料は全額被保険者負担）。事業主は事業主負担分と被保険者負担分をあわせた保険料を保険

者に納付する義務がある（健保161条）。この場合，事業主は被保険者負担分の保険料を被保険者に支払う賃金から控除することができる。なお，育児介護休業法に基づく満３歳未満の子を養育するための育児休業等（育児休業及び育児休業に準じる休業）期間については，事業主の申出により，被保険者分および事業主分の保険料が免除となる（健保159条）。

(b) 国民健康保険 市町村は，国民健康保険事業に要する費用に充てるため，世帯主から保険料を徴収しなければならない（国保76条）。国保の場合，この費用を国民健康保険税として賦課・徴収することができ，国民健康保険税を採用する市町村は地方税法の規定に基づき条例を制定することになる（地方税法703条の４）。国民健康保険税は租税としての基本的な法的規制の下に置かれている（仙台高秋田支判昭57・7・23）のに対し，国民健康保険料は条例の制定によって市町村が自主的に決定しうる範囲が比較的広い結果，その運用にある程度柔軟性が認められている。保険料賦課に対する国保条例への適用について旭川市国保料訴訟最高裁判決（最判平18・3・1）は，国保料に「憲法84条の規定が直接に適用されることはないというべきである」とした。その上で，国保料は，賦課徴収の強制の度合いでは，「租税に類似する性質を有するもの」であるから，これについて「憲法84条の趣旨が及ぶと解すべきであるが，他方において，保険料の使途は，国民健康保険事業に要する費用に限定されているのであって，法81条の委任に基づき条例において賦課要件がどの程度明確に定められるべきかは，賦課徴収の強制の度合いのほか，社会保険としての国民健康保険の目的，特質等をも総合考慮して判断する必要がある」としている（農業災害補償法による共済掛金および賦課金（最判平18・3・28），介護保険法の介護保険料（最判平18・3・28），労災保険法の労働保険料（東京地判平20・4・17）について同旨の判断がある）。

2018年度から，保険給付費に相当する費用は，都道府県が各市町村に支払う仕組みになった（保険給付等交付金）。都道府県は，保険給付等交付金の財源となる国保事業費納付金を算出し，各市町村の医療費水準や所得水準に応じて各市町村に振り分けるとともに，各市町村が保険料（税）率を設定する際の参考として標準保険料率を示す。各市町村では標準保険料率を参考に保険料（税）を決定する。

国民健康保険税の場合には，賦課・徴収については地方税法703条の４で明示されているのに対し，国民健康保険料の場合には，政令において一定の基準を定め，国民健康保険法81条の委任に基づき，市町村がその基準に従って条例を制定

している（国保令29条の７）。

　被保険者にかかる賦課額は，所得割額，資産割額，被保険者均等割額および世帯別平等割額の合計額である（最高賦課限度額あり）。このうち，被保険者均等割は，被保険者１人あたりの額で，当該世帯構成員のうち被保険者人数分が負担額となる。このため，先にみたように被保険者である生まれたばかりの赤ちゃんも擬制的に保険料負担者となる。この点，保険料負担が労使折半とされ，被扶養者に及ばない健康保険制度とは対照的である。

　一定基準以下の所得の世帯については，国民健康保険料（税）の減免制度が設けられており，一時的に保険料負担能力を喪失した特別の理由がある者に対して，賦課決定された保険料（税）の減免の措置をすることを認めている（国保77条等）。このため，生活保護の被保護者ではない恒常的な生活困窮者の保険料免除につい

コラム 1-5　　国保制度の運営のあり方の見直し

　「持続可能な医療保険制度を構築するための国民健康保険法等の一部を改正する法律」の成立（2015年５月27日）により，2018年度から，国保は都道府県と市町村が共同保険者となって運営している。これに伴い，国民健康保険の財政運営の責任主体が市町村から都道府県へとかわり，都道府県が安定的な財政運営や効率的な事業運営の確保等の国保運営に中心的な役割を担い，制度の安定化を図っている。

改革の方向性		
1. 運営の在り方 （総論）	○ 都道府県が、当該都道府県内の市町村とともに、国保の運営を担う ○ 都道府県が財政運営の責任主体となり、安定的な財政運営や効率的な事業運営の確保等の国保運営に中心的な役割を担い、制度を安定化 ○ 都道府県が、都道府県内の統一的な運営方針としての国保運営方針を示し、市町村が担う事務の効率化、標準化、広域化を推進	
	都道府県の主な役割	**市町村の主な役割**
2. 財政運営	財政運営の責任主体 ・市町村ごとの国保事業費納付金を決定 ・財政安定化基金の設置・運営	・国保事業費納付金を都道府県に納付
3. 資格管理	国保運営方針に基づき、事務の効率化、標準化、広域化を推進 　　　　　　　　※4. と5. も同様	・地域住民と身近な関係の中、資格を管理（被保険者証等の発行）
4. 保険料の決定 賦課・徴収	標準的な算定方法等により、市町村ごとの標準保険料率を算定・公表	・標準保険料率等を参考に保険料率を決定 ・個々の事情に応じた賦課・徴収
5. 保険給付	・給付に必要な費用を、全額、市町村に対して支払い ・市町村が行った保険給付の点検	・保険給付の決定 ・個々の事情に応じた窓口負担減免等
6. 保険事業	市町村に対し、必要な助言・支援	・被保険者の特性に応じたきめ細かい保健事業を実施（データヘルス事業等）

　出典：厚生労働省資料を一部改変

て争われる場合がある。国民健康保険法は具体的な減免事由や減免割合については言及していないため，保険料の減免の実施について，保険財政の状況その他の事情を考慮した保険者の裁量的判断に委ねているとされる（東京高判平13・5・30，旭川地判平12・12・19）。また，国保法77条あるいは保険料減免を定めた条例は，保険料負担者に保険料の減免を求める権利までをも保障するものではなく，右条例に従ってなされた減免処分が原告の権利ないし法律上保護された利益を侵害しないとされる（大阪地判平15・3・14）。

(c) **後期高齢者医療制度**　　後期高齢者医療制度の保険料は，広域連合が条例で定める保険料率により，毎年度賦課される（高齢者医療104条以下）。市町村は，被保険者から特別徴収（公的年金の保険者が被保険者に支払う年金から保険料を徴収し市町村に納める方法）または普通徴収（市町村が被保険者，被保険者の世帯の世帯主または被保険者の配偶者に納入の通知を行い徴収する方法）のいずれかにより保険料を徴収し，広域連合に納付をする。被保険者に賦課される保険料は所得割額と被保険者均等割額の合計額となり，保険料の賦課限度額は66万円（2022年度）である。

●STEP UP

社会保障分野では，比較的早くから，医療保険制度に関する法的検討が行われている。最近では，医療サービスの質や医療安全に対する社会的な関心の高まりや医療制度の利用者や患者の権利意識の向上などから，社会保障医療における医療サービスの質の確保に関する法的検討が求められていることから，「医療提供体制」に関する学習が重要となる。そのほか，薬価基準などの「薬価制度」や，難病患者などの生活に必要不可欠な医療を提供する「公費負担医療制度」等も重要な学習事項である。

社会保障法学における医療保障の法学研究の到達点をまとめた書籍として，日本社会保障法学会編『新講座社会保障法　第1巻　これからの医療と年金』（法律文化社，2012）が参考になる。また，日本の医療制度の歴史的変遷，今日の論点について，島崎謙治『日本の医療　制度と政策〔増補改訂版〕』（東京大学出版会，2020）が詳しい。この他，各種データについては，健康保険組合連合会編『図表で見る医療保障　令和元年度版』（ぎょうせい，2019）が詳しい。

② 介護保障

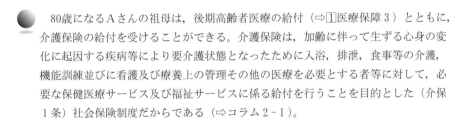

> **トピック** 一人暮らしの祖母の介護
>
> 　元気に一人暮らしをしている80歳になる祖母が，買い物に出かけたスーパーの駐車場で，75歳の高齢ドライバーの運転ミスによる自動車事故に巻き込まれ，大けがをして入院したと警察から電話連絡があった。たまたま一人で自宅にいて電話を受けた大学2年生のAさんは気が動転しつつも，パートタイムで働いている母に急いで連絡した。Aさんの母は大急ぎで祖母の入院している病院に駆けつけたが，医師の話では，Aさんの祖母はこのまま歩けない可能性が高く，認知症になるリスクも高いとのことである。しかし，Aさんの母は，Aさんのほかに高校生の弟がいるため，これから必要になる学費などを考えると，パートの仕事をやめて祖母の世話をすることもままならない。入院している祖母には，1日も早く回復して退院して欲しいけれど，このまま祖母が寝たきりになったらどうしよう，一人暮らしは心配なので同居しよう，しかしAさんの自宅は狭すぎて同居は無理だしと，皆で頭をかかえている。Aさんは，祖母の介護や弟の学費のために大学をやめる決心もつかず，何もできない自分が情けなくなってしまう。こんなときに使える医療や介護のサービスはないのだろうか？

　80歳になるAさんの祖母は，後期高齢者医療の給付（⇨①医療保障3）とともに，介護保険の給付を受けることができる。介護保険は，加齢に伴って生ずる心身の変化に起因する疾病等により要介護状態となったために入浴，排泄，食事等の介護，機能訓練並びに看護及び療養上の管理その他の医療を必要とする者等に対して，必要な保健医療サービス及び福祉サービスに係る給付を行うことを目的とした（介保1条）社会保険制度だからである（⇨コラム2-1）。

1　給付の手続きと内容

(1)　給付の手続き（⇨図表2-1）

(a)　要支援・要介護認定

(i)　申　請　　介護給付を受けようとする者は，加齢に伴う要介護状態（保険事故）が発生していること，およびその該当する要介護状態区分（5段階区分）

図表2-1　介護サービスの利用手続き

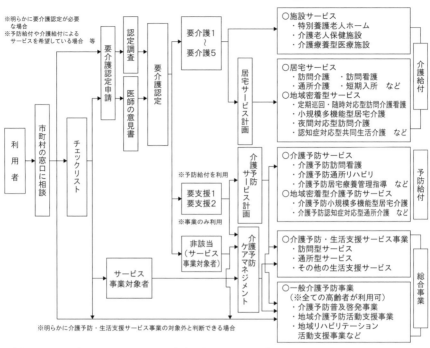

資料　厚生労働省ホームページ（「公的介護保険制度の現状と今後の役割（平成30年度）」）

について，市区町村の要介護認定を受けなければならない（介保19条1項）。予防給付を受けようとする者は，要支援に該当すること，およびその該当する要支援状態区分（2段階区分）について，市区町村の要支援認定を受けなければならない（介保19条2項）。要支援・要介護認定を受けようとする者は，申請書に被保険者証を添付して市区町村に申請しなければならない（介保27条1項・32条1項）。

　この申請は，当初，指定居宅介護支援事業者または介護保険施設が代行できるものとされていた。しかし，2005年の法改正にあたって提出された厚生労働省の資料によれば，指定居宅介護支援事業者や介護保険施設による申請代行が申請全体の約8割を占め，本人や家族に十分な説明が行われないまま代行が行われるなど，不適正な申請代行事例も報告されていたため，一定の制限が課されることとなった。また，地域における介護予防マネジメントや総合相談，権利擁護などを担う中核機関として導入された地域包括支援センター（介保115条の46）（⇨図表2

-2）が，申請代行を行うことができるものとされた。その結果，要支援・要介護の認定申請をすることができる者は，本人，成年後見人，家族・親族等，民生委員・介護相談員等，地域包括支援センターであり，居宅介護支援事業者・介護保険施設については，省令で定めるものに限り申請代行できるにすぎなくなった（介保27条1項・32条1項）。

(ii) **認定調査と介護認定審査会**　　要支援・要介護認定の申請を受けて，市区町村は，職員等に本人を訪問させ，全国共通の調査票を用いて面接調査させ，その結果をコンピュータ処理する第一次判定を行う。この訪問調査は，当初は指定居宅介護支援事業者や介護保険施設に委託することもできる（そのさい事業者等は介護支援専門員等に調査を行わせることになる）とされていたが，2005年の法改正にあたって公表された厚生労働省の資料によれば，新規申請の約5割，更新申請の約6割が委託となっており，施設の場合には，委託を行った方が平均的に要介護度が高くなる傾向が見られると指摘されていたため，市区町村が直接訪問調査を行うこととした（介保27条2項・32条2項）。この第1次判定の結果に主治医の意見書を添えて（介保27条3項・32条3項），保健・医療・福祉に関する学識経験者等で構成される市区町村等の介護認定審査会（介保14条・16条1項・38条2項）にはかられ，合議により非該当（自立），または要支援1から要介護度5までの7段階のいずれに該当するか，第2次判定が行われる（介保27条4項・32条4項）。

　この審査会の判定結果の通知を受けた市区町村は，その結果にもとづいて行っ

図表2-2　地域包括支援センターの基本機能

共通的支援基盤構築	地域に，総合的，重層的なサービスネットワークを構築する
総合相談支援・権利擁護	高齢者の相談を総合的に受け止めるとともに，訪問して実態を把握し，必要なサービスにつなぐ。虐待の防止など高齢者の権利擁護に努める
包括的・継続的ケアマネジメント支援	高齢者に対し包括的かつ継続的なサービスが提供されるよう，地域の多様な社会資源を活用したケアマネジメント体制の構築を支援する
介護予防ケアマネジメント	介護予防事業，新たな予防給付が効果的かつ効率的に提供されるよう，適切なケアマネジメントを行う

出典：厚生労働統計協会（2021/2022）161頁

た認定結果を当該被保険者に通知することになっており（介保27条7項・32条6項），その通知により当該認定は申請のあった日にさかのぼって効力を生じるものとされている（介保27条8項・32条7項）。その際，通知書には認定結果と共に認定理由が記入されることになっており，また被保険者証の要介護状態区分の欄には，要支援1から要介護5まで7段階区分のいずれかが記入された上で，通知書と一緒に被保険者証が返送されてくることになっている。なお，この認定結果の通知は，原則として申請を受けてから30日以内に行わなければならないものとされている（介保27条11項・32条9項）。

(iii) **要支援・要介護認定の更新**　要支援・要介護認定には有効期間が定められており（介保28条1項・33条1項），有効期間満了前に，被保険者や家族等，地域包括支援センター，または事業者や施設のうち省令で定めるものに代行させて，当該要介護認定の更新申請をしなければならない（介保28条2項・33条2項）。この有効期間は，厚生労働省令により当初は3カ月〜6カ月とされていたが，2005年には新規認定は原則6カ月，更新認定は原則12カ月とされ，2012年度からは，新規認定の最長有効期間は12カ月，更新認定は24カ月とされた。さらに，2018年度からは更新認定の最長有効期間は36カ月に延長され，2021年度からは48カ月にまで延長されることになっている。なお，この認定更新のための調査も，新規認定の場合と同様に，2005年の法改正によって，事業者・施設については省令で定めるとの制限が課せられた（介保28条5項・33条4項）。

要支援・要介護認定の有効期間内であっても，被保険者は，必要に応じて要支援・要介護状態区分の変更の認定を，市区町村に申請することができる（介保29条・33条の2）。区分変更申請の最長有効期間は，新規認定と同じく12カ月である。これに対し，市区町村は，支援・介護の必要の程度が低下したと判断した場合には，職権で要支援・要介護状態区分の変更の認定をすることができるものとされている（介保30条・33条の3）。なお，要支援・要介護認定は，要支援者および要介護者に該当しなくなったとき，正当な理由なしに認定調査に応じなかったり，診断命令に従わなかったりするときには，市区町村が取り消すことができる（介保31条・34条）。

(b) **介護サービス計画（ケアプラン）**　介護保険では，利用者が自らの意思にもとづいて利用するサービスを選択し，決定することが基本となっている。こうした利用者の自由な意思決定を支援するため，市区町村や居宅介護支援事業者な

どが介護サービスに関する情報の提供を行ってきたが，2005年の法改正により都道府県知事も，介護サービス事業者や介護保険施設等から省令で定める介護サービス情報提供を受け，これを調査した上で，その調査結果のうち省令に定めるものを公表しなければならないとされた。この情報公表制度は，2014年の法改正により，公表対象が拡大され，お泊りデイサービス，地域包括支援センター，生活支援サービスの情報も公開対象となり，また各事業所・施設に勤務する従事者に関する詳細情報の公表も求められることとなった（介保115条の35）。

　要支援・要介護認定の通知を受け取った利用者は，在宅の場合であれば，地域包括支援センターや指定居宅介護支援事業者に対し，介護予防サービス計画または居宅介護サービス計画（以下，両者を合わせて介護サービス計画という）の作成

コラム 2-1　介護保険制度が導入された背景

　高齢者介護は，戦前の救貧制度の系譜をひく老人福祉制度の中に位置づけられていたため，戦後の社会保障制度のもとでも，身寄りのない低所得の老人に対する限定的な施策という傾向を残していた。また，福祉といえば，これらの限定的な対象者のために施設をつくって，そこに入所させることだと考えられ，自宅にいる高齢者の介護ニーズは無視ないし軽視されていた。これに対し，戦後の医療保障制度の充実は，人々の寿命を短期間に飛躍的に伸張させることになり，結果的に介護を必要とする高齢者数の増加，介護期間の長期化をもたらした。それにともなって，自宅で高齢者を介護する家族の身体的・精神的・経済的負担は過重なものとなり，介護家族による高齢者の虐待や介護忌避といった深刻な状況をつくりだした。このような状況のもと，所得水準や家族構成にかかわらず，要介護者および介護家族のための社会的支援が必要であることが一般に認識されるようになっていった。

　しかし，急速な高齢化により増大する介護ニーズに対応するために必要な基盤整備は追いつかず，医療が介護をまかなう社会的入院の増加をもたらした。また，介護は家族が担うものとする因習が根強く，老人福祉サービスの利用が介護忌避と見られることを恐れた家族が病院を隠れみのに利用するケースもあり，社会的入院に拍車をかけていた。このような状況は，住み慣れた地域で安らかに老後を過ごしたいという高齢者の願いに反するばかりでなく，膨張する老人医療費の原因としても大きな問題となっていた。このような状況に対処するために，従来の限定的な老人福祉制度のもとで租税財源をベースとしていた介護保障制度は，医療保障制度との関係をも考慮した上で，「契約」をベースに提供された介護サービスの費用をカバーする社会保険制度とされることになった。この新たな社会保険制度を導入するための介護保険法が1997年12月17日に公布され，2000年4月1日から施行された。

を依頼すると，介護支援専門員（ケアマネージャー）が本人を訪問し，本人の要支援・要介護状態に加えて，本人や家族の希望，家族状況や住宅事情などを総合的に把握し，介護サービスの種類や内容を定めた介護サービス計画を作成する。

さらに，その介護サービス計画に従った保険給付の提供が確保されるように，指定居宅サービス事業者等との連絡調整などの便宜，介護保険施設等への入所が必要なときは，施設等への紹介などの便宜の提供を行う（介保8条24項・8条の2第16項）。このような居宅サービス計画等を作成することなく，本人や家族が自ら介護サービスの利用計画（セルフプラン）を作成して，市区町村に届け出ることによって保険給付を利用することもできる。しかし，度重なる法改正によって保険給付が複雑化したため，セルフプランの作成は困難になってしまった。本人や家族がセルフプランをたてずに，自分で指定居宅サービス事業者等のサービスを利用し，いったん全額を自己負担した後，保険給付相当額の償還を受けることもできる。

これに対し，介護保険施設に入所して保険給付の支給を受ける場合には，各施設が要介護者について提供するサービスの内容，これを担当する者その他省令で定める事項を定めた施設サービス計画を作成することになる（介保8条26項）。いずれの場合にも，介護保険給付の利用者は，自らが選択した介護サービスの提供事業者との間で，居宅介護サービス等の提供に関する契約を締結することになる（⇨図表2-3）。しかし，利用者は高齢で日常生活上支援の必要な者であり，また認知症により，契約能力がない者もある。それゆえ，利用者の権利擁護のために，成年後見制度や日常生活自立支援事業（⇨⑨社会福祉4）の活用が重要であると指摘されている。

これら介護サービス計画および施設サービス計画を作成する介護支援専門員の資質の確保と向上が，介護保険制度の適正な運営に不可欠であるとの認識から，2005年の法改正では，介護支援専門員の登録試験問題作成・試験実施・研修実施に関わる機関の指定等に関する諸規定を設ける（介保69条の11〜69条の33）とともに，介護支援専門員の登録等（介保69条の2〜69条の6）および介護支援専門員証の交付制度と更新にともなう研修の義務づけ（介保69条の7・69条の8）などを法文に明記した。さらに，介護支援専門員の義務を法定するとともに（介保69条の34），名義貸しの禁止・信用失墜行為の禁止・秘密保持義務などを明記し（介保69条の35〜69条の37），これに違反するときは登録を削除するものとした（介保69条の39）。

⑵　保険給付の種類と内容

(a)　保険給付の種類　保険給付の種類は，要介護状態にある者に対する介護給付，要支援状態にある者に対する予防給付，および要介護状態または要支援状態の軽減または悪化防止に資する保険給付として条例で定めるもの（市町村特別給付）がある（介保 18 条）。介護給付の種類は，居宅サービスに関する居宅介護サービス費，特例居宅介護サービス費，居宅介護福祉用具購入費，居宅介護住宅改修費，居宅介護サービス計画費，特例居宅介護サービス計画費の支給，施設サービスに関する施設介護サービス費，特例施設介護サービス費の支給，両者に関わる高額介護サービス費の支給，さらに地域密着型介護サービス費，特例地域密着型介護サービス費，施設サービスに関する特定入所者介護サービス費，特例特定入所者介護サービス費，高額医療合算介護サービス費の支給の 14 種類となっている（介保 40 条）。

2011年の法改正では，地域包括ケアシステム（⇨図表 2 - 5 ）の構築のために，地域密着型サービスをベースとした24時間対応の定期巡回・随時対応サービスや複合型サービスが新たに導入された（介保42条の 2 第 2 項）。地域包括支援センターが介護予防サービス計画を作成する要支援者のための予防給付については，2014年の法改正によって，介護予防訪問介護および介護予防通所介護を全国一律の予防給付からはずし，市町村が運営する新しい総合事業（⇨図表 2 - 1 ）に移行

図表 2 - 3　介護保険制度の仕組み

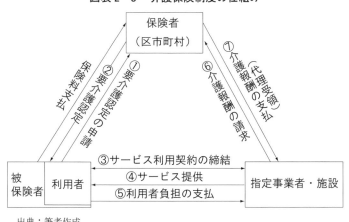

出典：筆者作成

させることとなり，その報酬単価や人員・運営基準なども，国のガイドラインにもとづき各市区町村によって設定できることとなった。

　このほか，2014年の法改正によって，総ての高齢者を対象とした（要支援・要介護高齢者だけでなく，一般の高齢者も対象）一般介護予防事業として，従来の介護予防の普及・啓発にとどまらず，市民自らが運営する集いの場や市民相互の交流の機会をもたらす活動などを対象事業とすることとなった。こうした地域包括ケアシステムの取組を強化するため，2017年の法改正では，自立支援・重度化防止に向けた保険者機能の強化等の取組を推進するため，市区町村は，介護予防・重度化防止等の取組内容と目標を記載した介護保険事業（支援）計画を策定すること，地域包括支援センターの機能強化などとともに，地域共生社会の実現に向けた取組の推進等として，市区町村による地域住民と行政等との協働による包括的支援体制を作ること，福祉分野の共通事項を記載した地域福祉計画の策定を努力義務化することが定められた。

　(b)　**保険給付の内容**　このように介護保険に関わる給付の種類は多いが，その中心をなすのは，居宅介護・居宅支援サービス費の支給と施設介護サービス費の支給である。これらの支援・介護サービス費の支給は，要支援・要介護認定により認定された要支援・要介護度に従って定められた区分支給限度基準額の範囲内で行われる（⇨図表2-4）。この基準額を超える部分は保険給付の対象とならないため，利用したサービスの費用は全額自己負担となる。

図表2-4　居宅サービスにおける区分支給限度基準額

2019年10月～

区分に含まれる サービスの種類	限度額の 管理期間	区分支給限度基準額	
訪問介護，訪問入浴介護 訪問看護，訪問リハビリ 通所介護，通所リハビリ 短期入所生活介護 短期入所療養介護 福祉用具貸与 介護予防サービス	1カ月 （暦月単位）	要支援1 要支援2 要介護1 要介護2 要介護3 要介護4 要介護5	5,032単位 10,511単位 16,765単位 19,705単位 27,048単位 30,938単位 36,217単位

（注）　1単位：10～11.40円（地域やサービスにより異なる）
出典：厚生労働統計協会（2021/2022）158頁

（i）**居宅介護サービス**　居宅介護サービス費（介保41条）は，要介護被保険者が指定居宅サービス事業者から保険給付の対象となる居宅サービスを受けた場合に，市区町村が被保険者に支給する。居宅サービスとしては，たとえば①ホームヘルパーが要介護者の居宅を訪問して日常生活上の世話を行う訪問介護（ホームヘルプサービス），②訪問看護，③通所介護（デイサービス），④通所リハビリテーション（デイ・ケア），⑤短期入所生活介護（ショートステイ），⑥短期入所療養介護，⑦特定施設入居者生活介護（介護型有料老人ホームなど），⑧福祉用具貸与などがある（介保8条）。このほか，2014年および2017年の法改正では，高齢化の進展に伴う認知症高齢者の増加に対応するため，認知症対策への取組みを本格化させようとしている（⇨コラム2-2）。

　居宅介護サービス費の額は，居宅サービスの区分（通所型と短期入所型）に応じて厚生労働大臣の定める基準により算定した費用の9割相当額である（介保41条～43条）。当初，被保険者の一部負担は一律1割であったが，一定以上の所得のある被保険者については2割（2014年改正），特に所得の高い層については3割（2017年改正）とされた（介保49条の2・59条の2）。市区町村は被保険者に支給すべき額の限度において，被保険者に支給すべき費用を事業者に支払う権限を有しており（介保41条9項），実際には，事業者の請求により，自らまたは国民健康保険団体に委託して審査を行い（介保41条10項），事業者に居宅介護サービス費の7割～9割を支払うことになる（⇨図表2-3）。そのさい，事業者は，被保険者に領収書を交付しなければならないとされている（介保41条8項）。

　これら居宅サービスを利用するにあたって，要介護被保険者が指定居宅介護支援事業者にケアプランの作成を依頼したときは，居宅介護サービス計画費として，厚生労働大臣の定める基準により算定した費用の全額を支給する（介保46条）。この場合は現在のところ被保険者の一部負担はないが，今後見直される予定である。なお，2011年の法改正によって，従来の介護予防事業は，見守り・配食等のインフォーマルサービスを含む介護予防・日常生活支援総合事業に拡大・再編され，保険者である市区町村の判断でこの総合事業の実施ができることになった（介保115条の45～115条の47）。

（ii）**施設介護サービス**　施設介護サービス費は，要介護被保険者が介護保険施設（介護老人福祉施設，介護老人保健施設，介護療養型医療施設（2023年度末まで），介護医院）において施設サービスを受けたとき，市区町村が被保険者に支給す

る（介保48条1項）。施設介護サービス費の額は，施設サービスの種類ごとに，要介護状態区分，当該施設の所在地等を勘案して算定される施設サービス等に要する平均的な費用の額（食費や居住に要する費用などの日常生活費として省令で定める費用，いわゆるホテルコストを除く）を勘案して厚生労働大臣が定める基準により算定した費用の額の7割～9割に相当する額である（介保48条2項・49条の2）。施設介護サービス費は，実際には介護保険施設の請求により，市区町村が請求内容を審査して施設に費用を支払い（介保48条3項），これによって要介護被保険者に施設介護サービス費の支給があったものとみなされる（介保48条4項）。なお，2014年の法改正によって，介護老人福祉施設の新規入所者は（既入所者は除く），原則として要介護3以上の者に限定されることとされ，要介護1・2の者は一定の場合にのみ，例外的に入所できるにすぎないとされた。

　施設介護サービス費については，2005年の法改正によって，施設給付の見直しが行われ，介護保険3施設（短期入所を含む）の居住費用や食費について，また通所系サービスの食費について保険給付の対象外とし，また介護保険と年金給付の重複を是正し，在宅と施設の利用者負担の公平性が図られた。それにともなって，低所得者の負担を軽減するために，新たな補足的給付として，特定入所者介護サービス費（各所得段階に従って，厚生労働大臣の定める補足的給付の基準額から同大臣の定める負担上限額を控除した価額）が創設された（介保51条の3）。この補足給付の要件は，2014年の法改正に伴って見直され，所得が低くても預貯金等（単身1,000万円超，夫婦2,000万円超）がある場合，世帯分離したときでも，配偶者が課税されている場合は対象外とされるとともに，給付額の決定にあたり，非課税年金（遺族年金，障害年金）も収入として勘案されることとなった。

　(c)　在宅医療との連携　　2011年の法改正は，社会保障・税一体改革が目指す「地域包括ケアシステム」の実現に向けた取組みの推進を目標としている（⇨論点第3版V-2）。具体的には，高齢者が地域で自立した生活を営めるように，医療・介護・予防・住まい・生活支援サービスが連携した要介護者等への包括的な支援（地域包括ケア）を推進するというものである（⇨図表2-5）。その実現のためには，①医療との連携強化，②介護サービスの充実強化，③予防の推進，④多様な生活支援サービスの確保や権利擁護など，⑤サービス付き高齢者向け住宅の推進（⇨コラム2-3）といった5つの視点での取組みが包括的かつ継続的に行われることが必要であるとした。

図表 2 - 5　2025年の地域包括ケアシステムの姿

出典：厚生労働統計協会（2021/2022）169頁

コラム 2-2　認知症施策推進総合戦略（新オレンジプラン）

　厚生労働省は，「認知症の人の意思が尊重され，できる限り住み慣れた地域のよい環境で自分らしく暮らし続けることができる社会の実現を目指す」ため，2012年に「認知症施策推進 5 か年計画」（オレンジプラン）として，①認知症への理解を深めるための普及・啓発の推進，②認知症の様態に応じた適時・適切な医療・介護等提供，③若年性認知症施策の強化，④認知症の人の介護者への支援，⑤認知症の人を含む高齢者にやさしい地域づくりの推進，⑥認知症の予防法，診断法，治療法，リハビリテーションモデル，介護モデル等の研究開発およびその成果の普及の推進，⑦認知症の人やその家族の視点の重視を目指すとした。

　2014年には，新オレンジプランを公表するとともに，医療介護総合確保法によって，①認知症の進行状況に合わせて提供される医療・介護のサービスの標準的な流れを示す「認知症ケアパス」の作成・普及，②認知症の早期診断を行う医療機関を増やすとともに，認知症専門医を中心とした「認知症初期集中支援チーム」を設置，③医師のための認知症研修の受講者を増やすこと，④地域包括支援センター等に設置・運営される地域ケア会議の普及・定着，⑤認知症地域支援推進員を増やすこと，⑥認知症サポーターを増やすことが，目標数値を設定して目指されることとなった。そして，2017年の地域包括ケアシステム強化のための介護保険法改正法は，新オレンジプランの基本的な考え方（普及・啓発等の関連施策の総合的な推進）を制度上明確化することを市区町村に求めている。

　2014年の法改正では，地域包括ケアシステムの構築のために，①在宅医療・介護連携の推進，②認知症施策の推進（⇨コラム２-２），③地域ケア会議の推進，④生活支援サービスの充実，⑤介護給付の重点化・効率化が図られることとなった。このうち，①在宅医療・介護連携推進事業は，介護保険の地域支援事業に位置づけられ，実施可能な市区町村は2015年４月から取組を開始し，2018年４月には全ての市区町村で実施することとされた。さらに，2017年５月には「地域包括ケアシステムの強化のための介護保険法等の一部を改正する法律」が制定された。同法は，地域包括ケアシステムの深化・推進と介護保険制度の持続可能性の確保を柱に，①自立支援・重度化防止に向けた保険者機能の強化等の取組の推進，②医療・介護の連携の推進等（介護医療院の創設），③地域共生社会の実現に向けた取組の推進等，④２割自己負担者のうち特に所得の高い層の負担割合を３割へ引き上げ（2018年８月１日施行），⑤介護納付金への総報酬割の導入を内容としている。

　2020年には「地域共生社会の実現のための社会福祉法等の一部を改正する法律」により介護保険法と社会福祉法の一部が改正された。同法は，地域共生社会（子供・高齢者・障害者などすべての人々が地域，暮らし，生きがいを共に創り，高め合うことができる社会）の実現を図るため，①地域住民の複雑化・複合化した支援ニーズに対応する市区町村の包括的支援体制構築の支援，②地域の特性に応じた認知症施策や介護サービス提供体制の整備等の推進，③医療・介護のデータ基盤の整備の推進，④介護人材確保及び業務効率化の取組の強化などを目指すものである（⇨⑨社会福祉，⑪-４社会保障）。

(3)　介護サービス提供機関

(a)　介護サービス事業者　　介護保険の保険者は，保険給付としての介護サービスを提供する機関を確保するために，一定の基準を満たした居宅サービス事業者および居宅介護支援事業者ならびに介護保険施設を保険機関として指定（介護老人保健施設の場合は許可）する。居宅サービス事業者の指定（介保70条・79条）および介護予防事業者の指定（介保115条の２・115条の22），施設の指定（介保86条・107条）ないし許可（介保94条）は，事業者および施設の申請にもとづいて，都道府県知事および2011年の法改正により政令指定都市・中核都市の市長（以下，「都道府県知事等」という）が，事業所ないし施設ごとに行う。

　これに対し，地域密着型サービス事業者（介保78条の２）および地域密着型介護予防サービス事業者（介保115条の11），定期巡回・随時対応型訪問介護看護サー

ビスおよび複合型サービスについては，市区町村長が事業所ごとに指定を行うことになっている。

　ちなみに，地域密着型サービス事業者をめぐっては，市長の不指定処分が取消されたり（福井地判平20・12・24），市長の指定取消処分の効力が停止されたりする（宇都宮地決平21・1・5）などしている。これに対し，居宅介護支援事業者については，都道府県知事等が指定するとされていたが，2014年の法改正によって，事業所ごとの指定権限が市区町村に段階的に移譲されることとなり，市区町村は勧告・命令・指定取消しを行えるだけでなく，その運営基準の詳細を市区町村が条例で定めることができるようになった（2018年4月施行）。

　介護型有料老人ホーム（居住型・健康型を除く）（⇨コラム2-3）や介護型ケアハウスは介護保険施設ではなく，在宅サービスをトータルに提供する介護専用型特定施設として，都道府県知事等の指定を受けることになる。これに対し，認知症高齢者のためのグループホームは，地域密着型サービスとして市区町村長の指定を受けることになっている（介保78条の2-78条の4）。また，都道府県知事等による居宅サービス事業者の指定を受けるためには法人格が必要であり，地域密着型サービス事業者および法人格のない団体（住民団体等）は，市区町村により事業者指定を受けることになる。前者の指定事業者は全国展開が可能であるのに対し，後者の指定事業者は当該市区町村において事業展開できるにすぎない。これらの指定や許可は，介護サービス提供機関として必要とされる基準を満たさなくなった場合や虚偽の報告を行った場合等には，都道府県知事等により取り消される（介保77条・78条の10・84条・92条・104条・114条・115条の9・115条の19・115条の29）。

　なお，虚偽の報告による指定取消に関連して，居宅介護事業者の指定から指定取消までの間に支払われた居宅介護サービス費の返還等（介保22条3項）をめぐっては，市区町村が返還請求した事案（京都地判平18・9・29，佐賀地判平27・10・23）のほか，住民訴訟で返還が争われた事案（最判平23・7・14）がある。

　指定基準違反や介護報酬の不正請求などの不正行為に対処するため2005年の法改正が行われたが，その後も不正行為が繰り返されたため，2008年5月には，介護保険法の一部が改正された（2009年5月1日施行）。その主な内容は，①介護サービス事業者内における業務管理体制の整備（厚生労働大臣による報告・立入検査・勧告・命令を含む），②都道府県知事・市町村長による介護サービス事業者の

本部等への立入検査権の創設，③介護サービス事業者による事業廃止・休止の1月前までの届出の義務づけ，不正行為により支払を受けた介護サービス事業者に対する返還金・加算金の徴収，④指定・更新の欠格事由の見直し，⑤事業廃止時におけるサービスの確保に関する介護サービス事業者の連絡調整義務等，および都道府県知事等の介護サービス事業者等に対する助言・勧告・命令等である。しかし，その後も運営基準違反や不正請求による指定取消をめぐる争いは後をたたない（東京高判平23・6・16，佐賀地判平29・10・27）。

(b) **介護従事者**　労働の割には賃金が低く，また身分が不安定であるなどの理由から，特に都市部で若い労働者を中心に介護職離れが進んでいる（⇨⑨社会福祉3）。これに対し，今後における高齢化の更なる進行により要介護高齢者の数は確実に増加することになり，これに伴って介護従事者の必要数も増加すると見込まれている。このような状況のもと，2008年には「介護従事者等の人材確保のための介護従事者の処遇改善に関する法律」が制定されるとともに，「介護従事者の処遇改善のための緊急特別対策」として，2009年度介護報酬改定率が3.0%（在宅分1.7%，施設分1.3%）引き上げられ，2012年度の介護報酬改定の際には，介護人材確保のための介護職員処遇改善加算の創設が行われた。

2014年には「介護・障害福祉従事者の人材確保に関する特別措置法」が成立し，都道府県を通じた交付金の制度が開始することになった。そして，介護報酬の見直しにあたっても，更なる資質向上の取組，雇用管理の改善，労働環境の改善の取組を進めている事業所を対象とし，報酬の上乗せ評価を行うための区分が創設された。さらに，2016年に閣議決定されたニッポン一億総活躍プランおよび2018年に閣議決定された新たな高齢社会対策大綱（⇨⑪社会保障4）では，処遇改善による「介護離職ゼロ」が目指されている（⇨論点第3版V－6）。介護職員の処遇に関連して，給与の減額が争われた事案（札幌高判平19・3・23，那覇地判平20・10・22），経費節減による解雇が争われた事案（福岡地判平19・2・28），過労自殺による損害賠償が認容された事案（甲府地判平24・10・2）などがある。

さらに，上記介護職員処遇改善交付金事業に基づく交付金，介護職員処遇改善加算制度に基づく加算に相当する介護報酬を受給した事業者が，介護職員の処遇改善を実施していないと主張した介護職員の請求を棄却した事案がある（令1・9・30）。また，2018年の入管法改正によって，従来の技能実習生とは別に，新たな在留資格制度を導入することによって外国人の介護人材確保が目指されてい

る（⇨コラム9-2）。さらに，2020年のコロナ禍の中で，人と直接関わらなけれ
ばならないケア労働の重要性が再認識され，介護職員の処遇改善加算として，
2022年から賃金が月額9000円引き上げられることになった。この新加算は，既存
の処遇改善加算および特定処遇改善加算に続く3つ目の加算となる。

　Aさんは勉強すればするほど，複雑な介護保険給付の種類や内容など理解でき
ないことだらけになってしまった。介護保険施設とグループホームや有料老人
ホームの違いもよく分からないし，居宅介護事業者も色々ありすぎて，何が何だ
かよく分からない。とりあえず，祖母の入院する病院に相談するとともに，地域
包括支援センターを訪ねてみることにした。

コラム2-3　住まいと介護

　高齢化に伴って，有料老人ホーム（居住系サービス）への期待は大きくなり，
2005年の介護保険法改正の際，有料老人ホームの設置・運営をしやすくした。他方，
入居者保護の観点から，有料老人ホームの設置者は，知事に対する法定事項の事前
届出，変更時の1カ月内の届出，事業の廃止・休止の事前届出，帳簿の作成・保存，
介護等の情報の入居者・入居希望者に対する開示，前払金の算定基礎の書面による
明示及び保全措置が義務づけられた（老福29条1項-7項）。これらの義務に違反
した場合，入居者に対する不当な処遇や運営上入居者の利益を害する行為をした場
合，知事は設置者に改善命令を出せることになった（同条13項）。2011年改正では，
入居後3カ月以内の契約解除や入居者の死亡による契約終了の場合，前払金から家
賃等を控除した額を返還すること（同条8項），権利金等を受領しないこと（同条
6項）が義務づけられ，2017年改正では，知事による事業停止命令の創設（同条14
項），前払い金の保全措置の義務の対象拡大などが行われた。

　これとは別に，高齢者に配慮した民間賃貸住宅の供給を促進する観点から，2011
年に高齢者住まい法が改正され，これまでの複雑な制度は「サービス付き高齢者向
け住宅」に一本化され，知事の登録制度が創設された。しかし，その登録基準は，
①住宅に関する基準，②基本サービスの提供，③契約に関する基準があるにすぎな
い。食事や掃除などの日常生活支援サービスや介護サービスは契約内容次第である
（大阪地判平27・9・17）。また，住宅の賃料と有料サービスの合計額次第では割高
となり，経済的負担ゆえに行き場を失う高齢者が出る可能性がある（⇨論点第3版
IV-6・V-5，原田（2014），本沢（2015，2017，2019））。それゆえ，不十分な
情報開示によるトラブル発生を避けるため，2021年度からは登録段階での情報開示
項目を増やすことになった。

2　介護保険の保険関係と財源

トピック　　介護保険の被保険者証はいつ貰えるの？

　　Aさんの祖母のけがは順調に回復し退院することになった。退院を前に，祖母が
生活支援や介護を必要とする状態にあるか調査してもらったところ，祖母の要介護
度は１と比較的軽く，自宅で訪問介護サービスを利用しながら，Aさんの母親を中
心に家族が買い物・掃除・洗濯など日常生活を支援することで対応できそうとのこ
とである。これも介護保険のおかげだとAさんの父母は喜んでいるが，未だ自分た
ちの介護保険の被保険者証は見たことがないそうである。祖母は介護保険の被保険
者証を持っているのに，どうしてだろうか？また，Aさんのような若い世代は，保
険料を支払わなくてよいのだろうか？

　　介護保険の被保険者は40歳以上の人であるが，65歳になると第１号被保険者にな
るため，介護保険の被保険者証が送られてくる。80歳になるAさんの祖母は第１号
被保険者であるので，被保険者証を持っている。しかし，Aさんの父母は，まだ65
歳になっていない第２号被保険者であるため，特別な事情がない限り保険給付を受
けることができず，そのため被保険者証も交付されていない（⇨図表２-６）。

(1)　介護保険の保険者と被保険者

(a)　保険者　　介護保険の保険者は，市町村および特別区とされている（介保
３条１項）。保険におけるリスク分散の必要性からして，国民健康保険財政の例
を挙げるまでもなく，市区町村では，その人口規模が十分でないことは明らかで
ある。それにもかかわらず，市区町村を保険者にした理由は，介護保険導入の目
的の１つが，申請先や自己負担の金額が異なっていた老人福祉と老人医療のサー
ビスを一本化することにあったからと説明されている（⇨コラム２-１）。もっと
も，財政基盤の弱い市町村および特別区を保険者とすることについては，市町村
等の反対が根強かったこともあって，財政支援・事務実施の支援および基盤整備
等に関する都道府県および国の協力（介保５条），保険料徴収等に関する医療保
険者の協力（介保６条）および年金保険者の協力（介保134条）が約束された。ま
た，財政基盤の強化や事務経費の節減を目的とした広域連合の設立ができること
とされたが，高齢化率や保険料の地域格差の拡大には対応しきれていなかった。

また，今後の急速な高齢化に対応する必要から，「効率的かつ質の高い医療提供体制の構築」と「地域包括ケアシステムの構築」のために，「地域医療介護総合確保基金」が創設されることとなった。

(b)　被保険者　　介護保険の被保険者は，市区町村の区域内に住所を有する65歳以上の者（第1号被保険者），および市区町村の区域内に住所を有する40歳以上65歳未満の医療保険加入者（第2号被保険者），すなわち医療保険の被保険者とその被扶養者（⇨①医療保障3）である（介保9条）。ただし，介護保険施設（老人福祉法上の特別養護老人ホームに相当する介護老人福祉施設，医療系の施設である介護老人保健施設および介護医療院）に入所中の被保険者については，入所のために住所地を変更した場合，入所前に住所を有した市区町村の行う介護保険の被保険者とする等の特例が定められており，この住所地特例の対象施設としては，ケアハウスや有料老人ホームなどの介護専用型特定施設（2005年の法改正で入居定員30人以上とされた），老人福祉法上の施設である養護老人ホームがある。さらに2014年の法改正によって，サービス付き高齢者向け住宅（⇨コラム2-3）の一部も，2015年4月1日以降に入居した者については，住所地特例対象施設に含まれることとなった（介保13条）。

第1号被保険者と第2号被保険者は，後に詳述するように保険料額の算定や徴収方法において違いがあり，また保険給付を受けられる受給者の範囲についても

図表2-6　介護保険制度における被保険者・受給権者等

	第1号被保険者	第2号被保険者
対象者	65歳以上の者 （生活保護受給者を含む）	40歳以上65歳未満の医療保険加入者
受給権者	要介護者（寝たきり，認知症） 要支援者（虚弱）	初老期における認知症，脳血管疾患などの老化に起因する特定疾病による要介護・要支援
保険料負担	所得段階別定額保険料 （低所得者の負担軽減）	・健保：標準報酬×介護保険料率 （事業主負担あり） ・国保：所得割，均等割等に按分 （国庫負担あり）
賦課・徴収 方法	年金額一定以上は年金天引（特別徴収），それ以外は普通徴収	医療保険者が医療保険料とともに徴収し，納付金として一括納付

出典：筆者作成

違いがある（⇒図表2-6）。第1号被保険者の場合には，身体上または精神上の障害のため，入浴・排泄・食事等の日常生活における基本動作の全部または一部につき，継続的に常時介護を要すると見込まれる「要介護状態」であって，「要介護状態区分」のいずれかに該当するとき（介保7条1項），または継続的に常時介護を要する状態の軽減もしくは悪化の防止に特に資する支援を要すると見込まれ，あるいは継続的に日常生活を営むのに支障があると見込まれる「要支援状態」にあるときには，保険給付の支給を受けることができる（介保7条2項）。これに対し，第2号被保険者の場合には，要介護状態または要支援状態だけではなく，その原因が「加齢」に伴って生じる心身の変化に起因する疾病であって政令で定める「特定疾病」によることという要件が加わる（介保7条3項2号・4項2号）。なお，2005年の法改正にともなって，特定疾病の分類・名称が見直されるとともに，余命6月程度と見込まれる「がんの末期」が新たに加えられた。

(2) 介護保険の財源と保険料負担

(a) 公費負担　介護保険の給付に必要な費用のうち，被保険者や事業主の支払う保険料によりまかなわれるのは50%だけであり，残り50%は公費負担によりまかなわれる。国の負担割合は給付費総額の25%（5%は調整交付金），都道府県と市区町村の負担割合は，それぞれ給付費総額の12.5%であり（介保121条・123条），市区町村はこれを一般会計により負担する（介保124条）。ただし，介護保険の施設・特定施設給付費および介護予防特定施設給付費に係る国と都道府県の費用負担割合は国が20%（5%は調整交付金），都道府県17.5%とされることになった。（介保123条1項2号）

(b) 第1号被保険者の保険料

① 保険料額　第1号被保険者が納めなければならない保険料の金額は，政令で定める基準に従って，市区町村ごとに介護保険事業に必要な費用を勘案した上で条例で定めることとされ，この保険料の金額は3年ごとに設定し直されるものとされている（介保129条）。当初は，政令で定める基準に従って各市区町村の1号保険料の基準額（第3段階）が算定され，第1号被保険者本人および世帯の所得により下2段階上2段階の5段階に分けられ，0.5倍〜1.5倍の保険料が設定された。しかし，この段階設定にあたって，世帯および本人が住民税課税か非課税かが判断基準とされたため，高齢者控除や世帯構成などの関係で，第1号被保険者の保険料段階が実際の生活実態に適合しないケースが多く見られるなど，市

区町村の条例では対応できない政令の基準それ自体の問題が指摘されていた。

　このような状況のもと，保険料を滞納すると給付制限をしなければならない（⇨コラム２‐４）市区町村の多くは，第１号被保険者のうち低所得者に対して，何らかの保険料減免措置を講じることを試みてきた（介保142条）。そのさい，減免した保険料分を一般財源で埋め合わせる方法をとる市町村も多く見られたが，しかし本来の保険制度のしくみを尊重しつつ，第１号被保険者の保険料負担を軽減しようとする方策も考え出された。１つは，第５段階の上に第６段階を設けて，高額所得者から多くの保険料を徴収することで全体の保険料収入を確保し，保険料の基準額を抑える横浜方式であり，他の１つは，第２段階の被保険者の内容を具体的に審査して，低所得者の保険料を第１段階にまで引下げる神戸方式である。それでも，市区町村の介護保険料賦課決定処分を不服として，都道府県の設置する介護保険審査会に審査請求をした（介保183条）上で，裁判所に現処分の取り消しと保険料の減免（最判平18・３・28，大阪高判平18・５・11，大阪高判平18・７・20），あるいは段階変更（神戸地判平14・12・17）を請求した事例も散見されるが，いずれの事案においても原告の請求は棄却されている。

　2005年の法改正によって，６段階が基準とされたが，所得水準に応じてよりきめ細かな保険料設定を行う必要から，2014年の法改正では，９段階とされることとなった（⇨図表２‐７）。具体的には，世帯非課税の新第１段階から新第３段階については，新たに公費による軽減の仕組みを導入し，更なる負担の軽減を図るとともに，世帯課税・本人非課税の第４段階を二分して新第４段階・新第５段階とし，さらに本人課税の第５段階と第６段階を新第６段階から新第９段階に細分化している。もっとも，高額所得者層からより多くの保険料を徴収するために，新第８段階以上を細分化して新第15段階（所得1,000万円以上）まで多段階化をした自治体もある（たとえば神戸市では，2015年度改定において，第８段階の1.50倍から第15段階の2.25倍まで引き上げる措置を取ることとした）。

　②　**保険料の徴収方法**　　第１号被保険者の保険料徴収の方法は，年額18万円以上の老齢年金を受給していれば，当該老齢年金（2005年の法改正で，遺族年金・障害年金にまで対象を拡大）からの天引きの方法による特別徴収となる（介保135条）。この特別徴収をめぐっては，上記の保険料額の問題とも相まって受給年金額の減額という形になって現れるため，要支援・要介護状態にない第１号被保険者の不満は強く，財産権侵害や憲法13条・25条違反を主張した裁判例もあるが，

いずれも原告が敗訴している（最判平18・3・28，大阪高判平18・5・11，大阪高判平18・7・20）。

これに対し，第1号被保険者の老齢年金の年額が18万円未満であれば，市区町村が保険料を被保険者から直接的に個別徴収する普通徴収となる（介保131条）。普通徴収の場合には，第1号被保険者が属する世帯の世帯主および第1号被保険者の配偶者は，保険料の連帯納付義務を負うとされる（介保132条）が，必ずしも世帯主がいるとは限らず，保険料徴収ができないことも起こりうる（⇨コラム2-4）。

(c) 第2号被保険者の保険料

第2号被保険者の保険料の金額は，国民健康保険や健康保険など（⇨①医療保障4），それぞれの保険者ごとに割り当てられた介護給付費納付金の総額，およ

図表2-7　保険料の算定に関する基準

2019年10月～

	対　象　者	保険料の設定方法
第1段階	生活保護被保護者 世帯全員が市町村民税非課税の老齢福祉年金受給者 世帯全員が市町村民税非課税かつ本人年金収入等80万円以下	基準額×0.3
第2段階	世帯全員が市町村民税非課税かつ本人年金収入等80万円超120万円以下	基準額×0.5
第3段階	世帯全員が市町村民税非課税かつ本人年金収入120万円超	基準額×0.7
第4段階	本人が市町村民税非課税（世帯に課税者がいる）かつ本人年金収入等80万円以下	基準額×0.9
第5段階	本人が市町村民税非課税（世帯に課税者がいる）かつ本人年金収入等80万円超	基準額×1.0
第6段階	市町村民税課税かつ合計所得金額120万円未満	基準額×1.2
第7段階	市町村民税課税かつ合計所得金額120万円以上200万円未満	基準額×1.3
第8段階	市町村民税課税かつ合計所得金額200万円以上300万円未満	基準額×1.5
第9段階	市町村民税課税かつ合計所得金額300万円以上	基準額×1.7

注　具体的軽減幅は各割合の範囲内で市町村が条例で規定。
出典：厚生労働統計協会（2021/2022）163頁

び第2号被保険者の見込数にもとづいて定められる（介保151条）。健康保険や共済組合の場合には，医療保険の保険料と同様に，介護保険の保険料も労使折半で負担される。これに対し，国民健康保険の被保険者については，被保険者が支払う保険料と同額分の公費が介護保険の財源として支払われることになる。

　第2号被保険者の保険料は，各医療保険者が医療保険の保険料と共に徴収し，被保険者と被扶養者の数に応じた保険料総額を介護給付費納付金として，社会保険診療報酬支払基金に一括納付するものとされてきた（介保150条以下）。しかし，高齢者人口の増加に伴う介護保険の総費用の増大に対応するため，2017年の改正によって，第2号被保険者等の人数ではなく，第2号被保険者の収入の総額（総報酬割）に応じて納付金が一括納付されることとなった。そして，支払基金は，

コラム2-4　保険料滞納と給付制限

　第1号被保険者が，特別な事情がないにもかかわらず保険料を滞納している場合，所定の期間が経過するまでの間に当該保険料を納付しないときは，被保険者証に「支払方法変更の記載」がなされる（介保66条1項）。これにより通常の保険給付規定の適用が排除されるため，要介護者は介護サービスの利用料を事業者に全額支払った後，領収書を添付して市区町村に償還請求をする方法（現金償還方式）によらざるを得なくなる。また，市区町村は，保険料を滞納している要介護者に対する保険給付の全部または一部の支払を一時差し止めることもできる（介保67条1項・2項）。そして市区町村は，支払方法変更の記載を受け，かつ，保険給付の一時差止を受けている要介護者がなお保険料の滞納を続ける場合には，当該差止に関わる保険給付の額から当該滞納額を控除することができる（介保67条3項）。さらに市区町村は，要介護認定や要介護更新認定等をした場合，当該認定に関わる要介護者につき，保険料徴収権が時効により消滅している期間があるときは，被保険者証に「給付額減額等の記載」を行う（介保69条1項）。この記載を受けた要介護者の保険給付は，保険料徴収権の消滅した期間に応じ，その給付割合を9割から7割に引き下げられ，また高額介護サービス費の支給は行われないことになっている（介保69条3項・4項）。

　第2号被保険者についても，要介護者が特別な事情がないにもかかわらず保険料を滞納しており，所定の期間が経過するまでの間に当該保険料を納付しない場合には，被保険者証に「支払方法変更の記載」および「保険給付差止の記載」をすることができる（介保68条1項）。この「保険給付差止の記載」を受けた要介護者については，保険給付の全部または一部の支払が，市区町村によって差し止められることになる（介保68条4項）。

図表 2 - 8　養護者による高齢者虐待の防止，養護者に対する支援

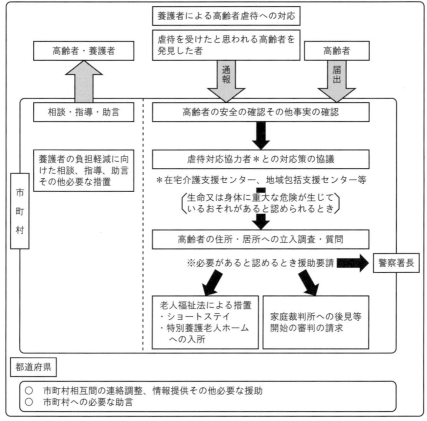

出典：社会福祉の動向編集委員会『社会福祉の動向2015』228頁

徴収した納付金から市区町村に対して介護給付費交付金を交付することになる（介保160条）。すなわち，第 2 号被保険者の保険料は，第 1 号被保険者の保険料と異なり，市区町村ごとの介護給付費に左右されることなく，全国規模で介護保険財源を安定的に調達できるツールということになる。

3　介護保険法と老人福祉法の関係

　老人福祉法上の福祉の措置を実施するのは，65歳以上の者が居住する市区町村であり，老人福祉に関する実情の把握ならびに必要な情報の提供・相談および必

要な調査・指導を行う（老福5条の4）。これら情報提供・相談・指導は，介護保険給付の適切かつ有効な利用にかかるもの，その他特に専門知識および技術を必要とするものについては，老人介護支援センター等に行わせるものとされており（老福20条の7の2），2005年の介護保険法改正によって，市区町村が設置できるとされた地域包括支援センターの事業を老人介護支援センターに包括的に委託できるものとされた（介保115条の47）。

　2000年の介護保険法施行によって，老人福祉法に従った市区町村の福祉の措置に関する義務は，福祉の総合的実施から支援体制の整備等に変更された。すなわち，市区町村は，心身の障害のため日常生活を営むのに支障がある65歳以上の者が，心身の状況，その置かれている環境等に応じて，自立した日常生活を営むた

コラム 2-5　高齢者虐待

　高齢者の尊厳の保持にとって高齢者虐待を防止することは重要であるとの認識のもと，高齢者虐待防止法が2005年11月に制定され，2006年4月から施行されている。高齢者虐待は，養護者による虐待と介護施設従事者等による虐待に分類されており，虐待の態様は，①身体的虐待，②介護・世話の放棄・放任，③心理的虐待，④性的虐待，⑤経済的虐待に分類されている（高虐2条）。高齢者虐待の防止，虐待を受けた高齢者の迅速で適切な保護，適切な養護者に対する支援については，区市町村が第一義的責任を負うこととなる（高虐3条）（⇨図表2-8）。

　同法により毎年公表される調査結果によれば，2020年度は，介護施設従事者等による虐待が595件，養護者（家族等）による虐待が17,281件であった。養護者による虐待の場合，区市町村等への相談・通報者の31.2%を警察，25.4%を介護支援専門員が占めている。虐待の発生原因の約半分（複数回答）は，虐待者の介護疲れ・介護ストレスであるため，介護保険給付の訪問サービスや通所サービスの利用による介護負担の軽減とともに，介護支援専門員による定期的訪問による相談・助言なども虐待防止につながっているといえる。被虐待者からみた虐待者の続柄は，息子が39.9%，夫が22.4%を占めており，虐待者とのみ同居が52.4%，虐待者および他家族との同居が36.0%を占めている（⇨論点第2版Ⅵ-1）。家族だけの閉ざされた空間での介護は虐待の温床となりやすいため，介護支援専門員や居宅介護事業者など第三者が介入することが重要である。なお，区市町村が，被虐待者を施設等に保護して居場所を虐待者に教えないことを理由に，虐待者が区市町村に対して処分取消請求をした事案（東京地判平27・10・29，東京地判平28・1・22）および損害賠償請求をした事案（東京地判平26・7・24，東京地判平27・1・16）が散見されている。

めに最も適切な支援が総合的に受けられるように，福祉の措置の積極的な実施に
努めるとともに，居宅における介護等および老人ホームへの入所等の福祉の措置
や介護保険給付など老人の福祉の増進を目的とする事業を行う者の活動の連携お
よび調整をはかるなど，地域の実情に応じた体制の整備に努めなければならず，
引き続き居宅において日常生活を営むことができるよう配慮しなければならない
とされたのである（老福10条の3）。その結果，老人福祉法による福祉の措置は，
認知症で介護保険の要支援・要介護認定の申請をすることができない者，高齢者
虐待の被害を受けている者（⇒コラム2-5）など，やむをえない事由により介護
保険給付の利用が著しく困難であるときに，職権で実施する例外的なものになっ
たということになる（老福10条の4・11条）。このように措置が介護保険給付に対
し補足的なものであるため，その費用も，介護保険給付を受けられる者について
は，その限度で支弁しなくても良いとされ（老福21条の2），措置権者である市区
町村は，それ以外の措置費のみを支弁するにすぎない（老福21条）。

● STEP UP

　介護保険の先輩国であるドイツの制度を参考に日本の介護保険制度は作られたといわ
れているが，当事の厚生省内部での議論を紹介するものとして増田雅暢『介護保険の検
証』（法律文化社，2015），日独両国の比較を通して介護保険制度の基本的な法理論と問
題点を整理するのに役立つ本として本沢巳代子『公的介護保険〜ドイツの先例に学ぶ
〜』（日本評論社，1996）がある。そのほか，各国の介護保障制度を紹介するものとし
て，岩村正彦編『福祉サービス契約の法的研究』（信山社，2007），増田雅暢編著『世界
の介護保障（第2版）』（法律文化社，2014）がある。介護保険の保険者・被保険者・事
業者の法律関係や法的責任について多角的に検討した本として新井誠・秋元美世・本沢
巳代子編『福祉契約と利用者の権利擁護』（日本加除出版，2006），介護事故に係る法的
問題を総合的に検討する本として長沼建一郎『介護事故の法政策と保険政策』（法律文
化社，2011），介護保険法の逐条解説として増田雅暢『逐条解説・介護保険法・2016改
訂版』（法研，2016）が出版されている。

③ 年金保険

トピック 若者と障害

　A子，B子，C男（いずれも26歳）の生きてきた道はそれぞれである。A子は，幼少のころ知的障害と診断され，今に至る。障害の程度は，日常の簡単な会話は成立するが，食事や身の回りのことをするには支援が必要な状態である。B子は，新入社員であった23歳のとき自宅の階段で転んでしまい，打ち所が悪く，脊髄を損傷してしまった。その結果，杖を使って歩ける程度までにはなったが，3級の身体障害者手帳を取得している。C男は，大卒後に希望の会社に入社したが，人間関係で悩み，次第に会社を休みがちになった。近くの病院を受診したところ，うつ病と診断された。C男は，仕事を続けられないと思い，仕事を辞めて，実家に戻り療養することにした。最近は相変わらずひきこもりがちであるが，時折散歩もできるようになってきた。さてこれら3人には，どのような所得保障が考えられるだろうか。

　所得保障といっても年金，社会手当，労災，生活保護など様々なものがあろう。ここでは，年金について考えてみる。その際，どの年金に加入しているか，どの程度の障害があるかが重要である。A子は，20歳前に障害になったため，障害基礎年金を受給できる可能性がある。B子は，会社に勤めていたため，障害基礎年金と障害厚生年金をどちらも受給できる可能性がある。C男は，どのような人間関係で悩んだか不明であるが，障害基礎年金と障害厚生年金を受給できる可能性がある。

　年金制度は，大きく（1階部分，2階部分の）公的年金と（3階部分の）私的年金に分けられる（⇨図表3-1）。前者の公的年金は，20歳以上の国民全員に加入義務がある国民年金（基礎年金ともいう）部分（1階部分）とサラリーマン等を対象とする厚生年金部分（2階部分）に分けられる。一方，私的年金には，主に大企業の労働者が中心に加入している企業年金（厚生年金基金，確定給付企業年金，確定拠出年金）がある（3階部分）。

　トピックにおいて，A子は，1階部分の国民年金（より正確にいえば，国民年金のうち障害基礎年金）のみ受給でき，2階部分の支給はない。一方，B子は，1階部分の障害基礎年金に加えて，2階部分の障害厚生年金を受け取ることができる。両者の違いは，被用者として働いているかどうかである。それでは，障害基

図表 3‑1　年金制度の仕組み

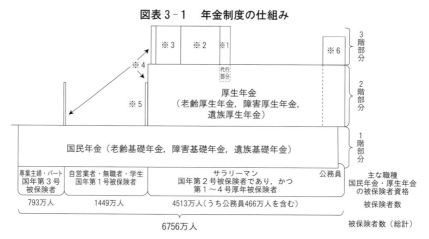

※1 厚生年金基金（12万人）※2 確定給付企業年金（933万人）
※3 確定拠出年金（企業型）（750万人）※4 確定拠出年金（個人型）（194万人）
※5 国民年金基金（34万人）※6 職域加算部分の経過措置＋年金払い退職給付　なお，被保険者数は2020年度末のものである。
出典：厚生労働省年金局「令和2年度厚生年金保険・国民年金事業の概況」，厚生労働省「規約数等の推移」，厚生労働省「確定拠出年金の施行状況」，信託協会・生命保険協会・全国共済農業協同組合連合会「企業年金（確定給付型）の受託概況（令和3年3月末現在）」，国民年金基金「現存加入員数の状況（令和2年度末）」をもとに一部修正

礎年金と障害厚生年金ではどのような給付がなされるのか次にみてみよう。

1　障害年金給付

(1)　障害基礎年金

(a)　支給要件

障害基礎年金は，①（当該傷病について初めて医師または歯科医師の診断を受けた）初診日に，20歳から加入する国民年金の被保険者，または被保険者であった60歳以上65歳未満の者が，②（傷病による初診日から1年6カ月を経過した日，またはその間に傷病が治った場合はその日をさす）障害認定日において，③障害等級1級または2級に該当する場合に給付される。

ただし，障害があるだけでは障害年金は受給できない。なぜなら，①～③の要件に加えて，④初診日の属する月の前々月までの被保険者期間のうち，保険料納付済期間や保険料免除期間，保険料納付の猶予を受けた期間（学生納付特例による期間もこれにあたる）を合わせた期間が初診日の前日において被保険者期間の3分の2以上ある場合（国年30条），または初診日の属する月の前々月までの1

年間に保険料滞納期間がない場合に支給される（昭和60年改正法附則20条1項）との要件が加わるからである。

　なお，障害認定日には障害等級1級または2級に該当しない程度の障害の状態であったものが，事後的に悪化して65歳に達する日の前日までの間に当該傷病によって障害等級に該当した場合，請求すれば障害基礎年金を受給することができる（事後重症制度，国年30条の2）。また，先発障害は当該障害に関する障害認定日において障害等級に該当しない程度であり，事後的に発生した障害も当該障害認定日において単独では障害等級に該当しないときであっても，それら先発障害と後発障害とを併合すると，障害等級1級または2級にあたる場合，それが65歳に達する日の前日までの間であれば，障害基礎年金を受給することができる（基準傷病による障害基礎年金，国年30条の3）。

　(b)　支給額　　障害基礎年金の支給額は，1級の場合，97万6,125円（満額の老齢基礎年金×1.25）＋子の加算である（2021年度）。2級の場合，78万900円（満額の老齢基礎年金と同額）＋子の加算である。子の加算は，第1子，第2子には各22万4,700円，第3子以降には7万4,900円付与される（2021年度）。ここでいう子とは，18歳未満（障害者は20歳未満）で，18歳に達した日以後の最初の3月31日までの者をさす。なお，2014年12月から児童扶養手当法改正により，子の加算は児童扶養手当と併給することが可能になった。その際，受給権者は子の加算を優先して受給し，差額分を児童扶養手当として受け取ることになる。

(2)　障害厚生年金

　(a)　支給要件　　B子は，上記障害基礎年金に加えて，障害厚生年金を受給できる。ただし，B子の働いている会社が年金の保険料を納めている必要がある。

　障害厚生年金は，①初診日に，厚生年金保険の被保険者が，②障害認定日において，③障害等級1級〜3級に該当する場合に給付される。

　また，障害基礎年金と同様に，①〜③の要件に加えて，④初診日の前日において，初診日の属する月の前々月までに被保険者期間のうち，保険料納付済期間や保険料免除期間，保険料納付の猶予を受けた期間（学生納付特例による期間もこれにあたる）を合わせた期間が被保険者期間の3分の2以上ある場合（厚年47条），または初診日の属する月の前々月までの1年間に保険料滞納期間がない場合に支給される（昭和60年改正法附則64条1項）。

　なお，障害認定日には障害等級1級〜3級に該当しない程度の障害の状態で

あったものが，事後的に悪化して65歳に達する日の前日までの間に当該傷病によって障害等級に該当した場合，請求すれば障害厚生年金を受給することができる（事後重症制度，厚年47条の2）。

(b) **支給額**　障害厚生年金の支給額は，障害等級1級の場合，報酬比例の支給額×1.25＋配偶者加給年金（22万4,700円）であり（2021年度），障害等級2級の場合，報酬比例の支給額＋配偶者加給年金である。ここでいう配偶者は，障害厚生年金の受給権者によって生計が維持されている65歳未満の者（大正15年4月1日以前の出生者を除く）をさし，事実婚も含む。

さらに，障害厚生年金は，障害等級1級，2級だけでなく，3級の場合にも給付される。ただし，障害等級3級の場合には，報酬比例の支給額のみ支給される。報酬比例の支給額は，（平均標準報酬月額×7.125／1,000×平成15年3月までの被保険者期間の月数＋平均標準報酬額×5.481／1,000×平成15年4月以後の被保険者期間の月数）×改定率（被保険者期間が300カ月未満の場合は300カ月として計算）で計算される。

B子の障害は，国民年金・厚生年金の障害等級2級に該当（身体障害者の障害等級とは異なる）するため，2級の障害基礎年金及び障害厚生年金をそれぞれ受給できる。それに対し，C男の障害は，国民年金・厚生年金の障害等級2級と厚生年金の障害等級3級のいずれかにあてはまりそうである（⇨図表3-2）。どち

図表3-2　精神障害（気分（感情）障害）に関する障害等級

障害等級	障害の程度	障害の状態
1級	重度の障害があり，他人の介助を受けなければ日常生活におけるほとんど自分の用を弁ずることができない程度の障害	高度の気分，意欲・行動の障害及び高度の思考障害の病相期があり，かつ，これが持続したり，ひんぱんに繰り返したりするため，常時の援助が必要なもの
2級	必ずしも他人の助けを借りる必要はないが，日常生活は極めて困難で，労働により収入を得ることができない程度の障害	気分，意欲・行動の障害及び思考障害の病相期があり，かつ，これが持続したり又はひんぱんに繰り返したりするため，日常生活が著しい制限を受けるもの
3級	労働が著しい制限を受けるか，または労働に著しい制限を加えることを必要とする程度の障害	気分，意欲・行動の障害及び思考障害の病相期があり，その病状は著しくないが，これが持続したり又は繰り返したり，労働が制限を受けるもの

出典：国民年金・厚生年金保険障害認定基準（2017年12月1日）をもとに筆者作成

らに該当するかは，「障害等級の目安」を参考にしつつ，目安だけでは捉えきれない障害特性に応じた要素も与して，総合的に判断される。

障害厚生年金は，最低保障額（58万5,700円）を定めている（1級〜3級）。なぜなら，障害厚生年金は報酬に比例する年金であるため，当該被保険者の報酬が低い場合には一定程度の年金額を受給できず，「労働者の生活の安定と福祉の向上に寄与する」（厚年1条）という厚生年金保険の趣旨・目的に沿わない恐れがあるためである。このことは，障害等級3級の場合に，より顕著となる。すなわち，障害等級1級や2級の場合には，障害厚生年金に加えて障害基礎年金を受給できるのに対し，障害等級3級の場合には障害基礎年金が支給されないため，障害厚生年金のみ受給することになる。なお，最低保障額の58万5,700円は障害基礎年金（2級）の額×4分の3に相当する額である。

(c) **障害手当金**　さらに，障害等級3級よりも障害が軽い場合は，一時金として，障害手当金が支給される。障害手当金の支給要件は，①初診日に厚生年金の被保険者であり，②初診日から起算して5年を経過する日までの間に傷病が治

コラム3-1　**2019年財政検証**

厚生労働省は，2019年8月27日に5年に1度行われる財政検証を発表した。今回の検証では，①将来推計人口（合計特殊出生率及び平均寿命の変化），②労働力率及び全要素生産性上昇率，③経済の動向（物価上昇率，賃金上昇率，運用利回り）を6ケースに分けて，将来の年金給付水準を算出している。その結果，経済成長と労働参加が進む3ケースではマクロ経済スライド調整後の2046〜2047年度も所得代替率50％を維持するものの，残りの3ケースではマクロ経済スライド調整が終了する前の2043〜2044年度頃に50％に到達し，その後下回る見通しとなった。もちろん，この結果は，さまざまな要素が異なれば，自ずと変化しうる（たとえば，合計特殊出生率が高位だったり，平均寿命が短かったりすれば，所得代替率が50％に達するのは遅くなり，相対的に年金給付水準は高まる）。

また，厚労省は，それら検証結果に加えて，2014年度財政検証に引き続き，①被用者保険の更なる適用拡大，②保険料拠出期間の延長と受給開始年齢の選択に関するオプション試算も行った。その結果，①の「被用者保険の適用拡大」が年金（特に基礎年金）の給付水準を確保する上でプラスであることを確認し，また，②については「保険料の拠出期間の延長」といった制度改正や「受給開始時期の繰下げ選択」が年金の給付水準を確保する上でプラスであることを確認したとしている。今後の年金制度のあり方を考える1資料となろう。

癒し，固定しており，③治癒した日に政令で定める程度の障害の状態にあり，④保険料の納付要件を満たしていることが挙げられる（厚年55条）。障害手当金の給付額は，報酬比例の年金額（3級の障害厚生年金）の2倍である。なお，その給付額が117万1,400円よりも低い場合には，117万1,400円が最低保障額として給付される（厚年57条）。

(d)　**特別障害者手当**　特別児童扶養手当法による，特別障害者手当は，「精神又は身体に著しく重度の障害を有し，日常生活において常時特別の介護を必要とする」20歳以上の障害者に対し，障害基礎年金や特別障害給付金等に加えて支給される（特児扶手1条）。2021年度の支給月額は2万7,350円である。

(3)　例　　外

(a)　**20歳前障害**　20歳になる前に障害認定日がある場合には，被保険者期間がないものの，特例として20歳から障害基礎年金が支給される（国年30条の4）。ただし，20歳前の障害に伴う年金は保険料を納めずに給付されるため，支給制限がある。具体的な支給制限としては，扶養している親族がいない場合には当該障害者の所得が472万1,000円を超えると全額支給停止になる（370万4,000円を超える場合，半額支給停止）。また，扶養親族がいる場合には，1人につき各38万円ずつ支給制限限度額が上がる（70歳以上の扶養親族がいる場合には48万円，16～23歳の扶養親族がいる場合には63万円として換算する）（国年36条の3，国年令5条の4）。

なお，20歳前の傷病の初診時にすでに厚生年金保険等の被保険者である者は，20歳前に障害が生じていたとしても，すでに厚生年金の被保険者であることから障害基礎年金，障害厚生年金ともに受けられる。

(b)　**20歳以降に障害を負ったものの，年金未加入だった学生（学生無年金）**

1991年4月以降国民年金に強制加入することになった学生は，それ以前は任意加入であったため，20歳をすぎて障害を負った場合，任意加入していなければ障害基礎年金を受給することができず無年金となっていた。そこで，平等原則違反を争ったいわゆる学生無年金訴訟が全国各地で起きた。そこでの争点は，①保険料を支払わずに20歳未満で障害になった障害基礎年金受給権者と（学生は任意加入だったため）年金に加入せず20歳以降に障害になった無年金障害学生との平等，また②保険料を支払っていた（つまり任意で年金保険加入済の）20歳以上の学生と未加入である20歳以上の無年金障害学生との平等の問題であった。最高裁では障害者ら原告は敗訴した（最判平20・10・10）ものの，訴訟を提起した影響は大きく，

超党派の議員立法によって，1991年3月までの期間に20歳以降に障害を負った者には，障害基礎年金のかわりに特別障害給付金を支給することになった（同様に任意加入だった1986年3月までの専業主婦にも特別障害給付金を支給）。特別障害給付金の支給額は，障害等級1級の場合には5万2,450円，障害等級2級の場合には4万1,960円である（2021年4月時の基本月額）。

2　老齢年金給付

トピック　　年金の保険料を払いたくない！

　その後，B子は，障害年金を受給しながら，再度，会社に雇われることになった。会社に勤めるようになったB子は，新聞やテレビでニュースも時々見るようになった。そこでは，自民党が社会保障に使うために消費税増税に協力願いたいと主張している。B子の友人でフリーターのD男は，年金って保険料払ったって返ってこないというし，大学院生のE男は，免除手続をしているから大丈夫という。B子自身も過去の経験から年金保険料は払ったほうがよいと思うものの，なぜ給料から天引きされるのだろうと疑問に思っている。しかも，自分のためではなく，どうやら高齢者のために年金保険料を払っているらしいということを噂で聞いたりすると，何で年金の保険料って払う必要があるのだろうと思ってしまう。

　B子の両親はいまのところどちらも健在で，父はサラリーマンとして働いており，母は時折パートで働いている。B子としては自分の生活をやりくりすることで精一杯で，なかなか親の面倒まで見ることが出来ない。いまはまだ両親が働いているが，将来はどうなるのだろうという不安もある。さて，どうしよう。

　本トピックの論点のひとつに年金の持続可能性の模索が挙げられる。年金は長期保険であり，80年近くかけて今の制度を形作ってきた。そのため，もはや白地に新たな仕組みを作ることはできず，現在の制度を修正しながら運用していくほかない。例えば，マクロ経済スライドを導入することで世代間の公平に資する年金制度を構築したり，65歳以上の高齢者に働き続けてもらうよう促したりしている。以下では老齢基礎年金・老齢厚生年金における給付の仕組みを見ていくことにしよう。

(1)　老齢基礎年金

(a)　支給要件　老齢基礎年金の支給要件は，①受給資格期間である10年を満たしていること（2017年7月まで25年），②満65歳に至ることである。ここでいう受給資格期間には，年金保険料を支払っていた期間（保険料納付済期間）のほか，保険料を免除されていた期間（保険料免除期間，保険料支払を猶予していた期間）を含む。この受給資格期間を満たすことによって，受給権者は基本権を獲得する。その後，被保険者は厚生労働大臣の裁定を経て，満65歳の誕生日に遡って年金受給権を獲得することになる。なお，25年という受給資格期間は，2012年法改正において消費税増税（8％→10％）と同時に10年に短縮されることになっていたが，2016年11月に可決成立した改正法では「無年金の問題」に対応するため増税時よりも前倒しして2017年8月から施行することにした（実際には2017年9月分から，2か月分まとめて同年10月より給付される）。この対応による新規の受給者は約64万人（うち老齢基礎年金受給権者は約40万人）であり，給付に係る公費負担額は，2017年度予算は期間が短いため約260億円であったが，2018年度以降の予算では約650億円程度と推計されている。なお，受給資格期間の短縮化は，多くの低年金者を生むことも注意する必要がある（⇨論点第3版Ⅳ-4）。

年金算定式は，基礎年金部分については年金受給月額＝78万900円 × 改定率／12である（2021年度，満額支給の場合）。ここでいう改定率は，2004年法改正によって賃金や物価の伸び率，人口の動向をもとに変化する（スライド調整率）。これが，いわゆるマクロ経済スライドという仕組みである（⇨図表3-3(1)）。従来は物価変動に応じて年金額を変化させていたが（物価スライド），2004年改革ではマクロ経済スライドを導入することによってプラスの賃金（または物価）スライ

図表3-3　マクロ経済スライド

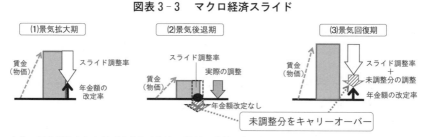

出典：厚生労働省年金局「公的年金制度の持続可能性の向上を図るための国民年金法等の一部を改正する法律案の概要」第6回社会保障制度改革推進会議資料2-1（2016年4月21日）4頁

ドの伸び率を抑制しようとしたのである。新規裁定者（裁定から3年以内）の場合，改定率＝賃金の伸び率－スライド調整率となり，既裁定者及び新規裁定後3年を経た者の場合，改定率＝物価の伸び率－スライド調整率となる。ただし，2004年法改正時に，物価スライド特例水準が解消されない限り，マクロ経済スライドは適用され始めないことにしていた。ここでいう物価スライド特例水準とは，特例法で1999年から2001年にかけてマイナスの物価スライドを行わず年金額を据え置いたため，本来より高い年金額が支払われていたことをさす。そこで，2013年10月から2015年4月にかけて段階的に年金額を合計2.5%引き下げ，特例水準の解消を図ることにした（2013年10月から▲1.0%，2014年4月から▲1.0%，2015年4月から▲0.5%）。その結果，特例水準への対応は終わりを迎え，2015年4月からマクロ経済スライドは適用されることになった。ただし，景気後退期（⇨図表3-3(2)）の未調整分（2018年度▲0.3%）は，現在の高齢世代に配慮しながら，景気回復期（⇨図表3-3(3)）に改めて調整（キャリーオーバー）することとされ（2018年4月施行），2019年度に調整が行われた。2020年度は，2015年度，2019年度に続き3度目のマクロ経済スライドの適用となった（2020年度の改定率は0.2%）。2021年度はマクロ経済スライドの適用はなかった。2022年度は，物価変動率が▲0.2%，名目手取り賃金変動率が▲0.4%であった。このため，名目手取り賃金変動率がマイナスで，名目手取り賃金変動率が物価変動率を下回る場合には，新規裁定年金，既裁定年金ともに名目手取り賃金変動率によって年金額を改定するというルール（2016年成立の「公的年金制度の持続可能性の向上を図るための国民年金法等の一部を改正する法律」に基づく賃金・物価スライドの見直し（2022年4月施行））により，2022年度の改定率は▲0.4%となっている。なお，マクロ経済スライドによるスライド調整率は▲0.3%であったが，賃金や物価による改定率がマイナスの場合には，マクロ経済スライドによる調整は行わないこととされているため，2022年度の年金額改定では，マクロ経済スライドによる調整は行わず，未調整分（▲0.3%）は翌年度以降に繰り越される。

(b) 老齢基礎年金の繰上げ受給と繰下げ受給 日本の老齢年金の支給開始年齢は，65歳である。ただし，老齢基礎年金の場合，60歳から64歳まで同年金を繰上げ受給することができる（国年附則9条の2）。この年金を65歳よりも早期に受給する場合，年金額は月々0.4%減額される（国年令12条）。したがって，1年年金受給を早める場合（64歳から受給）には4.8%（＝12（カ月）×0.4（%））減額さ

れ，最大の5年年金受給を早める場合には月額24.0%減額されることになる（1962年4月2日以降生まれの人）。なお減額した場合は，当然のことながら65歳以降も減額された水準の給付額を受け取ることになる。

一方，65歳時に繰下げを希望する場合には，最長10年間，受給開始を遅らせることができる（国年28条）。繰下げを行う場合には，各月ごとに0.7%ずつ年金額が増額されることになる（国年令4条の5）。

(2) 老齢厚生年金（報酬比例部分）

(a) 65歳以上の老齢厚生年金　老齢厚生年金の報酬比例部分の支給要件は，①老齢基礎年金の受給資格期間（10年）を満たし，②厚生年金保険の被保険者期間が1カ月以上あり，③65歳に達することによって満たすことができる。

報酬比例部分の支給額は，年金受給月額＝（平均標準報酬月額×7.125／1,000×2003年3月までの被保険者期間の月数＋平均標準報酬額（賞与分含む）×5.481／1,000×2003年4月以後の被保険者期間の月数）×改定率／12で算定される。

(b) 60歳から64歳までの老齢厚生年金　老齢厚生年金は，現在，支給開始年齢が段階的に引き上げられている過程である（⇨図表3-4）。1994年法改正では，厚生年金の定額部分の支給開始年齢の引上げがなされた。男性は，2001年から2013年にかけて，女性は2006年から2018年にかけてそれぞれ年金支給開始年齢が60歳から65歳へと引き上げられた。この支給開始年齢の引上げの際に考慮されたのは，「人生80年時代における人の生き方，働き方はどうあるべきか」ということであり，雇用および年金の両面から対策を講じることにした。雇用においては，60歳台前半までの定年の延長や継続雇用などの高齢者雇用政策をすすめ，年金においては60歳の年金支給開始を段々と引き上げていく特別支給の年金制度および在職老齢年金を整備拡充した。この特別支給の老齢厚生年金は，①1年以上の被保険者期間を有し，かつ，②老齢基礎年金の受給資格を満たす者に対して，定額部分と報酬比例部分を合わせた額が支給されることになっている。

さらに2000年法改正では，厚生年金の報酬比例（部分年金）部分も男性は2013年から2025年にかけて，女性は2018年から2030年にかけて段階的に60歳から65歳へと引き上げていくことになった。

(c) 在職老齢年金　近年，高齢者になっても仕事に従事している者が増えている。60歳以上の在職者は，在職老齢年金制度によって老齢厚生年金の一部または全部が支給停止される。支給停止は，①60歳から64歳までと②65歳以降との間

では支給停止条件が異なり，後者のほうがやや緩やかな条件となっている。なお，老齢基礎年金は全額支給される。

(i) 60歳から64歳までの在職老齢年金

(ア) 老齢厚生年金の12分の1（基本月額）と総報酬月額相当額との合計額が47万円以下の場合，支給停止されない。

(イ) 基本月額と総報酬月額相当額の合計が47万円を超える場合，47万円を超えた額のうち基本月額と総報酬月額相当額との合計額の2分の1が支給停

図表3-4 老齢厚生年金支給開始年齢の段階的引上げ

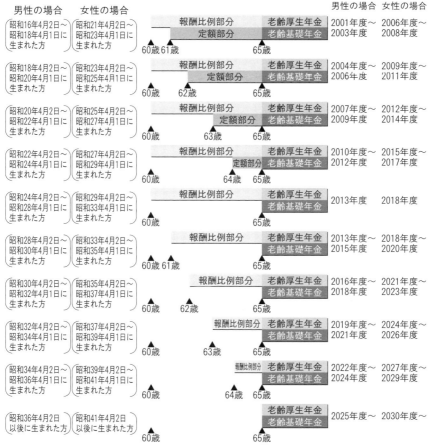

出典：第4回社会保障審議会年金部会（2011年10月11日）資料1 「支給開始年齢について」5頁をもとに筆者作成。http://www.mhlw.go.jp/stf/shingi/2 r9852000001r5 uy-att/2r9852000001r5zf.pdf

止される。

(ウ) 総報酬月額相当額が47万円を超える場合は，その超える分だけ基本月額を支給停止する。

(ii) **65歳以降の在職老齢年金**

(ア) 基本月額と総報酬月額相当額の合計額が47万円以下の場合，支給停止されない。

(イ) 基本月額と総報酬月額相当額の合計額が47万円を超える場合，47万円を超えた額のうち基本月額と総報酬月額相当額との合計額の2分の1が支給停止される。

(iii) **70歳以上の在職老齢年金**　70歳以上の者は，標準報酬月額相当額と標準賞与額相当額とを合算した額を算定基礎として，65歳以上の基準にあてはめることとする。

(d) **在職定時改定**　これまでは，退職または70歳になり厚生年金被保険者の資格を喪失するまで，老齢厚生年金の額は改定されなかった。2022年4月から，65歳以上の在職中の老齢厚生年金受給者について，年金額を毎年10月に改定し，それまでに納めた保険料を年金額に反映する仕組み（在職定時改定）が適用される。

(3)　年金生活者支援給付金

2019年10月から，「年金生活者支援給付金の支給に関する法律」に基づき，消費税率引上げ（8％→10%）分の一部を財源として，公的年金等の収入や所得額が一定額以下の低所得年金受給者に対し，年金に上乗せする形で年金生活者支援給付金（給付額は月額5,030円が基準額（2021年8月時点））が支給される。この給付金の支給対象者は，一定の要件に該当する老齢基礎年金受給者のほか，障害基礎年金受給者，遺族基礎年金受給者である。

3　遺族年金給付

トピック　遺族年金って必要なの？

　　B子の高校時代の友達のD男は，恋愛中だったF子と28歳のときに結婚した。D
男は，大学卒業後いわゆる主夫としてアルバイト（パート）をしながら，いつか自
分の夢である司法試験に合格したいと思いつつ，主として大企業で働くF子の収入
によって生活していた。結婚5年目には子どもが生まれたものの，その3年後，家
族で休日旅行に行っていた最中に，不幸にも交通事故に遭い，F子だけが亡くなっ
てしまった。F子がいなくなった後，収入の途絶えたD男と子どもはどのようにし
て暮らしていけばよいのだろう。

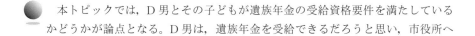

　　本トピックでは，D男とその子どもが遺族年金の受給資格要件を満たしている
かどうかが論点となる。D男は，遺族年金を受給できるだろうと思い，市役所へ

コラム 3-2　**年金の逸失利益**

　年金の逸失利益とは，年金受給権者が死亡しなければ獲得していたであろう年金
額をさす（いわゆる差額説）。第三者の不法行為によって年金受給権者が死亡した
場合，その相続人は年金相当額の損害賠償を求められるかどうかが問題となる。
　最高裁は，退職年金・老齢年金の逸失利益につき認め（最判平5・3・24），ま
た障害年金の逸失利益についても認めているが，（配偶者または子への）加給分に
ついては①保険料拠出との牽連性がないこと，②本人の意思により決定しうる事由
によって加算が終了し，障害年金本体と同程度にその存続が確実でもないことを理
由として否定している（最判平11・10・22）。
　一方，遺族年金の逸失利益については，①遺族年金が，保険料納付者ではなく，
遺族年金受給権者の生活の維持を目的とした給付であること，②給付と保険料との
牽連性が間接的であること，③婚姻等によっても消滅する等不確実であることから，
否定している（最判平12・11・14）。
　なお，学説では，遺族年金のみならず，老齢年金や障害年金についても，①年金
が一身専属性を有すること，②逸失利益として認めた退職年金（老齢年金）相当額
と遺族年金との2重給付となることから，それらの逸失利益を否定すべきであると
の主張がある。

相談に出かけた。市役所では，D男は遺族基礎年金を受給することはできるが，遺族厚生年金を受給することはできないという。D男らにとって遺族基礎年金は有難いが，それだけで家族2人の生活を続けるのは難しい。

(1) 遺族基礎年金

(a) 支給要件 遺族基礎年金は，①国民年金の被保険者もしくは被保険者であった60歳以上65歳未満の者が死亡した場合，または②老齢基礎年金の受給権者もしくは老齢基礎年金の受給資格期間（10年）を満たした者が死亡した場合，その遺族に給付される制度である。ただし，死亡した者の保険料納付済期間と保険料免除期間（保険料納付猶予期間を含む）を加えた期間がその者の国民年金の被保険者期間の3分の2以上存在する場合，または死亡者が死亡日に65歳未満であれば，死亡日の属する月の前々月までの1年間に保険料滞納期間がない場合に限られる。

遺族基礎年金の受給権者は，子を有する配偶者または子である（2014年4月から妻だけでなく夫にも支給されるようになった）。ここでいう子とは，18歳未満の子，または障害等級1級もしくは2級の障害がある20歳未満の子をさす。

(b) 支給額 遺族基礎年金の支給額は，満額の老齢基礎年金と同額である（78万900円＋子に対する加算）（国年38条・39条）。子の加算は，第1子，第2子は，各22万4,700円，第3子以降は各7万4,900円である（2021年度）。遺族基礎年金は，死亡，婚姻，養子縁組によって受給できなくなるほか，子が18歳以上になった場合にも受給できなくなる。

(2) 遺族厚生年金

(a) 支給要件 一方，遺族厚生年金受給権者の範囲は遺族基礎年金の受給権者より幅広く保障されている。具体的には，①被保険者が死亡した場合，②初診日において厚生年金の被保険者であった者が，その傷病を原因として死亡した場合（初診日から5年以内），③障害等級1級または2級の障害厚生年金の受給権者が死亡した場合，④老齢厚生年金の受給権者または老齢基礎年金の受給資格期間（10年）を満たした者が死亡した場合（ただし，①または②の場合，被保険者であった死亡者の保険料納付済期間と保険料免除期間（保険料納付猶予期間を含む）を加えた期間が国民年金の被保険者期間の3分の2以上あるとき，または死亡者が死亡日に65歳未満であれば，死亡日の属する月の前々月までの1年間に保険料滞納期間がないときに支給）には，以下の者に対して遺族厚生年金を支給する。

　受給権者は，ⓐ18歳未満の子のある妻，または子，ⓑ子（18歳未満）のない妻，ⓒ55歳以上の夫または父母，ⓓ18歳未満の孫，ⓔ55歳以上の祖父母で，その順に受給資格を認める。なお，ⓒのうち18歳未満の子を持つ夫およびⓐについては，遺族基礎年金と遺族厚生年金を支給するのに対し，ⓑ〜ⓔについては，遺族厚生年金のみ支給する。また，ⓑの場合で，30歳未満の子のない妻については，5年間のみ遺族厚生年金を支給し，ⓒとⓔについては，これら遺族が60歳になったときに支給開始することとされている。なお，ここでいう妻には，事実上の妻（重婚的内縁関係を含む）も含まれる（最判平19・3・8）（⇨論点第2版Ⅱ−3）。

　(b)　支給額　　遺族厚生年金の支給額は，死亡した被保険者の老齢厚生年金の支給額の4分の3である（ただし，被保険者期間の月数が300カ月未満の場合，300カ月で計算）。

　このほか，①中高齢寡婦加算（子のない妻に対して一定の条件を満たせば，40歳以上65歳未満まで）として遺族基礎年金の4分の3（58万5,700円）が支給され，②経過的寡婦加算（中高齢寡婦加算は，65歳以降，年月日に応じて給付額が変動する経過的寡婦加算に切りかえられる）もある。

4　年金保険の併給調整

　公的年金は，一人一年金が原則であり，同一支給事由の場合のみ併給を認めている（例として老齢基礎年金と老齢厚生年金）。ただし，いくつかの事例において異なる支給事由であっても併給を認めている場合がある。ここでは，(i)遺族厚生年金と老齢厚生年金の併給および(ii)障害基礎年金と各厚生年金との併給について述べる（⇨図表3−5）。

(1)　遺族厚生年金と老齢厚生年金の併給

　遺族厚生年金と老齢厚生年金の併給は支給事由が異なるものの，両者の併給は認められるようになった。従来は，たとえば妻自らの老齢基礎年金に加えて，（A）妻の老齢厚生年金または（C）夫の遺族厚生年金のどちらかを選択していた。その際，夫の遺族厚生年金を選択すれば，妻自ら支払ってきた厚生年金保険料の意味はなくなる。そこで，妻自らの保険料負担を生かすため，1994年法改正によって，（A）または（C）に，（B）夫の遺族厚生年金の3分の2＋妻の老齢厚生年金の2分の1の選択肢を追加した。しかしながら，実質的には（B）や（C）（とくに（C））の支給額が最も高く，選択されることが多かった。そのため2004

図表 3 - 5　公的年金間の併給調整

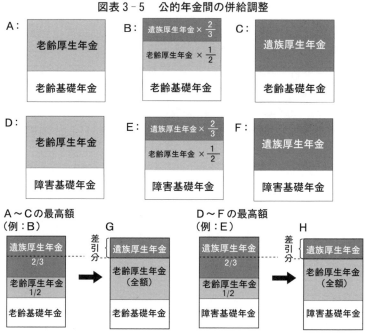

出典：厚生労働省年金局「平成25年度年金制度のポイント」をもとに筆者作成
http://www.mhlw.go.jp/topics/bukyoku/nenkin/nenkin/pdf/seido-h25-point_004.pdf

　年法改正により2007年 4 月から，（B）または（C）を選択した場合でも，まず
は妻の老齢厚生年金を全額給付することにして，本来支払われるべき支給額から
妻の老齢厚生年金を差し引いた差額を夫の遺族厚生年金として支給することにし
た（G）。つまり，妻の老齢厚生年金部分をすべて生かすようにしたのである（結
果として（G）は（A）ないし（C）の最高額と変わらない）。

　（A），（B），（C）および（G）について，具体例を挙げて考えてみよう。仮に，
本人の老齢基礎年金を 5 万円，同じく本人の老齢厚生年金を10万円，亡くなった
配偶者の遺族厚生年金を30万円とする。その場合，（A）は15万円（老基 5 万円，
老厚10万円），（B）は30万円（老基 5 万円，老厚 5 万円，遺厚20万円），（C）は35
万円（老基 5 万円，遺厚30万円）となる。それらに対し，（G）は（A）～（C）のう
ち最高額，すなわち（C）の額と同額の35万円（老基 5 万円，老厚10万円（全額），
遺厚20万円）となる。

(2)　障害基礎年金と各厚生年金との併給調整

　加えて，2006年4月から障害者の就労意欲をそがないために，65歳以上の障害基礎年金受給権者には，従前と同様に障害厚生年金との併給を認めるほか，新たに老齢厚生年金，遺族厚生年金との併給調整も認めるようになった（D～F）。

　なお，障害基礎年金の場合にも，老齢基礎年金との併給と同様に，老齢厚生年金を全額生かすようにしている（H）。

5　年金保険の保険関係

(1)　世代間扶養と3つのリスク

　公的年金は，国家が存続する限りつぶれない。これは大きな保障である。なぜなら，民間保険の場合には，万一その民間保険会社が倒産すれば，年金保険自体はなくなり保険料に見合う給付も一部（あるいは全部）返ってこない可能性がある。それに対し，国民年金や厚生年金のような公的年金は，日本という国が続く限り，存在しつづける。しかも現在の日本の厚生年金保険制度の場合，社会保険として運営しているため，財源調達は，基本的には，所得に応じて労働者と使用者（事業主）が折半して負担している（労使折半）。これに対し，民間保険の場合には，加入者（労働者）が年齢等のリスクに応じて全額の保険料を支払っている。

　ただし，公的年金もまた，保険料支払いの対価として年金が給付されることは確かであるものの，正確にいくら給付されるかは保険料を支払っている時点においてわからない。年金給付水準は，被保険者の支払った保険料額だけでなく，その時の経済状況，人口状況によって変動する。

　多くの人は，年金の保険料を支払うことができる場合には，あとで年金給付として返ってくるため，保険料は支払ったほうがよいと思っているであろう。しかし，なぜそもそも他の人のためにしかも強制されて（強制加入），保険料を支払わなければならないのか。それは，年金制度が世代内での連帯を求めるとともに，世代間の連帯（世代間扶養ともいう）を求める制度だからである。

　たとえば，若いときには障害が起きるかもしれないし，後に取り上げるように家族が亡くなるかもしれない。これらの場合においては，「いつ起こるかわからない」というリスクに対して，同一世代内での支えあい（世代内連帯）が生じるとともに異なる世代間の支えあい（世代間連帯）が生じるとも言える。他方，老齢になったときに受け取る年金は，どちらかというと財源調達という観点から世

代間の連帯という意味合いが強いものの，同一世代内での「いつまで生き続けるかわからない」というリスクをお互いに負うという意味においては世代内での連帯ともいえる。以上のように，日本の年金制度は，障害，老齢，死亡といった各リスクに分けて保険料率を設定するのではなく，3つのリスクを年金保険のリスクとして考え，年金保険という1つの財源から給付を行っていることに特徴がある。

　従来，親の面倒は子どもがみることが当然のこととされてきたが，1961年の国

図表3-6　短時間労働者等の厚生年金・国民年金適用

(1)　生計維持者が被用者の場合　　　　　(2)　生計維持者が自営業者等の場合

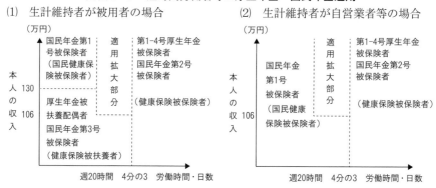

(3)　週20～30時間の短時間労働者（約400万人）

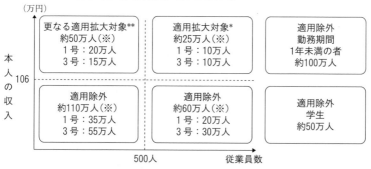

(1)(2)の出典：厚生労働省ホームページ「短時間労働者等に対する厚生年金適用」を一部修正
http://www.mhlw.go.jp/shingi/0112/s1214-4 e2.html

（※）　対象者数は，国民年金第1号被保険者及び第3号被保険者のほか，60才以上の者や20歳未満の者で新たに厚生年金に適用となる者を含む。

(3)の出典：厚生労働省「短時間労働者に対する被用者保険の適用拡大」（2015年10月2日）社会保障審議会医療保険部会資料1を一部修正
http://www.mhlw.go.jp/file/05-Shingikai-12601000-Seisakutoukatsukan-Sanjikanshitsu_Shakaihoshoutantou/0000099460.pdf

民皆年金体制成立以来，公的年金制度は，1973年の物価スライド導入に伴い，年金給付水準を充実させることによって，高齢者の所得保障の色彩をかなり強めてきた。そのため，子による扶養ではなく，自ら起こりうるリスクへ準備すること

コラム3-3　公的年金を補完するものとしての企業年金・私的年金

　企業年金には，大きく分けて，厚生年金基金のほか，確定給付企業年金と確定拠出年金，国民年金基金がある（⇨図表3-1）。

　厚生年金基金は，単独型として，1つの企業で厚年基金を設立する場合もあれば，連合型として複数の企業で厚年基金を共同設立する場合もある。掛金の拠出は原則として労使折半であるが，使用者が多く拠出する場合が多い。2014年4月1日以降，厚生年金基金の新規設立は認められなくなった。

　確定給付企業年金は，使用者が掛金を拠出し，将来の年金額を確定しておく年金である。そのため，労働者にとっては自らの老後の設計がしやすいメリットがある。確定拠出年金は，掛金の拠出が確定しており，給付が変動する仕組みである。これには企業型と個人型があり，企業型の場合，使用者は掛金を拠出し，労働者が責任を持って掛金を運用し，給付額はその運用次第で変動する。企業にとっては，掛金のみ支出すればよく，運用リスクを伴わない。一方，労働者は，転職する際には，自分の年金を持って移動するメリットがある反面，運用次第では給付額が減ってしまう可能性がある。個人型は，加入員自ら掛金を拠出する点で企業型と異なる。なお，個人型（通称 iDeCo），には国民年金のみの被保険者でも公務員でも加入できる。iDeCo（イデコ）は，①掛金（保険料）全額が所得控除され，②運用中の利益も非課税であり，さらに③受給時も退職所得控除や公的年金等控除によって税制優遇措置が講じられている。ただし，60歳まで受け取ることができず，口座開設及び管理手数料がかかり，運用次第では元本割れする可能性もある点は注意したい。

　国民年金基金は任意加入の制度であり，主として自営業者等国民年金第1号被保険者のための老齢基礎年金の上乗せ的要素をもつ。また，国民年金基金の加入者が年金受給前に死亡したとき，その遺族は遺族一時金を受け取ることができる。

　企業年金に関する問題点としては，企業年金減額の可否，代行部分の返上が挙げられる。前者は，退職者に対する自社年金の2％減額が争われた事例がある（大阪高判平成18・11・28（松下電器産業グループ（年金減額）事件））。一方，後者としては，従来は厚生年金基金が同基金のみならず厚生年金の積立金の一部を厚生年金に代わって運用（代行）し（黒字を出し）ていたが，近年，その運用が赤字になってしまうことから，多くの厚生年金基金は代行部分の運用を厚生年金に返上したり（代行返上），自主解散したりしている（厚生労働省の調査によれば，2015年4月現在で444あった厚生年金基金は，2021年1月には5に減少している）。

が求められるようになった。年金保険の中でも，老齢というリスクは，多くの者にとって共通した社会的リスクといえよう。

(2) 年金保険の保険者と被保険者

年金保険の保険者は，国民年金および厚生年金ともに政府である。政府の中でも，年金の所管は厚生労働省が担っているのに対し，業務運営は2010年1月より社会保険庁に代わって日本年金機構が担当している。一方，被保険者は，国民年金の場合20歳以上60歳未満の学生や自営業者，無職者等の第1号被保険者，サラリーマンや公務員等の第2号被保険者，サラリーマンの妻等の第3号被保険者に分けられる（国年7条1項1号～3号）。なお，現在は，国籍に関係なく，原則として日本国内に居住していれば（短期滞在を除く），年金保険に加入しなければならない。

第3号被保険者の要件は，①第2号被保険者の配偶者（原則として国内居住が条件（⇨①医療保障3(2)(a)(v)），事実婚を含む）であり，②主として第2号被保険者の所得によって生計を維持しており，③20歳以上60歳未満の者であることをいずれも満たす必要がある。ただし，その者が短時間労働に従事している場合，（当時の雇用保険法の短時間労働者の取り扱いを参考にして）通常の労働者の所定労働時間，所定労働日数の概ね4分の3以上であれば当該短時間労働者は第2号被保険者として扱われていたが（⇨図表3-6），2016年10月から適用を拡大し，通常の労働者の4分の3未満でも後述の要件を満たせば第2号被保険者として扱われることになった（厚年12条5号）。短時間労働者が第2号被保険者に該当しない場合，同労働者の被保険者資格は生計維持者が被用者か自営業者等かによって異なる。すなわち，生計維持者が被用者（第2号被保険者）の場合，短時間労働者の被保険者資格は本人の収入（130万円以上か否か）に応じて第1号被保険者または第3号被保険者に区分される（⇨図表3-6(1)）。それに対し，生計維持者が自営業者等（第1号被保険者）の場合，短時間労働者は第1号被保険者となる（⇨図表3-6(2)）。

他方，厚生年金の被保険者は，適用事業所に雇用されている70歳未満の被保険者である（ただし70歳以上でも老齢年金等を受給していない場合は任意加入可）。ここでいう適用事業所とは，常時5人以上従業員を雇用している個人事業所または国，地方公共団体もしくは法人の事業所等をさす。したがって，例えば15歳の者が適用事業所に雇用されていれば厚生年金の被保険者になるし，法人にたった1

人雇用されたとしてもその労働者は厚生年金の被保険者になる。なお，厚生年金の被保険者は，国民年金の第2号被保険者という被保険者資格を，同様に，厚生年金の被扶養配偶者は国民年金の第3号被保険者という被保険者資格を併行して有することになる。また，2015年10月の被用者年金一元化以降，厚生年金の被保険者は，従来のサラリーマン等を第1号厚生年金被保険者，国家公務員共済組合員を第2号厚生年金被保険者，地方公務員共済組合員を第3号厚生年金被保険者，私学共済加入者を第4号厚生年金被保険者とそれぞれ規定された（厚年2条の5第1項）。

厚生年金適用拡大については，2016年10月からの適用拡大対象者は，①週20時間以上労働し，②報酬月額8万8,000円（年収106万円）以上であり（⇒図表3-6(1)(2)），③当該事業所に継続して1年以上雇用される見込みがあり，④学生でなく，

コラム3-4　離婚時の年金分割

　夫婦が離婚した場合には，婚姻期間中に支払ってきたこれまでの年金保険料の支払い記録を分割することにした。これが年金分割である。その際，当事者に年金分割の合意があるか否か，配偶者がそれまで第3号被保険者であったか否かによって，分割の方法が異なる。以下では，2つに分けて論ずることにする。

　まず，第1に，当事者に年金分割の合意がある場合の離婚時の年金分割である。この年金分割は，2007年4月以降に生じた離婚が対象である（ただし，2007年以前の婚姻期間も分割の対象となる）。この場合の年金分割は，原則として婚姻期間中において標準報酬総額の多い当事者の保険料納付記録の一部を分割して，標準報酬総額の少ない当事者の記録へと移しかえることになる。注意すべき点としては，分割割合は当事者の話し合いで決めることになる。ただし，分割割合は両者の記録の持分が等しくなるところまでを上限としている。

　第2に，当事者に年金分割の合意がなく，かつ配偶者が第3号被保険者であった場合の離婚時の年金分割である。この年金分割は，2008年4月以降に生じた離婚が対象である。ただし，こちらの分割は2008年4月以降が婚姻期間のみ対象となる。配偶者が第3号被保険者であった場合には，当該第3号被保険者の請求によって，配偶者の一方が第3号被保険者であった期間の厚生年金保険料の納付記録を婚姻期間中2分の1に分割するものである。

　これら年金分割を認めることによって，離婚した両当事者は，少なくとも婚姻期間中の年金保険料支払いに関して，とりわけ各々の老後の所得に著しい偏重をもたらさない結果を得ることになった。

⑤かつ501人以上の労働者のいる適用事業所（特定適用事業所）で雇用されている必要があった（これらの者を特定4分の3未満短時間労働者という。対象者数：約25万人と推定）（⇨図表3-6(3)＊）。つまり，図表3-6(1)及び(2)の適用拡大部分に該当する者のうち，図表3-6(3)の適用拡大対象の＊にあたることが求められる。さらに，2017年4月から，上記要件のうち，⑤' 従業員500人以下の中小企業においても，労使の合意があれば，厚生年金の適用を認めることとなった（⇨図表3-6(3)＊＊）。8万8,000円の基準については，法案提出当初の7万8,000円から引き上げた理由として，①事業主の負担や，②国民年金保険料額とのバランスに配慮したものとされる。それに伴い，厚生年金の標準報酬等級を1段階（8万8,000円）追加したことも押さえておきたい（30等級→31等級）。

　なお，2020年に成立した「年金制度の機能強化のための国民年金法等の一部を改正する法律」に基づき，2022年10月から企業規模要件の段階的引き下げと継続雇用見込み期間の短縮が予定されている（⇨最新情報）。

6　年金財源

(1)　年金財源と財政方式

　年金保険は保険料と国庫負担によって賄われている。国民年金の第1号被保険者は，自ら定額（2021年度月額1万6,610円）の保険料を支払う（同一世帯の場合は世帯主が支払う（連帯納付義務））。国民年金第2号被保険者の保険料は，所得に応じて（これを報酬比例という）1階部分（国民年金），2階部分（厚生年金）をまとめて労使折半で使用者によって支払われる（2017年9月からは18.3％のため，労働者はその2分の1の9.15％支払う）。国民年金の第3号被保険者は，自ら保険料を支払う義務がなく，配偶者である第2号被保険者の属する被保険者全体によって第3号被保険者分の基礎年金拠出金は賄われている。2004年法改正では，第1号被保険者の国民年金保険料は段階的に引き上げられその後固定されることになっており（1万6,900円），また厚生年金の保険料率も同様に引き上げられた後，18.3％で固定されることになった。また，育児休業期間のみならず，産前・産後休業期間中の被用者年金保険料の納付については2014年4月から免除され，かつ年金額算定の際には当該免除期間中は保険料を納付した期間として扱われることになった。

　国庫負担は，基礎年金の2分の1にあたる部分を賄っている。負担割合の変化

について時系列でみていくと，2004年法改正により国庫負担は 3 分の 1 から 2 分の 1 へ引き上げられた。しかしながら，引き上げるとは言ってもその恒久的財源がないため政府は四苦八苦していた。具体的には，2004年から（年金課税の適正化等の）税制改革による増収分の財源で，2007年には国庫負担を36.5%まで引き上げた（国年附則13条 7 項）。それでも36.5%と 2 分の 1 （50%）との差額2.6兆円が埋まらない。そこで2009年度・2010年度は財政投融資の特別会計（いわゆる埋蔵金）から賄い，2011年度は復興債（当初は鉄道建設・運輸施設整備支援機構等の剰余金で賄う予定だったが同剰余金は震災復興に回された）で補塡した。2012年度および2013年度は（将来の増税（消費税）によって償還される）年金特例公債（つなぎ国債）でまかなうことにした。2014年度以降は消費税増税分の一部があてられることにより（2.95兆円），ようやく恒久的財源の道筋がついた。そのほか，国民年金や厚生年金の事務費は毎年度の予算の範囲内で国庫負担によって賄われている（国年85条 2 項，厚年80条 2 項）。

　年金の財政方式は大きく積立方式と賦課方式に分類される。積立方式は自ら払った保険料が自らの給付にあてられる仕組みであり，賦課方式は同一世代内に

コラム3-5　学生が国内外へ転入（出）する際の年金加入の仕組み

　日本の年金制度は，20歳以上の者が日本国内に住所を有す場合，強制加入させられる（住所地要件）。

　日本人学生が外国に留学する場合，まず日本国内に住所を残すかどうかが判断の分かれ目となる。国内に住所を残したまま外国に行く場合には，もし外国で障害等級 1 級程度の障害を負ったとしても（障害基礎年金の要件を満たしていれば）障害基礎年金を受給できる（遺族基礎年金の受給資格要件を満たしていれば同年金も受給可）。ただし，当該日本人学生が学生納付特例を利用していた場合，留学中も学生納付特例を使えるのは，原則として国内の大学等に在籍していることが条件となる（日本の大学を退学した場合，任意加入または保険料納付猶予制度が使える）。また，年度をまたぐ場合，学生納付特例は毎年申請する必要があるため，親等（協力者）に申請書類を提出してもらうか郵送によって手続をする必要がある。それに対し，日本の住所を無くす場合には，年金の加入要件も満たさなくなる（被保険者資格喪失）。ただし当該海外居住期間は合算対象期間（カラ期間）として認められる。後者の場合，どうしても日本の年金に加入したい場合には任意加入の手続をとる。なお任意加入した場合には，学生納付特例等の納付猶予は認められていないため，口座振替等にて保険料を必ず支払うことになる。

おいて，自ら払った保険料が同時期の年金受給権者のために使われる仕組みである。日本の公的年金制度は積立金を保有しているため積立方式を修正した修正積立方式と呼ばれることが多かった。しかし，現在のところ積立金は保有しているものの賦課方式の要素が強くなっているため修正賦課方式といえる。

(2)　免除と納付猶予

(a)　免　除　　被保険者は，保険料を納めなければならない。しかしながら，被保険者の経済状況によっては保険料を納めることができない場合もある。とりわけ，非正規労働が増加している今日において，このような未納者の増加もうかがえる。万一，未納が続けば，年金給付の支給を減額されることになる。そのため，未納を防ぐ必要がある。では，未納を防ぐためにはどのような手段を講じるべきか。

第1に，免除制度がある。免除制度には，大きく分けて法定免除と申請免除がある。法定免除は，①生活保護の生活扶助を受給している場合，②障害基礎年金もしくは障害厚生年金1級または2級を受給しているとき，③ハンセン病療養所や国立保養所等に入所している場合が当てはまる（もちろん老齢基礎年金の受給額を上げるため保険料を納付することは可）。それに対し，申請免除には全額免除と一部免除がある。全額免除は，申請により保険料の全額（月額16,610円）が免除され，全額免除の期間は，全額納付したときに比べ，年金額を2分の1として算定されることになる。なお，全額免除の所得基準は，（扶養親族等の数＋1）×35万円＋22万円の範囲内か否かである。一部免除は，4分の1納付，2分の1納付，4分の3納付の3種類が存在する。4分の1納付した場合には満額の8分の5の年金額として，2分の1納付した場合には4分の3の年金額として，4分の3納付した場合には8分の7の年金額として反映される。一部免除も，それぞれ所得基準が設けられている。なお，全額あるいは一部免除した場合，追納は10年間認められるが，免除を受けてから2年以内に納付すれば利子（追納加算率）を支払わずにすむ。

産前産後期間中の厚生年金および国民年金保険料はいずれも免除される。他方，育児休業期間中の厚生年金被保険者の保険料は免除されるが，国民年金第1号被保険者の保険料は免除されない。そのほか，災害等，失業または退職，DVにより配偶者と住居が異なる場合には特例免除が適用され，それぞれ申請すれば保険料が免除されることになる。

(b)　**納付猶予**　第2に，保険料の納付を猶予する制度がある。ただし，この制度は，あくまでも保険料納付を猶予するものであり，猶予したからといって老齢年金の給付額が増すわけではない。とはいえ，被保険者資格は獲得するため，とりわけ学生が障害基礎年金等を受給するには大いに役立つだろう。

(i)　**保険料納付猶予制度**　当初は30歳未満の若年者にを対象としていた若年者納付猶予制度であったが，2016年7月から全年齢層において非正規雇用労働者が増加している状況を踏まえて対象年齢を50歳未満に拡大している。この制度は，上記の一般的な保険料免除制度では，申請者本人のほか配偶者・世帯主の所得も審査の対象となるため，一定以上の所得がある親（世帯主）と同居している場合

コラム 3-6　**年金の未納者問題**

　厚生労働省は，2021年6月28日，2020年度の国民年金の現年度納付率が71.5%であったと公表した（厚生労働省年金局「令和2年度の国民年金の加入・保険料料納付状況」）。一見するとこれは年金保険料を3割の被保険者が支払っていないと解される。しかしながら，これには2つの誤解がある。第1に，ここでいう納付率は，納付月数を納付対象月数で除し，100を乗じた割合である。納付対象月数は，当該年度分の保険料として納付すべき月数（全額免除月数，学生納付特例月数，若年納付猶予月数を含まない）であり，納付月数はそのうち当該年度中（翌年度4月末まで）に実際に納付された月数である。しかも，ここでの母数は，第1号被保険者の納付月数であって，第2号被保険者や第3号被保険者を含む数字ではない。つまり，ごく一部の被保険者の納付月数をもとに算出された割合にすぎないのである。第2に，年金保険料は追納できるため，納付率は年々引き上がることになる（例えば2018年度分保険料の納付率は68.1%（2019年3月末）から77.2%（2021年3月末）へ上昇している）。過去2年分の保険料を滞納している未納者は，2021年3月末現在，約115万人とされる。公的年金の全被保険者数約6,740万人（2021年3月末）における未納者の割合は1.7%にすぎなくなる。

　なお，国民年金の保険料を滞納している場合には，電話・戸別訪問・文書による納付督励を行い，度重なる督励にも応じない場合には，最終催告状（142,871件），督促状（89,615）を送付，最終的には財産の差押（20,590件）を行う場合がある（厚生労働省年金局「公的年金制度全体の状況・国民年金保険料収納対策について（概要）」（2020年6月）カッコ内は2019年度の数字。2020年度は新型コロナウイルス感染症の影響に鑑み，強制徴収に関する手続きや戸別訪問を停止していた）。滞納者への保険料支払強化には，保険料を払えるのに払わない被保険者と身を削って保険料を払っている被保険者との公平性を確保する目的がある。

は，保険料免除制度を利用することができない。そこで，他の年齢層に比べて所得の少ない若年層が，保険料免除制度を利用することができず，将来，年金を受け取ることができなくなることを防止するため，申請により保険料の納付を猶予し，保険料の後払いができる制度を創設した。この制度は，本人と配偶者の所得のみで所得要件を審査する。所得要件は，（扶養親族等の数＋1）×35万円＋23万円である。保険料納付猶予制度を利用することにより猶予期間については，老齢基礎年金の（10年の）受給資格期間には加算されるものの（免除とは異なり）老齢基礎年金額には反映されない。ただし，保険料納付猶予期間中に万一本人が障害になったり，配偶者が死亡したりした場合には，障害基礎年金や遺族基礎年金を受給することができる。追納については，10年間認められるが，2年以内に保険料を追納すれば利子（追納加算率）を支払う必要はない。

(ii) **学生納付特例制度**　学生納付特例制度は，申請により在学中の保険料の納付が猶予される仕組みである。この制度は，家族の所得の多寡を問わず，学生のみの所得により判断する。所得基準（申請者本人のみ）は，保険料納付猶予制度よりも基準が緩やかであり，128万円＋扶養親族等の数×38万円＋社会保険料控除等である。学生納付特例制度には177万人（2020年度末現在。公的年金被保険者（約6,740万人）の2.6%）が申請し認められている。なお，学生納付特例制度も保険料納付猶予制度と同様に，同制度適用下においては老齢基礎年金額には反映されないものの，老齢基礎年金の受給資格期間には加算されるとともに，障害基礎年金や遺族基礎年金を受給することができる。また，追納についても10年間認められるが，2年以内に納付すれば利子（追納加算率）を支払わなくてよい。

(3) 年金財源に関する問題点

(a) **年金の情報管理問題**　2014年1月の「年金記録問題に関する特別委員会」報告書によれば，①未統合記録，いわゆる「宙に浮いた年金記録5千万件」とされる持ち主が分からない未統合記録問題，②厚生年金保険における「標準報酬の遡及訂正事案」で，持ち主は判明しているが，遡って加入記録の全部または一部を訂正された年金記録で「消された年金記録」と称された問題，③元々のオンライン記録の誤りで，旧社会保険庁側の転記ミスや入力ミス，本人や事業主側の届出ミス，あるいは事情があって別の氏名や生年月日が届け出られた問題などが挙げられる。

この問題は，2006年6月に長妻昭議員が衆議院厚生労働委員会で（保険料納付

済みにもかかわらず未納になっている）4件の事案を取り上げたことに端を発する。不正を告発する当時の社会保険事務所職員がいたことによって詳細は明らかになったが（朝日新聞2008年8月20日および同年11月3日），会社を倒産させないためにあえて不正を行うことに加担したという社会保険庁職員の苦渋の選択もあったようである（朝日新聞2011年7月30日）。

　また近年では，2015年5月に日本年金機構へのウィルスメールを介した不正アクセスによって，一時的に職員の共有フォルダに保存していた被保険者の情報（基礎年金番号，氏名，生年月日，住所）が一部流出した（125万件（101万人））。基礎年金番号は，新しい番号を送付するなどして対応したが，年金制度は多くの国民に関わる長期的な保険のため，適切な管理・運営が求められる。

　(b)　年金の積立金運用問題　　国民年金および厚生年金の積立金は2021年3月末現在，約186兆円ある。この積立金は年金積立金管理運用独立行政法人（GPIF）によって運用されているが，その資産構成割合は，2010年から2014年9月まで国内債券60％，国内株式12％，外国債券11％，外国株式12％，短期資産5％だったものの，自民党政権に移行した後2014年10月から国内債券35％，国内株式25％，外国債券15％，外国株式25％へと変更した。2020年4月からは，国内債券，外国債券，国内株式，外国株式を各25％としている。実際には，2020年度末において，国内債券25.92％，国内株式24.58％，外国債券24.61％，外国株式24.89％（円建ての短期資産と為替ヘッジ付き外国債券は国内債券，外貨建ての短期資産は外国債券に位置付けている）となっていて，国内債券を少なくしている。当然ながら，年金資産は投資を目的とするものではなく，安定的に運用する必要があるため，国内株式や外国株式の割合を多くすることは大きなリスクを伴うことになる。そこで2016年法改正では，2017年10月からGPIFに合議制の経営委員会を設け，基本ポートフォリオ等の重要な方針にかかる意思決定を行い，執行機関を監督することになった。

● STEP UP

　本章の最新情報は，新聞や厚生労働省，日本年金機構，年金積立金管理運用独立行政法人，内閣官房等のＨＰを参照し獲得することになろう。年金について基本的な疑問に答えている文献としては，堀勝洋『年金の誤解』（東洋経済新報社，2005），駒村康平

『日本の年金』（岩波新書，2014）が挙げられる。さらに勉強を深めたい場合には，菊池馨実編『社会保険の法原理』（法律文化社，2012），日本社会保障法学会編『新講座社会保障法　第1巻　これからの医療と年金』（法律文化社，2012），西村淳編『雇用の変容と公的年金』（東洋経済新報社，2015），権丈善一『年金，民主主義，経済学』（慶應義塾大学出版会，2016），堀勝洋『年金保険法（第4版）』（法律文化社，2017），笠木映里ほか『社会保障法』（有斐閣，2018）をお勧めする。

　年金は，少子高齢化のなかで，いかに持続可能な仕組みを構築できるかが問われる。大学等による学生納付特例の窓口設置は少ないものの（例えば東北圏では50法人・施設），学生ら若者に年金教育を促し，彼らの年金受給権を確保するためには日本年金機構や各厚生局とともに，各大学等の協力が望まれる（学生納付特例事務法人の一覧は日本年金機構のHPで閲覧可）。

最新情報

　2020年の通常国会で「年金制度の機能強化のための国民年金法等の一部を改正する法律」が成立した。未施行分の主な内容は，①特定4分の3未満短時間労働者に厚生年金を適用するに当たっての継続雇用見込み期間を1年以上から2か月超に短縮する（2022年10月1日施行）とともに，企業規模要件を，2022年10月から100人超規模の企業，2024年10月から50人超規模の企業にまで引き下げること，②厚生年金を適用する5人以上の個人事業所の業種に，弁護士・税理士・社会保険労務士等の法律・会計事務を取り扱う士業を追加すること（2022年10月1日施行）である。

4 労災補償

> 　大学生であるＡは，とある会社にアルバイトとして雇用され，中古車情報誌の制作業務に従事していた。同社の就業規則では所定労働時間は午前９時30分から午後５時30分，隔週土曜日と日曜・祝日を休日としているが，実際の労働時間は，労働基準法で定める週40時間の規制を大きく超えており，休暇もなかなか取得できない。同僚で正社員のＢはそのような状況から体調を崩し会社を休みがちになり，その分の負担はＡにのしかかるようになった。このためＡは，毎月，入稿締め切り直前には長時間勤務となり，終業時間も深夜になることが少なくなかった。このようななかでＡはわずか21歳という若さで突然死してしまった。残された遺族はどうしたらよいだろうか？

　遺族としては，突然死したのは過重労働が原因であり，会社に落ち度があるとして，損害賠償などを請求したいと思うことだろう。それこそ若者を新規採用しては短時間で使い捨てにする「ブラック企業」の先駆けのような会社だが，このような会社側の落ち度は裁判で簡単に認められるものだろうか。遺族がこのような落ち度の証明をしなくても受け取れる社会的給付は何かないだろうか。そしてそのような給付はＡとＢとで支給条件に何か違いがあるのだろうか。アルバイトの過労死のケースを通じて考えてみよう。

1　労働災害 ── 「補償」と「保障」

(1)　アルバイトと怪我

　アルバイトをしていて怪我をした場合，みなさんだったらどうするだろうか。医者にかかるのが普通かもしれない。それではそれに要する費用はどうなるのか。たとえアルバイトをしている当の本人は被扶養家族になっていて健康保険の保険料負担をしていなくても，その親は保険料を負担しているのであり，アルバイト本人も窓口で３割の自己負担をしなければならない。

　しかし，ちょっと待って欲しい。労働基準法（以下，「労基法」という）は，75条で「労働者が業務上負傷し，又は疾病にかかった場合においては，使用者は，

その費用で必要な療養を行い，又は必要な療養の費用を負担しなければならない」とする。その上，労働者災害補償保険法（以下，「労災保険法」という）という法律もあって，使用者による保険料負担にもとづき，療養費の全額相当の「療養補償給付」が受けられるのである。仕事には事故や病気がつきものであって，運輸関係であれば交通事故，建設業であれば高所からの落下に最近注目されているアスベスト，そして今日の IT 社会ではうつ病患者の増加が最たる例であるが，このような場合，被災者は，労災病院や労災指定病院で療養補償給付を原則として自己負担なく受けることができ，それら以外の病院にかかった場合にも治療に要した費用を後から療養の費用の支給として償還払いされることになる（この点，労災の被災者を施術した柔道整復師に対する受任者払いの取扱いについて争われた国・向島労基署長（柔道整復師・受任者払制度）事件：東京高判平23・12・14参照）。

このように，業務外の私傷病に対する健康保険法上の給付と比較しても（⇨①医療保障），労災保険法の給付はより手厚いものであり，業務上と認定されることは労働者やその遺族にとって非常に重要な意味をもっていることがわかる。もっとも，労災保険法には事故の多い企業に対して保険料率が高くなる「メリット制」というしくみが採用されているため（⇨⑤雇用保険），企業によっては従業員に対してできるだけ労災保険ではなく，健康保険を使うよう促しているところもあるというから——「労災隠し」（少し古い厚労省のデータだが，2007年当時で約140件あったという）だとか「労災の健保流し」といわれる現象である——，非正社員であるアルバイトが労災保険を使おうとでもいうならば，「非正社員に労災はない！」とうそぶいて，使用者が嫌な顔をするというシーンを思い描くことは容易であろう（⇨①1(3)(ii)の裁判例参照）。

(2) アルバイトと「労働者」

昨今の労働の柔軟化の流れは，アルバイトという一時的・補完的な仕事をイメージさせる言葉とは裏腹に，非正社員であるアルバイトに対して正社員に匹敵する基幹的な業務を担当させるに至っている。実際，アルバイトをした経験のある読者の中には，まじめさを当てにされ正社員並みの業務を期待する使用者に遭遇した人も多いのではなかろうか。アルバイトが労基法や労災保険法にいう「労働者」にあたれば，労災補償を受けられることになることを知っておくべきだろう。

「誰が労働者であるか」について規定を設けている労基法9条を参照すると

——労災保険法上の「労働者」も，近時制定された労働契約法上の「労働者」も，基本的に労基法上のそれと同じであると考えられている——「この法律で労働者とは，職業の種類を問わず，事業又は事務所……に使用される者で，賃金を支払われる者をいう」と規定している。しかしこれでは抽象的に過ぎて，決して具体的な基準とはいえない。そこで学説は，使用者との間で「使用従属関係」にある者が労基法上の「労働者」であるとする。具体的には，①人的従属性（使用者の指揮命令を受けているか），②経済的従属性（労働力の対価である賃金をもらっているか），③組織的従属性（就労の実態が企業組織のなかに組み込まれているか）という3つの判断基準から「労働者性（＝労働者であること）」を割り出そうとする（角田2007：46）。この基準を，冒頭のアルバイトがクリアーしているのは疑いの余地がないだろう。とはいえ，労災保険法上の労働者性が裁判で問題となった事案はいくつかあり，映画撮影技師の労災保険法上の労働者性が肯定された新宿労基署長（映画撮影技師）事件（東京高判平14・7・11），傭車運転手の労働者性が否定された横浜南労基署長（旭紙業）事件（最判平8・11・28）などが著名である。

　ところで，そういう厳密には労働者といえない働き方の者にも，労災保険法は任意加入による「特別加入制度」を設けている。同制度は，基本的に，「中小事業主」，「一人親方」，そして農作業従事者などの「特定作業従事者」等を対象として，労働保険事務組合などの団体を経由して加入手続をする制度で，保険料は全額自己負担となっている（なお，海外派遣の際も特別加入制度が用いられる。海外派遣中の労働者が過労死したケースで，会社が特別加入の手続をとっていなかったことを理由に給付がなされなかったことの当否が争われた東京高判平28・4・27参照）。

　それでは，なぜ「労働者」であれば保険料等の費用負担をすることなく補償を受けることができるのだろうか。また，「補償」という言葉を使い，「社会保障」の「保障」という言葉ではないのはなぜだろうか。

(3) 「補償」から「保障」へ

　労働者が労務に従事したことによって災害に遭遇し，その災害によって被害を受けた場合，労働者の死亡・負傷・疾病に対する使用者の穴埋め，つまり労災の「補償」は，市民法の原則によると，労働者が使用者に対して損害賠償責任を追及することによってはじめて実現する。この原則によれば，使用者に責任を追及する際，損害の発生につき使用者に故意または過失がある場合にのみ損害賠償責任を追及しうるのであって（過失責任主義），被災者である労働者またはその遺族

図表 4-1　労働者の安全と健康を確保するための施策

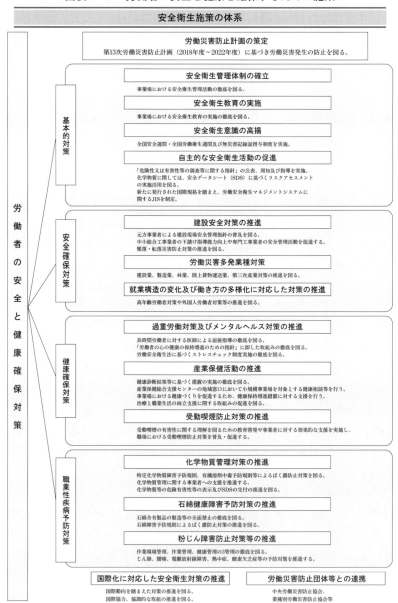

出典：厚生労働省2021：122

は，使用者の過失（注意義務違反）の存在およびそれと災害との間の因果関係の存在を立証できなければ賠償を受け取ることはできない（菅野2019：642）。

　しかし，ちょっと考えて欲しい。市民法の原則は，使用者と労働者との間にある労働関係を単なる「人」と「人」との結びつきとしかみてはいない。労災補償は，労働者を従属させて利潤を上げている「使用者」が，労働関係において「労働者」を被災させたことに対する使用者の社会的責任であって（沼田1976：309），一市民たる企業が加害者として負う市民法的責任ではないはずである。使用者が，その使用する労働者のために災害を予防しなければならないことはもちろん（安全・衛生保持の責任），その労働の過程で事故が生じたからには，過失の有無を論じるまでもなく，その災害の補償義務を負うのは当然とされる。そしてその補償義務の内容および範囲について，被災労働者の生存権保障の観点から，最低限度の要請であるものを，罰則でもって強制したのが労基法の規定であり，この使用者の補償責任を担保するために制定されたのが労災保険法である（沼田1976：309）。このような制度的沿革からみれば，労災保険法にいう「労働者」が労基法の「労働者」と同義であることや，制度発足時，労災保険給付の内容・範囲が労基法にもとづく使用者の補償内容・範囲と同一であったことは不思議でないだろう。

　このように，労基法上使用者に課された災害補償についての責任保険が労災保険法であるとすると（他の社会・労働保険と異なる労災保険の特徴として，労災保険には「被保険者」という概念は存在しない），補償の内容は労災保険法と労基法で理屈上は変わらないことになろうが，実は，時代が下り，労災保険法が数次に及び改正されて独自の発展を遂げるにつれ，現在では労災保険法の保険給付は労基法の補償責任を上回るようになっている。例えば1960年と65年の年金制度の導入（例えば，後述のように，労災保険からの給付には障害補償年金や遺族補償年金，傷病補償年金がある），65年の特別加入制度の導入（同制度は，1965年当時の立法理由によると「一人親方，自営農民，小規模事業主及びこれらの者の家族従事者等，労働者と同様な状態のもとに働き，同様な業務災害を被る危険にさらされている人々についても，申請に基づき，一定の条件のもとに，特別に労災保険に加入することを認め保険給付を受けることができるように」創設された），73年の通勤災害給付の開始など，「労災保険の一人歩き」と呼ばれる現象が発生したのである（浅倉2020：360）。

　今日では，この「労災保険の一人歩き」を積極的に肯定し，労災保険を使用者の個別責任から切り離された別個の制度として把握し，国による被災労働者の生

活保障のための制度と考える見解が有力に主張されている（高藤1978：301）。労災補償制度は，損害の穴埋めとしての「補償」を超えて，被災者である労働者に対して生活を「保障」する制度なのである，という考え方が，ここから導き出せるだろう。

　ところで，いわゆる「働き方改革」の一環としての「副業・兼業の推進」という政策課題に沿うように，2020年3月に労災保険法が一部改正された。すなわち新1条で「事業主が同一でない二以上の事業に使用される労働者」が「複数事業労働者」として定義され，本業先・副業先のいずれかで業務災害が生じた場合の保険給付が7条1項2号に「複数業務要因災害」に対する保険給付として規定された。これにより，複数の事業主の下で働く労働者について，それぞれの就業先の負荷のみでは業務と疾病等との間に因果関係が認められない場合でも，複数就業先での業務上の負荷を総合して評価されることになった（中窪・野田：2021追補〔補訂〕11頁）。また，複数事業またはその間の移動中に通勤災害が生じた場合の保険給付についても整備された（通勤災害については後述）。この動きは，（単独）企業による労災「補償」責任という観点を薄めさせ，国による被災者に対する「生活保障」という考え方を労災保険法の趣旨と（再）認識させる可能性を秘めている。

　なお，労災保険を「補償」と捉えるか「保障」と捉えるかの違いは，後述する「業務上」概念の捉え方に反映し，補償対象範囲の広狭となって現われる（青野2003：51）。ただし，労災保険からの給付は以下でみていくように定型的で慰謝料なども存在しないことから，わが国では被災者が別途民事訴訟を起こす途も開かれている。それぞれの給付間の調整問題も含め，この点は「3　労災民事訴訟──使用者の安全配慮義務」で論じることにしよう。

2　労災補償・労災保険給付

(1)　労災補償と安全衛生体制

　ところで，アルバイトであっても使用されている労働者として，使用者に「健康診断実施義務」というものが発生しうる。すなわち，労働安全衛生法（以下，「労安法」という）は66条で「事業者は，労働者に対し，厚生労働省令で定めるところにより，医師による健康診断……を行わなければならない」とし，パートタイマー等への健康診断の実施義務については，この者が労働安全衛生規則（以下

図表 4 - 2　労働者災害補償保険制度の概要（令和 3 年度予算額）

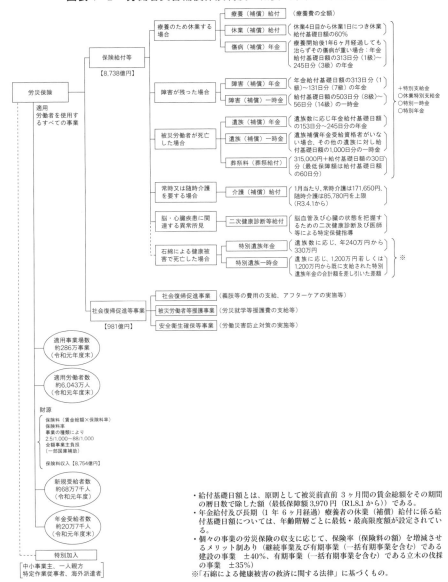

・給付基礎日額とは、原則として被災前前 3 ヶ月間の賃金総額をその期間の暦日数で除した額（最低保障額 3,970 円（R1.8.1 から））である。
・年金給付及び長期（1 年 6 ヶ月経過）療養者の休業（補償）給付に係る給付基礎日額については、年齢階層層ごとに最低・最高限度額が設定されている。
・個々の事業の労災保険の収支に応じて、保険率（保険料の額）を増減させるメリット制あり（継続事業及び有期事業（一括有期事業を含む）である建設の事業　±40％、有期事業（一括有期事業を含む）である立木の伐採の事業　±35％）
※「石綿による健康被害の救済に関する法律」に基づくもの。

出典：厚生労働省2021：133

「労安則」という) 43条・44条に定められた「常時使用する労働者」に該当するか否かで判断される。期間の定めのない労働契約を締結している場合はもちろん, 有期労働契約の場合でも, 契約の更新により原則として1年以上雇用されることが予定されているか, 現に1年以上雇用されており, かつ, 1週の労働時間が通常の労働者の4分の3以上であれば「常時使用する労働者」に該当するとされ, 健康診断の実施義務が発生するのである。トピックで取り上げた事例は実際に起きた事件から着想を得たものであるが, 雇入れの際の健康診断を実施していなかったという点で, まさしく安全衛生体制が整ってはいなかった。

労安法は, 労災事故が社会問題化していた1972年に, 「労働基準法と相まつて, 労働災害の防止のための危害防止基準の確立, 責任体制の明確化及び自主的活動

図表4-3 請求の手続き

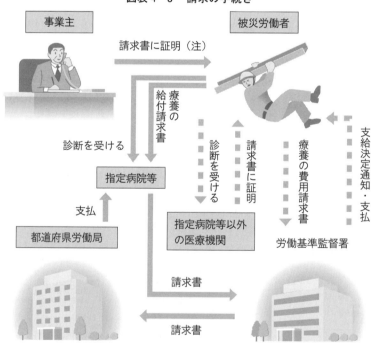

(注) 療養の費用を請求する場合については, 第2回目以降の請求が離職後である場合には, 事業主による請求者への証明は必要ない。
出典：財団法人労災保険情報センターホームページ
http://www.rousai-ric.or.jp/procedure/01/index.html

の促進の措置を講ずる等その防止に関する総合的計画的な対策を推進することにより職場における労働者の安全と健康を確保する」こと等を目的に制定された。同法は，労働災害が発生しないように，労働者を使用する事業者に対して労働災害防止のための最低基準を遵守するだけでなく，快適な職場環境の実現と労働条件の改善を通じて労働者の安全と健康を確保する責務を課しており，国が実施する労働災害の防止に関する施策に協力することを求めてもいる（先の「労災隠し」は「虚偽の報告」等にあたる行為で，同法120条に基づき50万円以下の罰金に処されうる）。

　同法は，第二章で，厚生労働大臣が労働災害の防止のための主要な対策等を定めるものとされる「労働災害防止計画」について規定したうえで，第三章では「安全衛生管理体制」として，従業員50人以上の事業場においては安全に係る技術的事項を管理する「安全管理者」（10条）及び衛生に係る技術的事項を管理する「衛生管理者」（11条）並びに従業員10人以上50人未満の事業場については「安全衛生推進者」等を選任すること，一定規模の事業場ではそれらを統括する「統括安全衛生管理者」（10条）を選任することを定める。また，1つの場所において行う事業の一部を請負人に請け負わせているもののうち，建設業等を行う者の労働者が当該場所において作業を行うときは，労災防止のため「統括安全衛生責任者」（15条）を選任することとする。

　さらに同法は，一定規模以上の事業場ごとに労働者の健康管理等に従事する「産業医」を選任すること，一定規模以上の製造業などの事業場ごとに「安全委員会」を設置し，労働者の危険を防止するための基本対策等に関して意見を述べさせること（17条），また，一定規模以上の事業場ごとに労働者の健康障害を防止するための基本対策について意見を述べさせるために「衛生委員会」（18条）を設置することを義務付けている。

　このような安全衛生体制が確立されていないために，労災が発生することは十分にありうる話であるが（後掲の「働き方改革」の一環で「高度プロフェッショナル制度」対象者を除く全ての労働者（管理監督者も含む）の労働時間の状況の把握が義務化された。66条の8の3），安全衛生体制が確立されていても，不幸にして労働災害や職業病が発生することもある。このような場合には，被災労働者や遺族に対して救済がなされなければならない。労基法が第8章で「災害補償」について規定する一方で，事業主の補償責任を担保する制度である「労災保険法」も労基法と同時に制定されているのは，このような被災労働者や遺族に対する救済に資す

図表 4 - 4　行政解釈による「業務上」傷病の概念

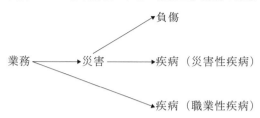

るためとみることもできよう。

(2)　労災保険給付

　業務災害に対する保険給付には，以下のようなものがある（椋野・田中2021：226-231）（⇨図表4-1，4-2）。

(a)　療養補償給付（労災13条）　療養補償給付は，療養の給付，つまり現物給付であり（1項），療養の給付の範囲は，1号・診察，2号・薬剤または治療材料の支給，3号・処置，手術その他の治療，4号・居宅における療養上の管理およびその療養にともなう世話その他の看護，5号・病院または診療所への入院およびその療養に伴う世話その他の看護，6号・移送である（ただし政府が必要と認めるものに限る）。なお政府は，第1項の療養の給付をすることが困難な場合その他厚生労働省令で定める場合には，療養の給付に代えて療養の費用を支給することができる（3項）。

(b)　休業補償給付（労災14条）　休業補償給付は，労働者が業務上の負傷または疾病による療養のため労働することができないために賃金を受けない日の第4日目から支給されるものであり，その額は，1日につき給付基礎日額の100分の60に相当する額である（1項）。また，後述する社会復帰促進等事業の中で特別支給金（給付基礎日額の20％相当額）も支給される。なお，最初の3日間については，使用者が労働基準法上の責任として給付基礎日額の60％に相当する金額を支払うことになる。

(c)　障害補償給付（労災15条）　障害補償給付は業務による病気やけがが治ったあと身体に障害が残った場合に支給されるものであり，厚生労働省令で定める障害等級に応じ，障害補償年金または障害補償一時金が支給される（1項）。障

害補償年金または障害補償一時金の額は，それぞれ，別表第1または別表第2に規定する額とされるが（2項），その詳細は図表4-2を参照して欲しい（顔などの外貌に著しい醜状を残す場合，女性は7級，男性は12級とする女性に手厚い障害等級表が法の下の平等に違反するとされた京都地判平22・5・27およびその後の障害等級表の見直しの議論も参照）。

(d) 遺族補償給付（労災16条）　遺族補償給付は，業務により労働者が死亡した場合に，その一定範囲の遺族に対して支給されるものであり（⇨③年金保険），遺族補償年金または遺族補償一時金がある。

　遺族補償年金の受給者の範囲は16条の2に規定されており，労働者の配偶者，子，父母，孫，祖父母および兄弟姉妹であって（支給の順序もこの通り。3項参照），労働者の死亡の当時その収入によって生計を維持していた遺族である（夫を亡くした妻に手厚い地方公務員災害補償法の規定は法の下の平等に違反しないとした最判平29・3・21参照）。

コラム 4-1　**シルバー人材センターと労災保険の適用**

　シルバー人材センターは，高年齢者雇用安定法に基づくものであり，雇用政策の一環という位置づけがなされているが，実際には定年退職者等の会員との間では雇用契約ではなく，請負・委任契約が締結されているとされ，怪我をした場合の労災保険の適用には困難がともなってきた。それでは，被保険者の被扶養者として健康保険法からの給付が受けられるかといえば，健康保険法はその1条で「業務外の事由」に際して給付すると規定することから，保険者が給付には難色を示すといい，結局，被災者が両制度の間隙に落ち込んでしまうことになると指摘されてきた。

　このようなケースについて，神戸地裁が労災保険の適用を認める初めての判決を下し（加西市シルバー人材センター事件：神戸地判平22・9・17），注目を集めたが（秋田成就「シルバー人材センターと労災補償」労判1013号［遊筆］），その後，2012年にシルバー人材センターから紹介された作業中に怪我をした奈良県の男性が健康保険が適用されず，治療費が全額自己負担になったのは国が法整備を怠ったためであるとして国に慰謝料80万円，全国健康保険協会に保険適用を求める訴訟が大阪地裁に提起されると，厚生労働省はこのようなケースについては健康保険の対象とする旨の通達（労働者でない者の業務上の負傷等に係る健康保険と労災保険の適用関係について）を発し，さらに健康保険法1条を改正するまでに及んだ（⇨①医療保障）。この改正は今後，学生のインターンシップやボランティア中の事故にも影響を及ぼすことになろう。

　遺族補償年金の額（労災16条の3）は別表第1に規定する額であり（1項，⇨図表4-2），遺族補償年金を受ける権利を有する者が2人以上あるときは，遺族補償年金の額は，1項の規定にかかわらず，別表第1に規定する額をその人数で除して得た額である（2項）。

　なお，遺族補償年金を受ける権利は，その権利を有する遺族が死亡・婚姻をしたとき，離縁によって死亡した労働者との親族関係が終了したとき，子・孫または兄弟姉妹が18歳に達したとき等に消滅する（労災16条の4）。遺族補償年金の受給資格者がいない場合，またはいなくなった場合などには，遺族補償一時金がそれ以外の遺族に支給されることになる（労災16条の6）。

　(e)　葬祭料（労災17条）　　葬祭料は，通常葬祭に要する費用を考慮して厚生労働大臣が定める金額である。

　(f)　傷病補償年金（労災18条）　　傷病補償年金は，業務上負傷し，または疾病にかかった労働者が当該負傷または疾病にかかる療養の開始後1年6カ月を経過した日（または同日後）において，当該負傷が治っておらず，障害の程度が厚生労働省令で定める傷病等級に該当する場合に，その状態が継続している間，当該労働者に支給されるものであり（労災12条の8第3項），その支給額は，厚生労働省令で定める傷病等級に応じ，別表第1に規定する額である（⇨図表4-2）。

　(g)　介護補償給付（労災19条の2）　　介護補償給付は，障害補償年金または傷病補償年金を受ける権利を有する労働者が，その受ける権利を有する障害補償年金または傷病補償年金の支給事由となる障害であって厚生労働省令で定める程度のものにより，常時または随時介護を要する状態にあり，かつ，常時または随時介護を受けているときに，当該介護を受けている間，当該労働者に対し，その請求に基づいて行われるものである（労災12条の8第4項）。

　介護補償給付は，月を単位として支給され，その月額は，常時または随時介護を受ける場合に通常要する費用を考慮して厚生労働大臣が定める。

　(h)　複数事業労働者に対する給付　　先の「複数事業労働者」の創設により新20条の2～新20条の9に基づき複数事業労働者療養給付，複数事業労働者休業給付，複数事業労働者障害給付，複数事業労働者遺族給付，複数事業労働者葬祭給付，複数事業労働者傷病年金，複数事業労働者介護給付が用意された（「補償」の文言がないことに注目！）。その内容は基本的に業務上災害の保険給付の規定が準用されるが，複数事業労働者に係る給付基礎日額については，全ての事業場等

の賃金を合算した額を基礎とする特例が盛り込まれた（令和2・8・21基発0821第2号）。

（i）**社会復帰促進等事業（労災29条）**　労災保険の適用事業にかかる労働者およびその遺族について政府が行うことができる事業であり，療養に関する施設およびリハビリテーションに関する施設の設置および運営その他業務災害及び通勤災害を被った労働者の円滑な社会復帰を促進するために必要な事業（1号）等がある。具体的には，①労災病院，医療リハビリテーションセンター，総合せき損センターなどの設置運営や，義肢などの補装具の支給などを行う社会復帰の促進に関する事業，②特別支給金や労災就学等援護費の支給など，被災労働者とその遺族の援護に関する事業，③健康診断の助成，健康診断センターや産業保健推進センターの設置運営などの安全衛生確保と賃金の支払いの確保を図るために必要な事業があるが，図表4-2でも確認できるように，特別支給金は業務災害や通勤災害に関する保険給付の実質的な上乗せ給付になっている（椋野・田中2021：230-231）。もっとも，それらは保険給付そのものではないことには注意を要しよう（中窪・野田2019：324）。

⑶　労災保険法の仕組み

労災保険法は，独自の労災補償制度をもつ公務員および農林水産業で労働者5人未満の個人経営事業（暫定任意適用事業）などを除いて，労働者を使用するすべての事業に強制的に適用される（労災3条）。

その事業が開始された日に，国を保険者とし（その事務は政府が管掌する），保険加入者である事業主が保険料を納付する義務を負い，保険事故が発生すると被災労働者および遺族に保険者に対する給付請求権が発生するという保険関係が成立する。また，厳密には労働者ではないが，労災の下請化現象の下，労働者と同質の危険にさらされうる中小零細企業の事業主や独立自営業者などに対して，保険の人的適用対象を拡大して任意加入を認めた「特別加入制度」も存在するのは既述のとおりである（もっとも近時，一人親方のケースで，なりすましによる不正受給が社会問題となりつつある。例えば，産経新聞2018年6月27日参照）。

保険の財源は，原則として事業主が負担する保険料による。事業主の保険料は，事業の種類ごとに定められているが，労災防止努力を促進する観点から，過去の災害発生率などに応じて一定範囲で上下される（メリット制⇒⑤雇用保険）。

保険事故が発生すると，被災労働者・遺族の請求によって労働基準監督署長が

給付の決定を行い，この決定によって当該労働者らは具体的な給付請求権を取得することになる。労働基準監督署長の決定に不服のある者は，労災保険審査官に審査，さらに労働保険審査会に再審査を請求し，同審査会の裁決に不服の場合は裁判所に労働基準監督署長を相手どり行政訴訟を提起することになるが，2014年改正によって，審査官の決定を経れば直ちに行政訴訟を提起することもできるようになった（労災40条）。審査請求後3カ月を経過しても決定がないときは審査官が審査請求を棄却したものとみなされる（労災38条2項参照）（青野2020：179）。

(4) 業務上・外認定

労基法の災害補償と労災保険給付は，「業務上」の災害に伴う労働者の負傷・疾病・障害・死亡に対してなされる（労基75条，労災1条）。災害が「業務上のものか業務外か」の判断が決定的に重要となる所以である。しかし，法は，労働者の業務上の負傷，疾病，障害または死亡を「業務災害」，労働者の通勤による負傷，疾病，障害または死亡を「通勤災害」（労災7条1項1号・2号）と規定するのみで，どういう状態が「業務災害」であり「通勤災害」であるかについて規定しておらず，その判断はもっぱら「解釈」という作業に委ねられている（なお，通勤災害については後述）。

(a) 災害性の傷病　労災には，「事故」によって発生する災害性の傷病等と，「事故」を媒介としない職業性の疾病等がある。前者についての「業務上認定」では，「業務」と「災害」および「災害」と「負傷・疾病」が不可分に関連していることを証明する必要がある（浅倉2020：361）。通常，「災害」と「負傷・疾病」との因果関係は医学が解明するものであることから，法解釈学の使命は「業務」と「災害」の間の因果関係の認定にある（青野2020：180）。

この判定（認定）は，行政解釈上，「業務遂行性」と「業務起因性」の2要件の存在の有無によって判断される。まず，業務上の災害等であるかどうかを判断する第一要件は，「事業主の支配・管理下」にあって起こったものかどうかである。すなわち，労働者が仕事をする義務を負っている状態（狭義の労働関係の状態にあるということ）で起こったかどうかである。この「事業主の支配・管理下」にあることを認定技術上，「業務遂行性」があるというが，業務遂行性がある場合を大別すると次のようになる（社会保険法令研究会1972：1551）。

① 事業主の支配下にあり，かつ施設管理下にあって業務に従事している場合
　　会社や工場などで仕事をしている状態及びそれに伴う一定の行為（作業

中の生理的行為，作業に伴う必要行為，緊急行為ないしは合理的行為など）を行っていることである。

② 事業主の支配下にあり，かつ施設管理下にあるが，業務に従事していない場合　休憩時間中のように，事業場施設内で自由行動が許されている状態のことである。

③ 事業主の支配下にあるが，管理下を離れて業務に従事している場合　例えば公用外出，出張用務，貨物・旅客等の運送業務など事業場外で用務（仕事）をしている場合のことである。

では，業務遂行性のあるものはすべて業務上の災害になるのかというと，必ずしもそうではなく，事業主の支配管理下にあること（業務遂行性）に伴う危険が現実化したものと経験則上認められること（業務起因性）がなければならない。

コラム 4-2　外国人労働者の労災補償

在留目的以外の就労をする資格外就労者（いわゆる「不法滞在者」など）を含む外国人労働者にも，労基法，労安法，労災保険法などの労働法は等しく適用される。労働者を使用する事業は原則として労災保険適用事業であるから（労災3条），当該事業で使用される外国人も労災保険に加入されなくてはならず，外国人が日本において就労中，不幸にして労働災害に被災した場合には，日本人と同等の救済や補償措置がとられなくてはならない。

外国人労働者の日本語能力が十分でないことも災いし，職場での訓練や安全衛生教育（労安59条以下，労安則35条以下）が行きわたらないこともあり，外国人労働者の労働災害罹災率は極めて高いはずである（日系ブラジル人の元派遣社員が，勤務先の工場の騒音により難聴障害になったとして労災申請したところ，太田労基署の日本語での聴力検査で不認定とされ，群馬労働局が逆転認定したという新聞報道（毎日新聞2010年5月29日〔地方版〕）参照）。しかし現実には，労働災害の申請数はさほど多くない。この背景には，被災労働者が不法就労である場合に，雇主が不法就労助長罪の適用を恐れ，労働災害をもみ消したり，虚偽報告を行ったりする，いわゆる労災隠しが多数行われていることがあると考えられている。他方，就労外国人も不法就労であることが行政側に分かるのを恐れ，少しくらいのけがや病気については労災申請しないこともあるという。このような現実を受け，労働基準監督機関としてはまず，法違反の是正を図ることにより本人の労働基準関係法令上の権利の救済に努めることとし，原則として入管当局に対し通報を行わないという通達が出されており（平元・10・31基監発41号），この趣旨が徹底されることが望まれる（手塚2005：280）。

　実際に問題になるのは，休憩時間中（上記②のケース）や始業前・終業後の災害，社内行事（例えば運動会など）参加中の災害，企業施設・事業場外での災害などである。これらについては，災害が企業施設の欠陥によって生じたか否かや，行事への参加の強制の度合い，使用者の指揮命令にもとづき業務に従事していた態様等に応じて業務上・外の認定がなされることになる（浅倉2020：361）。例えば，休憩時間中に事業場施設内でバレーボールなどをしていて突指をしても（②のケース），当該事業場の状況により生じたわけではない限り業務起因性がないと判断され，労災とはならない。他方で，③のケースでは，出張などで管理下を離れているとはいえ，業務に従事していれば，労災と認められよう。この点，同僚労働者の夜食買出途中の交通事故につき業務遂行性が争われたという珍しい事例で，行政庁の判断を覆して業務遂行性が認められた裁判例（岐阜地判平20・2・14）や，「飲み会」後に仕事のため職場に戻る途中の交通事故で労働者が亡くなったという事案で業務災害と認めた最高裁判決（最判平28・7・8）がある（特別加入制度における業務遂行性の範囲の確定に際し申請書類の記載内容を重視する国・広島中央労基署長事件（最判平24・2・24）と，同様の判断枠組内で実態に着目し柔軟な判断を示した国・三好労基署長（振動障害）事件（高松地判平23・1・31）も参照）。

　ただし，一点注意して欲しいのは，業務遂行性と業務起因性について，両者は対等な要件ではなく，通常，「業務起因性」の立証があれば，業務と災害との間に経験則上相当な因果関係（相当因果関係）の存在が認められ，また，「業務起因性」の立証が困難な場合においても，「業務遂行性」があれば「業務起因性」が推定されることである。

(b)　職業性の疾病　「災害性」の傷病ではなく，長期にわたり一定の業務に従事していたために発生するいわゆる「職業病」については，「業務」と「疾病」が関連していることを直接的に立証する必要がある。しかしこの立証は容易ではなく，労基法は，特定の業務によって発生しやすい疾病を列挙することにより，反証がない限り，当該業務に起因するものとして，業務起因性を推定することにした（労基則35条・別表第1の2）。チェンソー使用による手指の循環障害（いわゆる白蠟病），粉塵の飛散する場所での業務による塵肺などがその典型例であるが，2012年には印刷会社で使われていた化学物質が原因として疑われる胆管がんの被害者の存在が明るみになった。

　2010年に過労死問題や過労自殺問題への対応として8号「長期間にわたる長時

間の業務その他血管病変等を著しく増悪させる業務による脳出血，くも膜下出血，脳梗塞，高血圧性脳症，心筋梗塞，狭心症，心停止（心臓性突然死を含む。）若しくは解離性大動脈瘤又はこれらの疾病に付随する疾病」，9号「人の生命にかかわる事故への遭遇その他心理的に過度の負担を与える事象を伴う業務による精神及び行動の障害又はこれに付随する疾病」が例示列挙されるに至った。また，10号ではさらに「厚生労働大臣の指定する疾病」も業務上疾病と扱うこととしているが，疾病をすべて列挙することは困難であるため，別表第1の2は第11号で

コラム 4-3　石綿による健康被害と労災認定

　厚労省が2021年12月に公表した石綿労災認定リストには，全国で910もの事業場が掲載されているが，新たに公表対象となった事業場は668カ所にのぼり，石綿被害の広がりを改めて浮き上がらせる結果となった。20年度に労災認定を受けたのは1,060件だった（朝日新聞2021年12月15日）。

　石綿による健康被害の救済に関する法律の成立・施行により，石綿にさらされる業務に従事したことにより中皮腫や肺がん等を発症し，2001年3月26日以前に死亡した労働者の遺族であって，時効により労災保険法（2020年1月12日の共同通信配信によると，地方公務員災害補償法の施行前に携わった水道事業で石綿による悪性胸膜中皮腫となり死亡した元公務員について労基署長が労災認定した例もある）に基づく遺族補償給付の支給を受ける権利が消滅した者に特別遺族給付金も支給されている。

　ところで，石綿問題は被災した労働者に対する補償問題（裁判例として，石綿肺等で死亡した元従業員遺族等による損害賠償請求を認めた山陽断熱ほか1社（石綿ばく露）事件・岡山地判平25・4・16や会社側の安全配慮義務違反を認めたニチアス（羽島工場・石綿ばく露）事件・岐阜地判平27・9・14，そして一人親方についても国・メーカーの賠償責任を認めた最決令2・12・14，同令3・1・28，建設アスベスト訴訟（神奈川事件）最判令3・5・17も参照）を超えて，その家族や周辺住民にまで及ぶものであり，このことは国に約3億3,200万円の損害賠償を命じた大阪・泉南アスベスト国賠訴訟判決（最判平26・10・9）をみても一目瞭然だろう（なお，これは元従業員が1，2陣に分かれて集団提訴した事件であり，この判断は2陣についてのものであり，大阪高裁で2014年12月26日に1陣訴訟の和解が成立している）。昨今，石綿が混在した製品の流通が社会的に注目されているが，今後は例えば，災害復興に参加したボランティアへの補償という課題（山口2008：86）も倒壊した建物等から飛散する石綿曝露被害（神戸新聞NEXT2020年1月12日によると，1995年1月の阪神・淡路大震災直後に被災地で約1か月の活動後，石綿関連疾患で亡くなった元警察官が2020年1月に公務災害認定されたという）がひとつの切り口になるかもしれない。

「その他業務に起因することの明らかな疾病」という概括条項を残すことにより，列挙された疾病以外の職業病にも対応しようとしている（浅倉2020：362）。

(c)　いわゆる過労死問題　「過労死」とは業務における過重な負荷による脳血管疾患若しくは心臓疾患を原因とする死亡のことを意味し（過労死等防止対策推進法2条），今日では職業病の代名詞ともいえる。旧労働省は過労死の認定基準として「災害主義」を採用していた（昭36・2・13基発116号）。業務に関連する「災害」またはそれに準ずる「過激な業務」が，発病直前または発病当日に存在したことを業務上認定の要件とする見解である。しかし，職業性の疾病についても，業務災害と同様に「災害」的出来事を求める行政解釈には批判があり，その後改正された通達では，特に過重な業務に従事したこと（「過重負荷」），その「過重負荷」が発症のおおよそ1週間前までに生じたことが要件とされた（昭62・10・26基発620号）。

1995年に出された新たな認定基準（平7・2・1基発38号）は，昭和62年通達の基本枠組を踏襲しつつも，発症の1週間よりも前の業務をも考慮にいれた総合的な判断をすることとされた点で要件が緩和されたものであった。そして，過重業務性の判定において同僚・同種の労働者を基準とする点は変わらないものの，そこに「同程度の年齢・経験等」を有する者と加筆して同僚概念を拡大した（青野2003：61）。なおその後，不整脈による突然死も対象業務として追加された（平8・1・22基発30号）。

ところが最高裁は，支店長つき運転手として勤務していた労働者の運転中のくも膜下出血の発症に対する労基署長による労災保険給付不支給決定について，6カ月以上の長期間にわたる業務による過重な精神的・身体的負荷が当該労働者の基礎疾患をその自然の経過を超えて増悪させ（業務は「相対的に有力な原因」でなければならない，というのが行政の基本的立場であるが，裁判例では，業務が「共働原因」であれば足りるとするものもある），発症に至ったものとみるのが相当であって，その間に相当因果関係の存在を肯定することができるとして，当該不支給決定を覆す判断を示した（横浜南労基署長（東京海上横浜支店）事件：最判平12・7・17）。

国側が敗訴したこの最高裁判例の影響を受けて，疲労の蓄積等に関する医学面からの検討結果の取りまとめがなされ，2001年末に，脳・心臓疾患の認定基準がさらに改正されることになった（「脳血管疾患及び虚血性心疾患等（負傷に起因するものを除く。）の認定基準について」平13・12・12基発1063号）。この認定基準の主た

る改正点は，①発症直前から前日までの異常な出来事への遭遇，1週間以内の短期の過重業務のほかに，発症前6カ月間の長期間の過重業務による疲労の蓄積も考慮することにし，②その際に，疲労蓄積の最重要要因である労働時間の実態に着目し，発症前1カ月間に100時間を超える時間外労働が認められる場合と発症前2カ月から6カ月間に月80時間を超える時間外労働が認められる場合は，業務と発症との関連性が強いと判断する目安が定められた。また③労働時間のほかの業務の過重性判断評価要因として，不規則勤務，交替制・深夜勤務，作業環境，

コラム 4-4　パワーハラスメントと労働者の自殺

職場における心の病の問題をクローズアップしたのは後述の判断指針（平成11・9・14基発544号）であったが，これ以降，精神障害による労災は認められやすくなったといえる（図2参照）。それでも，労基署長の業務外認定処分の取消しを認容する裁判例が後を絶たない。上司の発言等によりうつ病が発症ないし助長したとされたケース（係長から「存在が目障りだ。居るだけでみんなが迷惑をしている。お願いだから消えてくれ」，「給料泥棒」などとキャリアや人格を否定される発言を受けた MR（医療情報担当者）が自殺をしたという事案）で，原告代理人の談話として「パワーハラスメント（地位を利用した嫌がらせ）を原因とした自殺を労災と認めた初の司法判断」と新聞報道で紹介され注目を集めた国・静岡労基署長（日研化学）事件（東京地判平19・10・15）は，一連の事件の象徴的事案と位置づけることができよう。なお，労働施策総合推進法では，パワーハラスメントを「職場において行われる優越的な関係を背景とした言動であって，業務上必要かつ相当な範囲を超えたものによりその雇用する労働者の就業環境が害されること」と定義している（30条の2）。

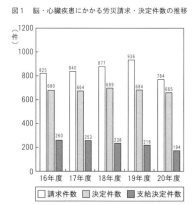

図1　脳・心臓疾患にかかる労災請求・決定件数の推移

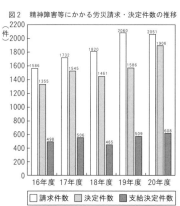

図2　精神障害等にかかる労災請求・決定件数の推移

出典：労働判例1255号96-97頁

精神的緊張を考慮することになった。さらに④比較対象労働者として，基礎疾患を有するものの日常業務を支障なく行える同僚労働者も加えられた（青野2020：183）。

　また，2020年8月には「複数業務要因災害」による基準の読み替えが示されたが，さらに2021年9月には20年ぶりに脳・心疾患の認定基準が改定され，新たに「血管病変等を著しく増悪させる業務による脳血管疾患及び虚血性心疾患等の認定基準」として運用開始された。そこでは，「同種労働者」の定義変更のうえ，長期間の過重業務の評価にあたり，労働時間と労働時間以外の負荷要因を総合評価すること，長期間の過重業務，短期間の過重業務の労働時間以外の負荷要因の見直し，短期間の過重業務，異常な出来事の業務と発症との関連性が強いと判断できる場合の明確化，対象疾病への「重篤な心不全」の追加がなされた。

　ところで，脳・心臓疾患については予防面での対策の重要性も認識されるようになり，2001年より労災保険法に，定期健康診断等で異常のあった労働者のための「二次健康診断等給付」（26条以下）が設けられた（⇨図表4-2）。さらに，2014年6月20日に過労死等防止対策推進法が成立し，過労死等の防止のための対策として，①調査研究等，②啓発，③相談体制の整備等，④民間団体の活動に対する支援が規定された。2015年に厚生労働省は「かとく」（過重労働撲滅特別対策班）を設置したが，2021年1月21日付の労働新聞のネット記事によると，大阪労働局のかとくが，計5店舗でアルバイトを含む労働者12人に36協定を超える違法な長時間労働を行なわせたとして，飲食店を経営する会社等を労基法32条違反などの疑いで大阪地検に書類送検したという。

　(d)　いわゆる過労自殺問題　　「自殺」は自発的意思でなされるものであり，「業務」と「死亡」との間の因果関係を切断するものと考えられ，また労災保険法が労働者の故意による死亡・事故については保険給付を行わないと規定するため（労災12条の2の2第1項），過労による「自殺」を「故意」との関係でどのように理解するかは問題とされてきた。行政解釈は，業務に起因するうつ病等による自殺であっても，「心神喪失」の状態（識別能力を欠く状態）であったと認められる場合に限り，故意によるものではないと解釈して，業務上の認定を行ってきた（昭23・5・11基収1391号）。例えば，大規模地下駅の設計技術者に発症したうつ病または心因反応および通勤途上での駅ホームからの投身による両下肢切断を業務上とした解釈例規（昭59・2・14基収330号の2）も存在する。しかし最近で

は，仕事上のストレスによる心因性の精神障害を訴える労働者が急激に増加しており，この現実は，民事訴訟を通じて，サービス残業による過重労働とうつ病との因果関係を肯定し，自殺についての企業の損害賠償を認める判決（電通事件：最判平12・3・24）や，過労による「反応性うつ病」について企業に損害賠償を命じる判決（川崎製鉄事件：岡山地倉敷支判平10・2・23）等が相次いで言い渡されたことからも垣間見える（浅倉2020：365）。また近時では，電通で新たに過労自殺の事件が発生し，2017年10月6日に東京簡裁で同法人が労基法違反の罪に問われて求刑通り罰金50万円の判決を受けたことが新聞等で報道された。

　過労自殺をめぐる業務上認定のあり方への批判を受け，旧労働省は「心理的負荷による精神障害等に係る業務上外の判断指針について」（平11・9・14基発544号）を作成した。これにより，業務による心理的負荷を重視した総合的判断を目的とする仕事によるストレス評価のチェックリストが示され，例えば，発病前の6カ月間に業務が原因の強いストレスが認められ，かつ業務以外の原因がない場

コラム4-5 アルバイトの過労死問題

　アルバイトも適用事業で使用されている「労働者」である以上，労災保険法の保護を受ける労働者であることに異論はなく，現に，大阪労災補償保険審査官の認定によって，本章の冒頭のトピックに登場したアルバイトA（トピックは実際のケースを題材にしている）の死亡は過労による労災にあたると認定され，遺族に対して遺族補償一時金691万円，遺族特別支給金300万円および葬祭料約50万円が支給されている。さらに大阪地裁は，会社に安全配慮義務違反があったとして，遺族に約4,700万円の支払を命じた（大阪地判平16・8・30。入社4カ月目の飲食店従業員が急性左心機能不全により死亡した事案につき，会社法429条1項に基づく責任を認めた大庄ほか事件（最決平25・9・24）や，近時では過酷な長時間残業が原因で過労自殺した女性の遺族との和解が成立したワタミ事件（東京地裁平27・12・8）も参照）。同裁判所は，時間外労働について使用者に対する免罰的効力を与えるいわゆる「36（サブロク）協定」（労基36条）を欠いた違法な時間外労働につき「AらY大阪支店の労働者に時間外労働及び休日労働を行わせ［た］」と，Aを含めた労働者一般を名宛人にした判断を示した後に続けて，「Aは，日々の業務に不慣れで，著しい精神的ストレスを受けながら，ときに深夜に及ぶ極めて長時間の勤務を重ね……疲労解消に必要十分な休日や睡眠時間を確保できないまま業務に従事することを余儀なくされた」と判示する。未熟な経験しかないアルバイトであるAに対しては，正社員Bなどとはまた異なる内容の安全配慮義務が使用者に対して課されうることを示したものということができるだろう。

合には業務上とする，あるいは，業務による心理的負荷によって精神障害を発症した者が自殺した場合には，故意がなかったものと推定して業務上と認めるなど，従前よりも緩和された基準になった。2009年にはパワーハラスメント（⇨コラム4-4）などが認定できるよう12項目の判断基準が新設されたが，2011年に，「精神障害の労災認定の基準に関する専門検討会報告書」の内容を踏まえて，従来の評価方法を改め，生死に関わる重大な業務上の負傷，本人の意思を抑圧して行われたわいせつ行為などのセクシュアル・ハラスメント，発病直前の1カ月に160時間を超える時間外労働など「特別な出来事」に該当する事情がある場合にはそれだけで「業務上」と認められるとする新たな「心理的負荷による精神障害の認定基準」（基発1226号第1号）が発せられ（中窪・野田2019：321），先の「判断指針」は廃止された。そして2020年にも同基準が改正され，心理的負荷評価表にパワーハラスメントの出来事が追加されたが，そこでは1つの勤務先での心理的負荷を評価しても労災認定できない場合，すべての勤務先の業務による心理的負荷を総合的に評価して労災認定することとされた。

　他方で，メンタルヘルス対策の充実・強化等を目的として，従業員数50人以上の全ての事業場にストレスチェックの実施を義務付けることを内容とする労安法の一部を改正する法律（平成26年法律第82号）が2014年6月25日に公布されたことを受け，厚労省は，「ストレスチェック実施プログラム」と57項目からなる「職業性ストレス簡易調査票」を作成・公開している（なお，精神的健康（いわゆるメンタルヘルス）に関する情報については「使用者は，必ずしも労働者からの申告がなくても，その健康に関わる労働環境等に十分な注意を払うべき安全配慮義務を負っている」とした東芝（うつ病・解雇）事件（最判平26・3・24）も参照）。

3 通勤災害

トピック アルバイトと通勤災害

　大学生であるCは，大学の講義を受けてからアルバイト先の会社へ向かう途中でケガをしてしまった。アルバイトが労働者であるとすれば，「通勤」に際しての事故でケガをしたからには，なんらかの保護がありそうなものだが，はたしてどのような対応がなされるのだろうか？

　　自宅からアルバイト先の会社へ直接向かうのではなく，大学経由で向かうような場合にも通勤災害の保護の対象となるか，がここでの問題である。

(1) 通勤災害の保護

　労基法は通勤災害を対象としていないが，通勤が労務提供に不可欠でしかも必然的に危険を伴う行為であって，そこで生じた災害を単純な私傷病と扱うことは

図表 4 - 5　通勤の範囲

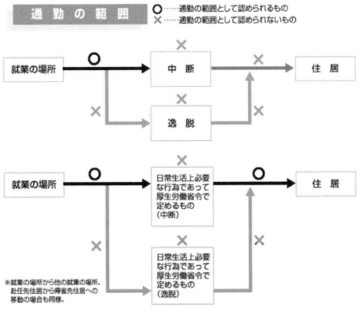

出典：https://jsite.mhlw.go.jp/ehime-roudoukyoku/hourei_seido_tetsuzuki/
rousai_hoken/hourei_seido/20702.html

適当でないとの主張が高まり，業務災害とは区別しつつも，労災保険法により特別の給付がなされることになった。1973年の改正による「通勤災害保護制度」の創設である（中窪・野田2019：324）。

　保険給付については，業務災害に関する給付では，例えば「療養『補償』給付」というように「補償」の文言が用いられるのに対して，通勤災害に関する給付では「療養給付」といって「補償」の文言が用いられないことに違いこそあれ（業務外の災害であり，使用者が「補償」すべきものではないから，というのがその理由とされる），給付水準はいずれも実質的に同水準である。もっとも，療養給付につき労働者に200円以内の一部負担金があるという違いはある（労災31条2項）。

(2)　通勤災害該当性

　労災保険制度により保護の対象となる「通勤」とは，「労働者が，就業に関し……移動を，合理的な経路及び方法により行うこと」であって，業務の性質を有するものを除いたものと定義されている（労災7条2項）。また，労働者が経路を逸脱・中断した場合，その間と通勤経路に復帰した後も通勤とは認められない（労災7条3項本文）。ただし，逸脱又は中断が，日常生活上必要な行為であって，厚生労働省令で定めるものをやむを得ない事由により行うための最小限度のもの

図表4-6　羽曳野労基署長事件の通勤経路

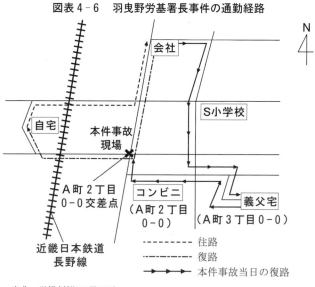

出典：労働判例920号85頁

である場合は，通勤経路に復帰したとき以降は通勤として扱われる（同項但書）。実際に厚生労働省令で定められている行為は，①日用品の購入，②職業訓練，③選挙権の行使，④病院又は診療所で診察・治療を受ける行為，⑤要介護状態にある配偶者などの介護であるが（労災則8条），例えば，交通事故が通勤経路に復帰しない時点で生じた場合には，それが夕食の材料を購入するためであれ，自宅と反対方向140m地点にある商店へ向かうために交差点を左折し，車に追突され即死したのが交差点からわずか約40mの地点であったとしても，「逸脱」中の事故であって通勤災害の保護は受けられない（札幌中央労基署長（札幌市農業センター）事件：札幌高判平元・5・8）。

　もっとも，義父宅を訪れて介護を行った後，徒歩で帰宅途中に遭遇した交通事故により負傷したという事案において，裁判所は合理的経路への復帰場所が交差点である場合には，交差点のどの部分でも合理的経路であり，交差点横断中の事故は合理的経路への復帰後のものであるとして通勤災害該当性を肯定した（羽曳野労基署長事件：大阪高判平19・4・18，⇨図表4-6）。なお，他に子供を監護する者がいない共稼労働者が託児所・親せき等に子供をあずけるためにとる経路などは，そのような立場にある労働者であれば，当然，就業のためにとらざるを得ない経路であるので，「合理的な経路」となるものと認められる（昭48・11・22基収644号）。

　他方で，通勤途中に第三者に故意に殺害された場合など，通勤がたまたま犯行の機会として選ばれたにすぎなければ通勤災害に該当しない（大阪南労基署長（オウム通勤災害）事件：最決平12・12・22，大阪高判平12・6・28。なお，1995年3月の地下鉄サリン事件では，特定の個人が標的になったものではないことなどを理由に，行政実務上，通勤災害と認められた）。また，5時間に及ぶ酒食をともなう社内会合後の地下鉄の駅での転落事故死について通勤災害該当性が否定された裁判例（国・中央労基署長（通勤災害）事件：東京高判平20・6・25），従業員会主催のバドミントン大会からの帰宅途中に発生した交通事故について通勤災害と認められなかった裁判例（国・米沢労基署長（通勤災害）事件：東京地判平22・10・4）もある。

⑶　通勤災害と単身赴任・マルチジョブホルダー

　かつて，住居（自宅）と就業の場所との間の往復以外の災害は通勤災害保護制度の対象とされてこなかったことから，単身赴任者の移動についてはどのように扱うかが問題とされた。行政解釈では，単身赴任者が「就業の場所」から家族の

図表 4 - 7　単身赴任者・複数就業者の場合の通勤災害による保護の対象

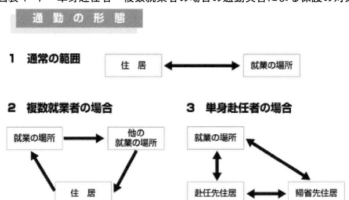

出典：https://jsite.mhlw.go.jp/ehime-roudoukyoku/hourei_seido_tetsuzuki/
rousai_hoken/hourei_seido/20702.html

住んでいる「自宅」に戻る間の災害について，「就業の場所」と家族の住む家屋との間の往復行為に反復・継続性が認められるときは，当該自宅を労災保険法 7 条 2 項に規定する「住居」として取り扱うものとするとされていた（平 7・2・1 基発39号）。他方，単身赴任先の「アパート」などから家族の住んでいる「自宅」に帰る場合や家族の住んでいる「自宅」から単身赴任先の「アパート」に帰る途中の災害については，通勤の要件である「住居」と「就業の場所」との間の往復行為とは認められず，原則として通勤災害とは認められてこなかったが，2006年 4 月 1 日施行の改正労災保険法で単身赴任者のいわゆる「住居間の移動」も通勤災害の保護対象とされた（労災 7 条 2 項 3 号。自家用車で家族が住む自宅から単身赴任先の社宅に向かう途中，事故によって死亡したという事案について通勤災害に該当するとして，労基署長の不支給処分を取り消した高山労基署長（通勤災害）事件：名古屋高判平18・ 3 ・15も参照）。

　単身赴任者と同様に，始業前や終業後に，別の会社でアルバイトなどをしている従業員である「複数就業者」（いわゆるマルチジョブホルダー）の場合，例えば，従業員が終業後にアルバイト先に直接向かう途中の災害も「住居と就業の場所との間」ではないため保護の対象外とされてきた。

　しかし，近時のマルチジョブホルダーの増加にともない，2005年の法改正によってこれらマルチジョブホルダーの事業場間移動についても通勤災害保護制度の対象とすることとされ（労災 7 条 2 項 2 号），いずれの事業場の労災保険を適用

するかについては，移動中は次の就業先の労災を適用することとされた。

　それではトピックで登場したCのように学校で授業又は講義を受けてからアルバイト先へ向かう途中でケガをした場合はどうだろうか。この点，学校は「就業の場所」とはいえないので（図表4-7「2　複数就業者の場合」参照），学校からアルバイト先へ向かう移動は，従来通り，通勤災害の保護の対象にはならないものと説明されている（労災保険情報センター2006：58）。

4　労災民事訴訟── 使用者の安全配慮義務

　「労災補償は，労働者を従属させて利潤を上げている『使用者』が，労働関係において『労働者』を被災させたことに対する使用者の社会的責任であって，一市民たる企業が加害者として負う市民法的責任ではない」。1(3)で述べたところである。しかし他方で，労災補償はその性質上，労働者・遺族が現実に被ったすべての損害を塡補するものではなく（補償金額は定率で決定されている），慰謝料も含まれていない。このような労災補償によりカバーされない損害を回復するため，先述のとおり労働者とその遺族には民法にもとづく損害賠償請求を行う道が用意されている。

　使用者に対する損害賠償請求は不法行為を根拠としてなされるのが通例であったが，今日，使用者は労働契約上「安全配慮義務」を負うとして同義務違反の債務不履行責任を追及する法理が定着している（中窪・野田2019：326-327）。

　安全配慮義務とは一般に，「労働者が労務提供のため設置する場所・設備もしくは器具等を使用し又は使用者の指示のもとに労務を提供する過程において，労働者の生命及び身体を危険から保護するよう配慮すべき義務」と定式化されている（川義事件：最判昭59・4・10）。今日では，労働契約法が「使用者は，労働契約に伴い，労働者がその生命，身体等の安全を確保しつつ労働することができるよう，必要な配慮をするものとする」と明文化している（5条）。

　それでは安全配慮義務の内容はどのようなものであろうか。例えばシステムエンジニアの脳幹部出血による死亡にかかるシステムコンサルタント事件（最決平12・10・13）では，使用者は「雇用契約上の信義則に基づいて，使用者として労働者の生命，身体及び健康を危険から保護するように配慮すべき義務（安全配慮義務）を負い」，「使用者として……高血圧をさらに増悪させ，脳出血等の致命的な合併症に至らせる可能性のある精神的緊張を伴う過重な業務に就かせないよう

にするとか，業務を軽減するなどの配慮をする義務を負う」（以上，東京高判平11・7・28）と判示されている。このように一口に安全配慮義務といっても，その内容は裁判所によって対象となる労働者ごとに判断され，一律に定めることはできない（特別加入をしていた一人親方大工の転落事故につき元請人の安全配慮義務違反が認められたＨ工務店（大工負傷）事件：大阪高判平20・7・30，和解で終了した事案であるが，過労事故死について使用者の安全配慮義務違反が認められたグリーンディスプレイ（和解勧告）事件（横浜地裁川崎支部決平30・2・8）も参照）。

　なお，慰謝料や入院雑費などの損害の填補を除き，労災保険からの給付と損害賠償とを調整する必要が生じることもある。労基法は84条2項で「使用者は，この法律による補償を行つた場合においては，同一の事由については，その価額の限度において民法による損害賠償の責を免れる」と規定しており，この事理は労災保険が労災補償責任を填補する制度であることから，労災保険と使用者の損害賠償責任との関係にも及ぶと考えられている（菅野2019：684）。

　ここで労基法・労災保険法・民法（労災民訴）の適用関係を整理しておこう。

---

① 　労災保険法の広範な守備範囲を前に，今日，労基法が単独でカバーする範囲は限られている。
　　例）休業時の最初の3日間の休業補償（労災14条⇨88頁），暫定任意適用事業
　　（労災3条⇨91頁）

② 　労基法と労災保険法からの補償・給付は「二重取り」ができないよう調整される。
→労基法84条1項は，この法律に規定する災害補償の事由について，労災保険法等に基づきこの法律の災害補償に相当する給付が行われるべきである場合は，使用者は補償の責任を免れると規定する。

③ 　労災保険法からの補償金額は定率であり，慰謝料も存在しないことから，わが国では別途，労災民訴の道が開かれている。
→但し，労基法84条2項により，労基法・労災保険法の補償・給付がなされた場合，使用者の損害賠償責任は「同一の事由については，その価額の限度において」免れる（不法行為により死亡した労働者の遺族が受給した労災保険法に基づく遺族補償年金は，逸失利益等の消極的損害の元本との間で，不法行為時に損害填補がなされたものとして，損益相殺的調整を行うべきとした最大判平27・3・4（フォーカスシステムズ事件）参照）。
→特別支給金（図表4-2⇨85頁）は被災労働者の療養生活の援護等によりその福祉を増進させるためのもので，損害の填補の性質を有するものではないため，

> 損害額から控除することは許されない（最判平 8・2・23（コック食品事件））。

以上のように，基本的に，労基法・労災保険法・労災民訴からの「三重取り」がなされないよう給付等が調整されることを確認しておこう。

5 「補償」・「保障」再論

先に，労災保険は今日，損害の穴埋めとしての「補償」を超えて，被災者である労働者（及びその遺族）に対する生活「保障」のための制度と化したのではないか，という見解を示した。そこで過労死にかかる労災認定については，被災者の基礎疾患に関わり，相対的有力原因説と共働原因説の対立があったことを紹介したが（96頁），最高裁判例を紐解くと，高校教師が安静を必要とする病状であったにもかかわらず，引き続き公務に従事せざるを得ないような客観的状況の下で公務に従事し，その結果，病状が悪化して死亡するに至ったという事案（「治療機会の喪失」と称される）で，相当因果関係説にたちつつ，「公務に内在する危険が現実化した」という表現（93頁参照）を使って被災者側を勝訴させるものもある（地公災基金東京都支部長（町田高校）事件最判平 8・1・23参照）。

ところで仮に，業務に内在する危険が具体化したかどうかが労災認定にとっての決定打ならば，その業務の性質を法的に（「本質的」に）解釈しさえすれば，その業務が他の労働者にとっても過重といえるかについての判断は不要ともなろう。いわゆる同僚概念（96頁参照）について，心臓に障害があった障害等級3級の労働者の過労死にかかる事件で本人基準説を採用したとされる裁判例（豊橋労基署長（マツヤデンキ）事件・名古屋高判平22・4・16）において，高裁は「少なくとも，身体障害者であることを前提として業務に従事させた場合に，その障害とされている基礎疾患が悪化して災害が発生した場合には，その業務起因性の判断基準は，当該労働者が基準となるというべきである」と判示し，最高裁（最決平23・7・21）もそれを維持したのであった。

2018年6月に働き方改革関連法案が成立したことに伴い，残業時間の罰則付き上限規制，5日間の有給取得の義務化，「勤務間インターバル制度」の努力義務化等がなされたが，かねてより「過労死が増えるのではないか」と懸念が表明されていた「高度プロフェッショナル制度」も導入されることになった。これを機に，ここでもう一度，労災保険は「補償」，いいかえれば労基法上使用者に課さ

れた損害の「穴埋め」の責任を社会保険という技術を用いて分散したものとみれば足りるのか，それとももう一歩踏み込んで，使用者が設定する従属的な状況下で働くうちに体がむしばまれるに至った被災者側の生活「保障」のための仕組みとみるべきなのか，ぜひ考えてみてほしい。

● STEP UP

　過労死認定基準を労災保険法の性質論から検討した文献として，近藤昭雄「労災保険の社会保障化と適用関係──『労働者』概念論議に即して」山田省三・石井保雄編『労働者人格権の研究　下巻　角田邦重先生古稀記念』（信山社，2011）391頁，小西啓文「労災認定にかかる学説・判例の再検討のための覚書」古橋エツ子・床谷文雄・新田秀樹編『家族法と社会保障法の交錯　本澤巳代子先生還暦記念』（信山社，2014）339頁があり，これらは本章の応用編といえる。また労働安全衛生についてはデイリー法学選書編修委員会編『事業リスク解消！労働安全衛生法のしくみ』（三省堂，2019）を参照していただきたい。なお，過労死の新たな認定基準について詳しくは労旬1995号（2021）の特集（過労死防止大綱見直し2021を受けて），副業・兼業については「季刊労働法」269号（2020）の特集（「副業・兼業の新段階」）を，労働法のいまをもう少し深く考えてみたいという読者は森戸英幸・小西康之『労働法トークライブ』（有斐閣，2020）を手にとってみて欲しい。

〈最新情報〉

　　新型コロナウイルスにかかる労災補償の考え方について，厚生労働省は「本感染症の現時点における感染状況と，症状がなくとも感染を拡大させるリスクがあるという本感染症の特性にかんがみ」，当分の間，「調査により感染経路が特定されなくとも，業務により感染した蓋然性が高く，業務に起因したものと認められる場合には，これに該当するものとして，労災保険給付の対象とする」という考え方を示している（基補発0428第1号令和2年4月28日）。

　　また，過労死等防止対策推進法に基づく大綱（過労死防止大綱）が2021年7月30日に閣議決定されたが，そこでもウイズコロナ・ポストコロナの時代におけるテレワーク等の新しい働き方への対応について啓発することが挙げられている。

5 雇用保険

トピック　退職してはみたものの……

Aさんは，大学を卒業し，かねてより希望していたB社に入社した。入社してちょうど2年たち仕事にも慣れたころ，B社を辞めて他の会社で仕事をしたいという気持ちが少しずつふくらんでいった。

そんなある日，Aさんは上司のCさんに「今月いっぱいで一身上の都合により退職します」と記載した退職願を提出した。Cさんには「まだ入社して2年くらいだから，もう少しがんばったらどうだ？」といわれたが，Aさんは「いえ，もう決めたことですから」と述べ，その月末に退職した。

転職先はすぐ見つかるだろうと思い，B社に在職中はまったく就職活動はしなかった。退職して1週間ほど経ってから転職先を探したが，なかなか見つからず，履歴書と職務経歴書を何通も書きながら，Aさんはあせりを感じ始めていた。すでにB社を退職してから1カ月経過しており，蓄えも底をつきそうなので生活費をどうすべきか考えなくてはならなくなった。

その後，かつての勤め先であるB社が倒産したという話をAさんは耳にした。Aさんより1年後輩で入社1年目であったDくんはどうしているかなと思っていたところ，Dさんから連絡があり，2人は久しぶりに会い，飲みにいった。居酒屋で，Dさんは「Aさん，これから仕事見つかるでしょうか？いまのような不況で仕事を探すのはなかなか大変じゃないかと思うんですよ」と不安を口にした。

その後1カ月の間にAさんは15社，Dさんは10社ほど入社試験を受けたが，いずれもいっこうに転職先は見つかりそうになかった。こうした状況で2人は不安になってきた。これから先どうしたらよいだろうか。

通常，失業者は基本手当を受給することができるので，B社が倒産して失業したDさんはすぐに受給することができるであろうが，「一身上の都合」によってB社を退職したAさんの場合には，基本手当をすぐに受給するのは難しいかもしれない。基本手当は失業時の所得保障であり，雇用保険法の中でもっとも中心となる給付である。

1 就職や雇用継続を支える給付 — 失業等給付

　雇用保険は，失業等給付，育児休業給付，雇用保険2事業（⇨コラム5-4）とに分かれ，さらに，失業等給付は4つに大別される（⇨図表5-1）。まず，失業等給付のなかでも求職者給付から見ていくこととしよう。

(1) 求職者給付

　労働者が失業した場合に，その者の生活の安定を図り，失業者の求職活動を容易にすることを目的とする給付である。求職者給付は，被保険者の種類（⇨3(2)）

図表5-1　雇用保険制度の概要

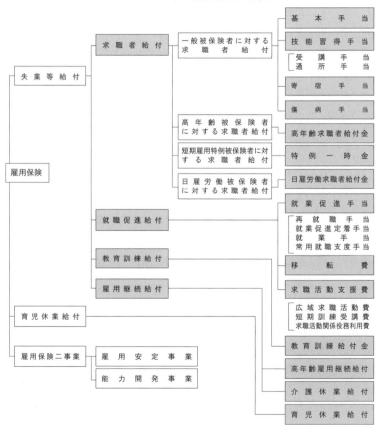

出典：ハローワークインターネットサービスホームページ
　　　https://www.hellowork.mhlw.go.jp/insurance/insurance_summary.html

によって給付が異なるので，以下では，被保険者の種類別に給付を見ていく。

(a) 一般被保険者に対する求職者給付

① 基本手当（雇保13条以下）

ⅰ）受 給 要 件

・被保険者が失業していること（雇保13条）　　基本手当は，一般被保険者（⇨3）が「失業した場合」に支給される。雇用保険法上，「失業」とは，「離職し，労働の意思及び能力を有するにもかかわらず，職業に就くことができない状態にあること」（雇保4条3項）をいう。

　以下では，同条のいう「離職」，「労働の意思」，労働の「能力」および「職業に就くことができない状態」の意味を見てみることとしよう。

　「離職」とは，「事業主との雇用関係が終了すること」（雇保4条2項）である。

　　「事業主との雇用関係が終了すること」には，解雇，企業の倒産や合併といった，労働者の非任意的な理由によるものだけでなく，辞職，定年退職，契約期間の満了，合意解約といった任意的なものを含めて，労働契約関係を終了させるものが広く含まれる（労務行政研究所2004：313）。

　　なお，2011年3月11日に発生した東日本大震災にともなう災害時の特例措置として，以下の者も基本手当を受給することができることとなった（事業所が災害を受けたことにより休止または廃止したために，休業を余儀なくされ，賃金を受けることができない者，災害救助法の指定地域にある事業所が，災害により事業を休止または廃止したために，一時的に離職を余儀なくされたが，事業再開後の再雇用が予定されている者）

　「労働の意思」とは，自己の労働力を提供して労働者として就職しようとする積極的な意思をいう。具体的には，公共職業安定所に出頭して，求職の申込みその他離職者自ら積極的に求職活動を行うことをいう（行政手引51202，労務行政研究所2004：316）。

　　労働の「能力」とは，労働に従事し，対価を得て自己の生活に資し得る精神的，肉体的および職業上の能力をいう（行政手引51203）。労働能力の有無の判定にあたっては，この精神的，肉体的能力をもって労働に従事しうるか否かを見るとともに，その者の家庭的状況その他の環境的な要素も考慮される（労務行政研究所2004：318）。

　　労働の意思や能力がないと判断される場合としては次のようなことが考え

られ，こうした事由に該当する場合には基本手当を受給することができない。病気やけが，妊娠・出産・育児のため，すぐには就職できないとき，定年などで退職して，しばらく休養しようと思っているとき，結婚などにより家事に専念し，すぐに就職することができないときである。

「職業に就くことができない状態」とは，公共職業安定所が離職者の求職の申込みに応じて最大の努力をしたが就職させることができず，また，本人の努力によっても就職できない状態をいう（行政手引51204）。

　「職業に就く」とは，「報酬等の経済的利益の取得を法的に期待しうる継続的な地位にある場合」をいい，「会社等の役員に就任した場合や自営業を始めた場合も含まれる」（岡山職安所長事件：広島高岡山支判昭63・10・13）。つまり，実際に何ら報酬等を受けなくとも，受ける可能性があれば「職業に就」いたこととなるので，基本手当は受給することができない。

・離職前2年間に被保険者期間が通算して12カ月以上あること（雇保13条1項）

　離職日前2年間（以下，「算定対象期間」という）に被保険者期間（ある月に，賃金支払いの対象となった日が11日以上，または賃金支払いの基礎となった時間数が80時間以上の場合，1カ月として計算される期間をいう。雇保14条）が通算して12カ月以上あることが必要となる。

　ただし，解雇・倒産等により離職した場合や期間の定めのある労働契約の更新を希望したにもかかわらず，更新されることなく離職した場合などには，算定対象期間は離職日から1年間となり，その間に被保険者期間が通算6カ月以上あればよいこととされている（雇保13条2項）。

・公共職業安定所に出頭し，求職の申込みをし，受給資格の決定を受けること（雇保則19条）　　基本手当の支給を受けようとする者は，住居地管轄公共職業安定所に出頭し，離職票（雇保則17条，離職証明書は3枚つづりとなっており，図表5−2における「離職票—2」）を提出する必要がある。離職票の提出を受けた住居地管轄公共職業安定所長は，その離職者が，基本手当の受給資格を有するか否か判断する。公共職業安定所長は，その離職者が，受給資格を有すると決定した場合には，失業の認定を受けるべき日（以下，「失業認定日」という）を定め，その者に知らせるとともに，受給資格者証に必要な事項を記載した上，交付しなければならない。このような基本手当の支給を受けることができる者を「受給資格者」という。

図表 5-2　離職理由の判断手続きの流れ

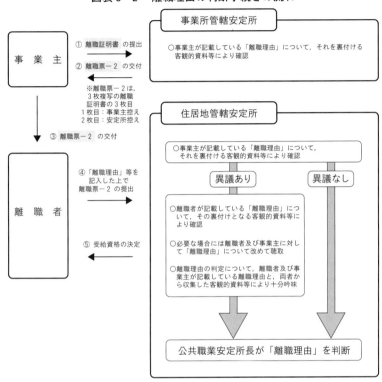

出典：ハローワークインターネットサービスホームページ
https://www.hellowork.mhlw.go.jp/insurance/insurance_basicbenefit.html

・**失業認定日に公共職業安定所に出頭し，失業の認定を受けること**（雇保15条）

　受給資格者は，失業認定日（離職後最初に出頭した日から4週間に1回公共職業安定所長が指定した日）に住居地管轄公共職業安定所に出頭し，失業の認定を受ける必要がある。失業の認定とは，公共職業安定所が受給資格者について，原則として前回の認定日から今回の認定日の前日までの期間（以下，「認定対象期間」という）に属する各日について，失業認定日にその者が失業していたか否かを確認する行為である（行政手引51201）。

　具体的には，受給資格者は，失業認定日に，住居地管轄公共職業安定所に出頭し，失業認定申告書に受給資格者証を添えて提出した上，職業の紹介を求めなければならない（雇保則22条1項）。認定対象期間中に，原則として2回以上の求職

活動の実績が必要となるが，離職理由による給付制限の期間とその直後の認定対象期間をあわせた期間中は，3回以上となる。求職活動実績として認められる求職活動は，就職しようとする積極的な意思を具体的かつ客観的に確認し得る活動であることが必要である。

　求職活動とは，求人への応募，公共職業安定所実施の職業相談，職業紹介等を受けたこと（各種講習・セミナーの受講），一定の民間職業紹介機関・労働者派遣機関による職業相談，職業紹介等を受けたこと，公的機関等（雇用・能力開発機構，高年齢者雇用開発協会，地方自治体，求人情報提供会社，新聞社等）の職業相談等を受けたこと（各種講習・セミナー，個別相談ができる企業説明会等の受講，参加など），再就職に役立つ各種国家試験，検定等の資格試験の受験（「失業認定の在り方の見直し及び雇用保険受給資格者の早期再就職の促進等について」平14・9・2職発0902001号）である。しかし，単なる職業紹介機関への登録，知人への紹介依頼，新聞・インターネット等での求人情報の閲覧等は含まれない。

　Aさんは，2年間B社で働いていたのであるから，基本手当を受給することができよう。ただし，待期期間を満了してすぐに受給するのは難しいだろう。一方，Dさんは，B社の倒産によって離職したため，Aさんと異なり，6カ月被保険者期間を満たしていればいいのであるから，Aさんと異なり，待期期間を満了すれば基本手当をすぐに受給することができるだろう。

　ⅱ）離職理由，給付日数，給付額と給付制限

　・**離職理由と給付日数**　　所定給付日数（受給資格に基づき基本手当の支給を受けることができる日数をいう。雇保22条）は，図表5-3で見るように，原則として，離職の日における年齢，被保険者であった期間，離職理由などに応じて，きめ細かく設定されている。

　基本手当を含む求職者給付は，離職者の再就職までの間の生活の安定を図るために支給されるものであるため，離職者の再就職の難易度に応じて支給されるべきであるという考えからである（労務行政研究所2004：484）。

　図表5-3①の「特定受給資格者」とは，次のような者をいう。

　「倒産」等により離職した者（雇保23条2項1号，雇保則34条）　　倒産（破産，民事再生，会社更生等の各倒産手続の申立てまたは手形取引の停止等）に伴い離職した者，事業所において大量雇用変動の場合（1カ月に30人以上の離職を予定）の届出がされたため離職した者，およびその事業所の従業員のうち，雇用保険

の被保険者の中で3分の1を超える者が離職したため，やむなく離職した者など

　「解雇」等により離職した者（雇保23条2項2号，雇保則35条）　　解雇（自己の責めに帰すべき重大な理由による解雇を除く）により離職した者，労働契約の締結に際し明示された労働条件が事実と著しく相違したことにより離職した者など

　また，「特定理由離職者」とは，期間の定めのある労働契約の更新を希望したにもかかわらず，更新されることなく離職した者，配偶者の転勤等の正当な理由のある自己都合により離職した者

　図表5-3①にあるとおり，特定理由離職者の所定給付日数は，特定受給資格者と同様になる。特定理由離職者は，2009年雇用保険法改正により設けられたものであり，当初は2012年3月31日までに上記の事由に該当する者が対象とされていたが，法改正により延長されることとなった。

　②は，①にも③にも該当しない者をいうが，合意解約や定年退職，辞職といった自らの意思または離職することがあらかじめ分かっていた者がこれに該当する。

　③は，一定の障害者など就職が困難な者が該当し（雇保則32条　障害者の雇用の促進等に関する法律に基づく身体障害者，知的障害者，精神障害者など），①や②に比べて給付が手厚くなっている。

　基本手当は，失業している日が，7日に満たない間（待期期間）は支給されない。また，受給期間（基本手当の支給を受けることができる期間をいう。雇保20条）が定められており，原則として，離職の日の翌日から起算して1年間に受給しなければならない。この期間が経過すると，たとえ所定給付日数が残っていたとしても，基本手当は受給することができなくなる。

　ただし，例外として，その1年間に妊娠，出産，育児等の理由により，引き続き30日以上職業に就くことができない場合には，受給期間が延長される。この延長期間は最長3年である（以上から，受給期間は最長で4年となる。雇保20条1項）。

・**給付額**　　賃金日額（被保険者期間として計算された最後の6カ月に支払われた賃金総額を180で除して得た額をいう。雇保17条）を算定した上で，基本手当日額表にあてはめて1日あたりの基本手当の額（基本手当日額）を算出する。基本手当日額は，賃金日額に応じて給付率が定められており，およそ50〜80％（60歳〜64歳については45〜80％）となっており，賃金の低い者ほど高い率となっている。

　個人の特殊な事情，地域の特殊な事情および失業時の雇用情勢によって，所定の給付日数分の基本手当の支給だけでは，失業者の生活保障として不十分なことがある。そういった場合には給付日数の延長がなされる（訓練延長給付（雇保24条），個別延長給付（雇保24条の2），広域延長給付（雇保25条），全国延長給付（雇保27条））。くわえて，2009年雇用保険法改正により，特定受給資格者や特定理由離職者のうち，期間の定めがある労働契約が更新されなかったことにより離職した

図表 5-3　所定給付日数

① 特定受給資格者および特定理由離職者（②および③に該当しない離職者）

（ただし，特定理由離職者のうち，配偶者の転勤等の正当な理由のある自己都合により離職した者であって，被保険者期間が離職前2年間に12カ月以上ある場合には，所定給付日数は特定受給資格者と同様とはならない。つまり，②となる）

区　分 ＼ 被保険者であった期間	1 年未満	1 年以上 5 年未満	5 年以上 10年未満	10年以上 20年未満	20年以上
30歳未満	90日	90日	120日	180日	—
30歳以上35歳未満	90日	120日	180日	210日	240日
35歳以上45歳未満	90日	150日	180日	240日	270日
45歳以上60歳未満	90日	180日	240日	270日	330日
60歳以上65歳未満	90日	150日	180日	210日	240日

② 特定受給資格者および特定理由離職者以外の離職者（③に該当しない離職者）

区　分 ＼ 被保険者であった期間	1 年未満	1 年以上 5 年未満	5 年以上 10年未満	10年以上 20年未満	20年以上
全年齢		90日		120日	150日

③ 就職困難者

区　分 ＼ 被保険者であった期間	1 年未満	1 年以上 5 年未満	5 年以上 10年未満	10年以上 20年未満	20年以上
45歳未満	150日	300日			
45歳以上65歳未満	150日	360日			

出典：ハローワークインターネットサービスホームページを一部修正
https://www.hellowork.mhlw.go.jp/insurance/insurance_benefitdays.html

図表 5 - 4　基本手当日額の上限額・下限額

（2021年 8 月 1 日現在）

基本手当日額の上限額		基本手当日額の下限額
30歳未満	6,760円	
30歳以上45歳未満	7,510円	2,061円
45歳以上60歳未満	8,265円	
60歳以上65歳未満	7,096円	

出典：筆者作成

者については，給付日数が延長される。

　なお，東日本大震災に対処するために2011年 5 月に制定された，東日本大震災に対処するための特別の財政援助及び助成に関する法律82条にもとづき，被災地域で離職した者には給付日数の延長がなされることとなった。

・**給付制限**　　以下の場合には，基本手当の支給が制限されることになる。

　職業紹介や職業訓練等を拒否した場合（雇保32条）

　受給資格者（前述した訓練延長給付，広域延長給付または全国延長給付を受けている者を除く）が，公共職業安定所の紹介する職業に就くことまたは公共職業安定所長の指示した公共職業訓練等を受けることを拒んだときは，その拒んだ日から起算して 1 カ月間は，基本手当が支給されない。

　自己の責めに帰すべき重大な理由による解雇のために退職した場合，または正当な理由がなく自己の都合によって退職した場合（雇保33条）

　一般被保険者が自己の責めに帰すべき重大な理由によって解雇され，または正当な理由がなく自己の都合によって退職した場合には， 7 日の待期期間満了後 1 カ月以上 3 カ月以内の間で，公共職業安定所長が定める期間は基本手当が支給されない（「雇用保険に関する業務取扱要領」の改正により，2020年10月より「正当な理由がない自己都合による退職」した場合の給付制限期間は 2 カ月となった。一般的には，退職願に「一身上の都合により」と記載する慣行が定着しており，「正当な理由」の有無を判断するために，こうした慣行を見直す必要があろう）。

　裁判例には，退職願に「一身上の都合」と記載して退職した労働者につき，本条 1 項にいう「正当な理由がなく自己の都合によって退職した場合」に当たるとして，基本手当を 3 カ月間不支給とした職安所長の処分が適法と認められた事例（新宿職安所長（京王交通）事件：東京地判平 4・11・20）がある。

　トピックのAさんは、「正当な理由がなく自己の都合によって退職した場合」に該当する可能性があるため、給付制限の対象となり、7日の待期期間満了後最大3カ月基本手当が支給されないおそれがある。

② 技能習得手当（雇保36条1項）　公共職業安定所長が指示した公共職業訓練等を受ける場合に、基本手当に加えて支給されるものであり、公共職業訓練等を受ける条件を整えるためのものである。基本手当が支給されない場合には、この給付も支給されない（同条3項）。

　これには、受講手当と通所手当がある。

ⅰ）受講手当（雇保則57条）　公共職業安定所長の指示した公共職業訓練等を受けた日に支給される。

ⅱ）通所手当（雇保則59条）　公共交通機関を利用する場合の交通費であり、以下の受給資格者に支給される。

・受給資格者の住所または居所から公共職業訓練等を行う施設への通所のため、交通機関または有料の道路を利用してその運賃または料金を負担することを常例とする者（同条1項1号）

・通所のため自動車その他の交通の用具を使用することを常例とする者（同条1項2号）

・通所のため交通機関等を利用してその運賃等を負担し、かつ、自動車等を使用することを常例とする者（同条1項3号）

③ 寄宿手当（雇保36条2項）　公共職業安定所長の指示した公共職業訓練等を受けるため、その者により生計を維持されている同居の親族（内縁の配偶者を含む）と別居して寄宿する場合に、その寄宿する期間支給される。

④ 傷病手当（雇保37条）　離職後、公共職業安定所に出頭し、求職の申込みをした後に、疾病または負傷のために15日以上職業に就くことができない場合に、基本手当に替えて支給される。

ただし、疾病または負傷のために公共職業安定所に出頭することができなかっ

図表5-5　再就職手当の支給率

基本手当の支給残日数	支給率
3分の2以上	70%
3分の1以上	60%

出典：筆者作成

た場合，その期間が継続して15日未満であるときには，出頭することができなかった理由を記載した証明書を提出することによって，失業の認定を受けることができる（雇保15条4項1号）。

(b)　高年齢被保険者に対する求職者給付

高年齢求職者給付金（雇保37条の4）　　65歳以上の失業者に対し，被保険者であった期間に応じて，基本手当の30日分〜50日分が一時金として支給される。

(c)　短期雇用特例被保険者に対する求職者給付

特例一時金（雇保38条1項）　　季節労働者に一時金として基本手当の30日分（ただし，2007年の雇用保険法改正によって，当分の間40日分とされる）が支給される。

(d)　日雇労働被保険者に対する求職者給付

日雇労働求職者給付金（雇保45条）　　日雇労働者（雇保42条）に対し，失業のつど1日単位で支給される。

(2)　就職促進給付

離職者の再就職を援助および促進することを目的とする給付である。

(a)　就業促進手当

① 就業手当（雇保56条の3第1項1号イ）　　受給資格者が，次の②の支給対象とならない常用雇用等以外の形態で就業した場合に，基本手当の支給残日数（就職日の前日までの失業の認定を受けた後の残りの日数）が所定給付日数の3分の1以上かつ45日以上あり一定の要件に該当する場合に支給される。

　　　　支給額＝就業日×30％×基本手当日額（一定の上限あり）

　　　　1日当たりの支給額の上限　　1,836円（60歳以上65歳未満は1,485円）

② 再就職手当（同条同項同号ロ）　　受給資格者が，安定した職業に就いた場合（雇用保険の被保険者となる場合や，事業主となって，雇用保険の被保険者を雇用する場合など）に，基本手当の支給残日数が所定給付日数の3分の1以上かつ45日以上あり一定の要件に該当する場合に支給される。

　　　　支給額＝基本手当の支給残日数×70％［60％］×基本手当日額（一定の上限あり）

　　　　1日当たりの支給額の上限　　6,120円（60歳以上65歳未満は4,950円）

③ 就業促進定着手当　　受給資格者で離職前の賃金と比べて，再就職後の賃金が低下した場合には，6カ月間職場に定着することを条件に，離職時の賃金と再就職後の賃金の差額6カ月分が支給される。

上限額＝基本手当日額×基本手当の支給残日数に相当する日数 ×40%

1日当たりの支給額の上限 6,120円（60歳以上65歳未満は4,950円）

④ 常用就職支度手当（同条同項2号） 受給資格者などで，身体障害者その他就職が困難な者として厚生労働省令で定める者が，安定した職業に就き，基本手当の支給残日数が以下の場合に支給される。

支給額＝基本手当日額（一定の上限あり）×90日［45日］×40%

1日当たりの支給額の上限 6,120円（60歳以上65歳未満は4,950円）

(b) 移転費（雇保58条） 受給資格者などが，公共職業安定所，地方公共団体や職業紹介事業者の紹介した職業に就くため，または公共職業安定所長の指示した公共職業訓練等を受けるため，その住所または居所を変更する場合に，公共職業安定所長が厚生労働大臣の定める基準に従って必要があると認めたときに鉄道運賃，船賃，航空運賃，車賃，移転料および着後手当（雇保則87条1項）が支給される。

(c) 求職活動支援費（雇保59条） 受給資格者などが，求職活動をする場合に，公共職業安定所長が，厚生労働大臣の定める基準に従って必要があると認めたときに支給されるものである。

① 広域求職活動費 公共職業安定所の紹介により広範囲の地域にわたる求職活動をする場合に，鉄道運賃，船賃，航空運賃，車賃および宿泊料（雇保則97条1項）が支給される。

② 短期訓練受講費 公共職業安定所の職業指導に従い，職業に関する教育訓練の受講その他の活動を行った場合に，支払った費用（入学料や受講料）が支給される。

③ 求職活動関係役務利用費 就職面接のための子の一時預かり費用等，求職活動を容易にするためのサービスを利用した場合に支給される。

2016年雇用保険法改正により，2017年1月から従来の広域求職活動費が拡充され，上記のようになった。

図表5-6 常用就職支度手当の支給日数

基本手当の支給残日数	支給日数
45日以上	90日
44日以下	45日

出典：筆者作成

(3) 教育訓練給付

労働者の主体的な能力開発を支援するためになされる給付である。

(a) 教育訓練給付金（雇保60条の２） 受講開始日現在で，雇用保険の被保険者であった期間（支給要件期間）が一定期間以上あるなど一定の要件を満たす雇用保険の一般被保険者（在職者）または一般被保険者であった者（離職者）が，厚生労働大臣の指定する教育訓練を受講し修了した場合，教育訓練施設に支払った教育訓練経費の一定割合に相当する額（上限あり）が支給される。

2014年雇用保険法改正により，2014年10月から以下の２つに再編された。

コラム 5-1　出産した後の働き方 ── 育児休業

　かつては，出産退社する者や結婚を機に退社する，いわゆる寿退社する者が少なからずいた。このような形で退職する者が多かった時代に比べ，育児しながら働くことのできる環境が現在整備されている。その仕組みの１つが育児休業である（保育所を利用することもできる。⇒6子ども支援）。育児介護休業法上，一定の要件を備えた労働者が育児休業を取得することができるが，基本的には正規従業員を対象としている。

　育児休業は，１歳未満の子をもつ労働者が，その子が満１歳になるまで取得することができる（育休５条以下。2016年の同法改正により，2017年１月から，「子」には特別養子縁組の監護期間中の子等も含まれることとなり，適用対象が拡大された）。ただし，2009年の育児介護休業法の改正によって，父母がともに育児休業を取得する場合には，子が１歳２カ月になるまで１年間育児休業を取得することができるようになった（通称「パパ・ママ育休プラス」）。また，保育所に入れない場合等には，最長で子が満２歳になるまで取得することができる。なお，育児休業期間中の健康保険および厚生年金の保険料は，被保険者分，事業主分ともに免除される（⇒1医療保障，3年金保険）。くわえて，2021年の同法改正によって，2022年10月に男性が子の出生後８週間以内に４週間まで２回にわたって分割取得できる出生時育児休業（産後パパ育休）が創設され，さらに，同月から従来あった育児休業も２回まで分割取得できるようになった。

　また，無給であるが，小学校就学前の子を養育する労働者は，子１人につき年５日（２人以上の場合は10日）まで看護休暇を取得することができる（育休16条の２以下）。

　育児休業取得率を男女別で見ると，2019年度の育児休業の取得率は，女性が83.0％，男性が7.48％である（厚生労働省（2021）。男性の取得率は年々高くなっているが，女性のそれと比べてかなりの開きがある

① 一般教育訓練の教育訓練給付金　　情報処理技術者資格，簿記検定等の職業能力向上を支援する講座を受講し，これら講座の受講開始日現在で 3 年以上被保険者であった者が受給することができるが，初回のみ被保険者期間 1 年で受給することができる。教育訓練経費の20%，10万円を上限として支給され，4,000円を超えない場合には支給されない。

電車内で語学学校の広告の下のあたりに「雇用保険の教育訓練給付金の支給対象となっています」といった記載を見かけることがある。従来の教育訓練給付金に当たるものであり，在職者や離職者のキャリア形成を促進するために設けられた給付であるが，給付の上限が教育訓練を受ける際にかかった費用の20%，10万円であることから，実際には労働者のキャリア形成に結びついているとはいいがたい給付である。

② 専門実践教育訓練の教育訓練給付金　　専門学校の職業実践専門課程，専門職大学院など，中長期的なキャリア形成を支援する講座を受講し，これら講座の受講開始日現在で10年以上被保険者であった者が受給することができるが，初回のみ被保険者期間 2 年で受給することができる。教育訓練経費の50%，年額40万円を上限として支給され，4,000円を超えない場合には支給されない（ただし，訓練期間は最長 3 年となるため，合計120万円が上限となる）。

さらに，上記の講座を受講してから 1 年以内に資格を取得したなどで就職に結びついた場合には，さらに教育訓練経費の20%が支給される。先に述べた教育訓練経費の50%と合わせて70%が支給されることになるが， 1 年間の受講費用の上限は合わせて56万円であり（訓練期間は最長 3 年となるため，合計168万円が上限となる），4,000円を超えない場合には支給されない。

(b)　教育訓練支援給付金　　2014年雇用保険法改正により，同年10月より新たに設けられた給付である（2022年 3 月31日まで）。

基本手当の受給期間を過ぎ，(a)②を受給することができる者のうち，受講開始

図表 5-7　高年齢再就職給付金の受給期間

基本手当の支給残日数	受給期間
200日以上	再就職後 2 年間
100日以上199日以下	再就職後 1 年間

出典：筆者作成

日現在で45歳未満の離職者など一定の要件を満たす者に教育訓練受講期間中に支給される。

　　支給額＝受講日×50％×基本手当日額（一定の上限あり）

⑷　雇用継続給付

　労働者の雇用の継続が困難となる事由が生じた場合に，給付を行うことにより，雇用の継続を図ることを目的とする給付である。

⒜　高年齢雇用継続給付

　①　高年齢雇用継続基本給付金（雇保61条）　　一般被保険者であった期間が5年以上ある被保険者が，60歳以降基本手当を受給せず，また，賃金が60歳到達

コラム 5-2　求職者支援制度の概要とその役割

　雇用保険の被保険者資格を満たすことのできない者（週の所定労働時間が20時間未満の者や31日未満の就労をコマ切れで繰り返している者）や所定給付日数分の基本手当を受給しても就職することができなかった者は，雇用保険がセーフティネットとなりえていない。かといって，補足性の原理により，生活保護を受給することは容易なことではないことから（⇨⑩生活保護），かねてより雇用保険と生活保護との間を埋める制度が求められていた。

　こうした状況を受けて，2011年5月に職業訓練の実施等による特定求職者の就職の支援に関する法律が制定され，同年10月から求職者支援制度が施行された。

　この制度は，基本手当を受給することができない求職者が，職業訓練による技能の向上を通じて早期就職を目指すためのものである。具体的には，認定職業訓練（同法4条2項に定める職業訓練をいう）や公共職業訓練を受けた特定求職者（①公共職業安定所に求職の申込みをしていること，②雇用保険の被保険者や受給資格者でないこと，③労働の意思と能力があること，④職業訓練などの支援を行う必要があると公共職業安定所長が認めたこと，のいずれをも満たす者）に対し，職業訓練受講給付金（職業訓練受講手当（月額10万円）および通所手当（上限あり））を支給するというものである。

　求職者支援制度がもうけられたことには大きな意義があるといえるが，上記給付金を受給することができるのは職業訓練を受講している間に限られ，また1度でも訓練を欠席したり，公共職業安定所による就職支援を拒否したりすると，不支給とされたり，返還命令が下されたりすることとなる。こうしたことから，この制度が，雇用保険と生活保護のはざまに落ちる者に対する受け皿となりうるとしても，その役割は限定的なものといえるだろう（こうした非正規労働者の問題について，詳しくは論点Ⅲ－2を参照）。

時点に比べて75%未満になった状態で就労している場合に，60歳以後の賃金額の15%相当額として支給される。賃金と高年齢雇用継続基本給付金とを合わせて，最大で60歳到達時の賃金額の75%を保障するものであり，65歳に達するまでの間支給される。

② 高年齢再就職給付金（雇保61条の2） いったん離職し，基本手当を受給した後に再就職した者が，安定した職業に就くことにより被保険者となり，その賃金が60歳到達時の賃金に比べて75%を下回る場合に支給される。基本手当の支給残日数が100日以上あることおよび被保険者であった期間が5年以上あることが必要である。

基本手当を受給したことが受給要件となるので，①と同様に一般被保険者であったことが必要となる。給付額は①と同じであり，65歳に達するまでの間支給される。このように，基本手当の支給残日数が100日以上必要であり，その日数と受給期間は図表5-7のような関係となっている。

(b) 介護休業給付 介護休業給付金（雇保61条の4）は，家族を介護するため介護休業を取得した一般被保険者であって，休業開始前2年間にみなし被保険者期間（休業を開始した日を被保険者でなくなった日とみなして，ある月に賃金支払いの対象となった日が11日以上ある場合に1カ月として計算される期間をいう）が通算して12カ月以上ある場合に支給される。

給付額は，2016年雇用保険法改正により，同年8月からは介護休業開始前の賃金日額の30倍の67%に相当する額である。休業期間中に，事業主から賃金を支給される場合で，その賃金と介護休業給付金との合計が，休業開始前の賃金の80%を超えるときは，その80%相当額から休業期間中に支払われた賃金を差し引いた額が支給される。

2 育児休業にからむ給付——育児休業給付

育児休業または出生時育児休業を取得した際になされる給付である。

(a) 育児休業給付金（雇保61条の7）

1歳未満の子（保育所に入れない場合等には最長で子が2歳になるまで延長可能）を養育するため育児休業を取得した一般被保険者であって，育児休業開始前2年間にみなし被保険者期間が通算して12カ月以上ある場合に支給される。給付額は，2014年雇用保険法改正により，同年4月からは育児休業開始日から180日までは

育児休業開始前の賃金日額の30倍の67％，それ以後は従来どおり50％（ただし，当分の間の暫定措置，それ以後は40％）に相当する額である。

ただし，育児休業期間中に，事業主から賃金を支給される場合で，その賃金と育児休業給付金との合計が，休業開始前の賃金の80％を超えるときは，その80％相当額から休業期間中に支払われた賃金を差し引いた額が支給される。

つまり，育児休業期間中は，休業前賃金の最大80％をその期間中に使用者から支給される賃金と育児休業給付金とで保障しようとする趣旨である。

従来，育児休業給付には，育児休業基本給付金（育児休業期間中に従前賃金の30％を支給）と育児休業者職場復帰給付金（育児休業を終了し職場復帰してから6カ月を経過したときに従前賃金の20％を支給）があったが，2010年4月以降に育児介護休業法上の育児休業を取得した者には，両給付金が統合された育児休業給付金が支給されることとなった。

コラム 5-3　大学での職業教育・職業訓練と学生の進路

　少子化による18歳人口の減少を背景として，大学間での学生獲得競争がさらに激しさを増す中で，大学教育の結果の1つといえる就職率の向上は各大学において至上命題といえるだろう。しかし，大学入学時点で明確な目的意識を持たない学生に対して，大学で職業教育を行うのでは遅いように思われる。もちろん，大学で一定程度の職業教育を行うことは重要であるが，それよりもっと前，義務教育の段階で子どもに対し，将来何になりたいか，どのように生きていきたいかといった将来像を示すことが必要であるように考えられる。

　もっとも，「キャリアデザイン」科目の設置等をとおした職業教育を大学が行っても，はたしてどの程度成果を出すことができるか疑問な点がある。というのは，学生は親の意向に大きく左右されることがあるからである。近年は地元から離れたがらない者が増えており，その背景には，子どもを手元に置いておきたい親の意向も少なからずあるものと思われる。あまり産業がない地域では正規雇用を求めても難しいことが多い。ゆえに，非正規労働者でもいいから，地元にいてほしいと望む親がおり，不本意ながらも非正規労働者になる者がいるのである。くわえて，新卒一括採用という世界でもきわめて特殊な仕組みが我が国で構築されていることから，学生はなりたい職業をまだはっきりと意識していない時期から卒業後の進路について考えなければならず，その場面に親の意向も反映されることになる。

　こうしたことから考えると，大学だけが学生の進路について取り組むだけでは不十分であり，学生の親の意識改革が必要になるのではあるまいか。

(b) 出生時育児休業給付金 （雇保61条の 8）

2021年法改正により，2022年10月に創設された給付である。子の出生日から 8 週間以内に 4 週間まで子を養育するため出生時育児休業を取得した男性一般被保険者であって，休業開始前 2 年間にみなし被保険者期間が通算して12カ月以上ある場合に支給される。給付額は，出生時育児休業開始前の賃金日額の30倍の67%に相当する額である。

ただし，出生時育児休業期間中に，事業主から賃金を支給される場合で，その賃金と出生時育児休業給付金との合計が，休業開始前の賃金の80%を超えるときは，その80%相当額から休業期間中に支払われた賃金を差し引いた額が支給される点は(a)と同じである。

育児休業給付は，もともと失業等給付のなかの雇用継続給付（⇨ 1 ⑷）の 1 つに位置づけられていたが，支給に要する費用が増大し，一般被保険者に対する求職者給付と同等の規模になったことから，2020年法改正によって雇用継続給付から独立し，その際に労働保険特別会計の中に育児休業給付資金が創設された。ただし，失業等給付から独立したとはいっても，かねてより存在している育児休業給付金の中身は法改正以前と同様である。

育児休業給付を設けた趣旨（雇用継続給付の 1 つである介護休業給付も同様）について，これまでは次のように説明されていた。すなわち，育児休業を取得した労働者は，休業を取得したために働くことができず，賃金の全部または一部を得ることができないこととなる。こういった状態をそのまま放置すれば，育児を行う労働者が，育児休業を取得することが難しくなり，結果として，雇用保険法が規定するさらに深刻な保険事故である「失業」に結びつきかねない。したがって，育児休業の取得を「失業」に準じた職業生活上の事故としてとらえ，雇用の継続を援助，促進するための給付を行うことにより雇用の安定を図ることは，雇用保険制度の趣旨に合致するとともに政策的必要性も極めて高いことから，雇用保険法でこうした給付を行うこととしたとされていた（労務行政研究所2004：755, 772）。

しかし，介護休業給付は依然として雇用継続給付の 1 つとされていることから，こうした説明が妥当するとしても，2020年の法改正により，育児休業給付は雇用継続給付から独立したことから，その趣旨は大きく変わったと考えるべきであろう。そう考えると，そもそも育児休業取得者への所得保障を雇用保険法で行うの

は妥当なのか検討を行うべきではないか。

3　保険関係

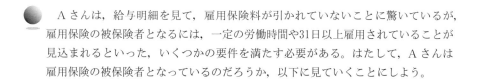

トピック　雇用保険に入れない？

　Aさんは，基本手当を受給しながら求職活動を行ったが，結局，所定給付期間内に就職することができなかった。やむをえず，自宅の近くにあるE社と契約期間が6カ月の有期労働契約（週の所定労働時間18時間）を締結して働き始めた。

　E社で働き始めて1カ月ほどだったころ，受け取った給与明細を見て驚いた。給与が前に勤めていたB社と比べて減ったからではなく（このことはあらかじめE社入社時にわかっていた），雇用保険料が引かれていなかったからであった。

　基本手当を受給しながら求職活動を続けてきただけあって，Aさんは雇用保険が重要であることは痛感していたので，就職すればB社のときのように，当たり前のこととして，雇用保険料が毎月の給与から引かれると思っていた。

　「あれっ，雇用保険料が引かれてないってことは，雇用保険に加入してないってことなのかな？」Aさんは不安になってきた。

　Aさんは，給与明細を見て，雇用保険料が引かれていないことに驚いているが，雇用保険の被保険者となるには，一定の労働時間や31日以上雇用されていることが見込まれるといった，いくつかの要件を満たす必要がある。はたして，Aさんは雇用保険の被保険者となっているのだろうか，以下に見ていくことにしよう。

(1)　保険者
雇用保険は政府が保険者となり，その事務を実施する（雇保2条1項）。

(2)　被保険者
被保険者は，「適用事業に雇用される労働者」である（雇保4条1項）。

　まず，「適用事業」とは，「労働者が雇用される事業」のことを指し，1人でも労働者がいれば強制適用になる（例外⇒4(1)）。「雇用される労働者」に該当するか否かは，契約の形式にかかわらず，実態で判断され，使用従属関係（⇒4労災補償）の有無によって判断される（所沢職安所長（飯能光機製作所）事件：東京高判昭59・2・29，池袋職安所長（アンカー工業）事件：東京地判平16・7・15，国・大阪

西職安所長（日本インシュアランスサービス）事件：福岡高判平25・2・28）。

被保険者は次のように分かれる。

(a) **短期雇用特例被保険者（雇保38条1項）**　季節的に雇用される者である。

(b) **日雇労働被保険者（雇保43条1項）**　以下に該当する日雇労働者（雇保42条）である。

① 適用区域に居住し，適用事業に雇用される者

② 適用区域外に居住し，適用区域内の地域にある適用事業に雇用される者

③ 適用区域外に居住し，適用区域外の地域にある適用事業で厚生労働大臣が指定したものに雇用される者

(c) **高年齢被保険者（雇保37条の2第1項）**　65歳以上の者であって，(a)と(b)のいずれにも該当しない者である。

また，2022年1月から「雇用保険マルチジョブホルダー制度」がはじまり，以下に該当する者が対象となる（雇保37条の5）。

① 複数の事業所に雇用される65歳以上の者

② 1つの事業所での1週間の所定労働時間が5時間以上20時間未満であること（雇保則65条の7）

③ 2つの事業所での所定労働時間を合計して，週20時間以上であること

(d) **一般被保険者**　(a)〜(c)以外の者がこれに該当する。

(3) 適用除外

次の者が適用除外となる（雇保6条）。

① 週の所定労働時間（所定就業時間（始業時から終業時までの時間）から休憩時間を引いた時間）が20時間未満の者（同条2号）

　　従来は「週の所定労働時間が30時間未満で1年以上の雇用が見込まれない者」は雇用保険に加入できないとされていたが，2010年雇用保険法改正により上記のとおりとなった。

　　トピックのAさんは，週の所定労働時間が18時間であり，適用除外に該当するため，雇用保険の被保険者になることができない。

② 同一の事業主に継続して31日以上雇用されることが見込まれない者（同条3号）

　　以下の場合には，契約期間が31日未満であっても，原則として，31日以上の雇用が見込まれるものとして，雇用保険が適用される。

ⅰ）労働契約に更新する場合がある旨の規定があり，31日未満で雇止めするとの明示がない。

ⅱ）労働契約に更新規定はないが，これまでに同様の労働契約により雇用された労働者が31日以上雇用された実績がある。

　このように，31日以上雇用が継続しないことが明確である場合を除き，この要件には該当せず，被保険者となる。

③　季節的事業に雇用される者であって，次のいずれかに該当する者（同条4号・38条1項）

ⅰ）4カ月以内の期間を定めて雇用される者（38条同項1号）

ⅱ）週の所定労働時間が20時間以上30時間未満である者（同条同項2号，平22・4・1厚生労働省告示154号）

コラム5-4　キャリア形成と職業訓練

　2007年の雇用保険法改正によって，従来の雇用保険3事業が，雇用保険2事業（雇用安定事業および能力開発事業）となった。

　雇用保険2事業は基本的には労働者などに何らかの給付を行うものではない。雇用保険法は，その前身である失業保険法と異なり，単に求職者の失業中に所得保障を行うにとどまらず，労働者のキャリア形成を促進し，労働者の雇用を安定させようという考えから，雇用保険2事業が規定されているのである。

　雇用安定事業（雇保62条）は，事業主に対する雇用調整助成金の支給などをとおして，被保険者，被保険者であった者および被保険者になろうとする者（以下，「被保険者等」という）に関し，失業の予防，雇用状態の是正，雇用機会の増大その他雇用の安定を図るために行われる。事業主に助成金等を支給することによって間接的に労働者の雇用の安定を図ろうとする事業である。

　能力開発事業（雇保63条）は，職業能力開発施設の設置運営等をとおして，被保険者等に関し，職業生活の全期間を通じて，これらの者の能力開発・向上の促進のために行われる。被保険者等のキャリア形成を促すことを目的としている。

　それ以外に労働者のキャリア形成にとって重要な職業訓練の基本事項を定めている法律として，職業能力開発促進法がある。この法律は，国，都道府県により設置される職業能力開発短期大学校，職業能力開発大学校などが実施する職業訓練を公共職業訓練と位置づけ，さらに，事業主が実施する一定の職業訓練を認定職業訓練とし，これと公共職業訓練は同等の水準のものであるとしている。

　また，同法96条で規定する職業訓練は，雇用保険2事業の能力開発事業として行うとされている。

④ 定時制の課程に在学する者等以外の大学等の学生(同条5号,雇保則3条の2)

⑤ 漁船に乗るためだけに雇用される船員 (同条6号)

⑥ 公務員 (同条7号,雇保則4条)

従来,65歳以降新たに雇用される者は,雇用保険法の適用除外となっていたが,高齢社会の到来を背景に,2016年雇用保険法改正により,従来の高年齢継続被保険者が,2017年1月から高年齢被保険者へと変わり,65歳以降新たに雇用される者も雇用保険法の被保険者となることになった。

4 労働保険の適用関係と財源

雇用保険は労働者災害補償保険 (⇨④労災補償) とともに労働保険と呼ばれ,労働保険料の徴収等に関する法律 (以下,「徴収法」という) によって,原則として一元的に保険料が徴収されている。

そこで,以下では雇用保険だけでなく,労災保険についてもまとめて見てみることとしよう。

(1) 適用関係

(a) 適用事業 原則として,労災保険も雇用保険も1人でも労働者がいれば強制適用になる (労災3条1項,雇保5条1項)。ただし,例外として農林事業・畜産・養蚕・水産の事業で労働者が5人未満の個人事業は暫定任意適用事業とされ適用除外となる (暫定任意適用事業については,その事業に使用される労働者の2分の1以上の同意があれば,適用される (労保徴附則2条2項3項))。

また,地方公務員・国家公務員など一部の者は,同様の制度が適用されるために適用除外となる。

(b) 一元適用と二元適用 原則として,労災保険と雇用保険の保険料の申告・納付等は両保険1本として行われる (一元適用)。ただし例外として,その事業の実態からして,労災保険と雇用保険の適用の仕方を区別する必要があるため,保険料の申告・納付等をそれぞれ別個に二元的に行う事業がある (二元適用)。

農林漁業・建設業等が二元適用事業で,それ以外の事業が一元適用事業となる。例えば,建設業では,元請,下請,孫請等の労働者が同じ場所で就労することが多いが,労災の加入は,下請や孫請等の労働者も含めて,元請が一括して行う一方,雇用保険の加入は,元請の労働者については元請が行うというように,各事業主が行うこととなる。こういったことから,建設業等は二元適用となっている

（なお徴収法が定める「数次の請負」および「元請負人」の解釈が争われた事例として，国（労働保険特別会計歳入徴収官東京労働局長）事件：東京地判平20・4・17がある）。

⑵　財　源

⒜　**保険料**　労災保険の保険料は全額事業主負担であり，労働者は負担しない。さらに，労災保険はメリット制（⇒④労災補償（労保徴12条3項））を採用しており，これがいわゆる「労災隠し」の原因になっているといわれる（被災労働者の遺族による労災保険給付の受給とメリット制による労災保険の保険料の増額との関係が問題となった事例として，大阪高判平28・11・29がある）。

　一方，雇用保険の保険料は，雇用保険2事業については事業主の全額負担であるが，失業等給付については事業主と被保険者が折半して負担する。

コラム 5-5　育児休業給付金の給付率

　育児休業給付金は，2014年雇用保険法改正までは育児休業期間のすべてに，育児休業開始前の賃金日額の30倍の50％が支給されていた。本文で述べたように，2014年4月から，育児休業開始日から180日間は育児休業開始前の賃金日額の30倍の67％が支給されることとなり，所得保障制度としては充実した。給付水準について，育児休業開始後180日まで支給される67％という率は，健康保険法上の出産手当金（標準報酬月額の3分の2相当額）を念頭に置いていることは間違いない。

　失業時における所得保障を行っていた失業保険法をその前身とする雇用保険法の給付水準を決めるには，失業時の所得保障の中心となる基本手当の給付水準との均衡を考慮に入れる必要があるのではないか。また，2014年法改正により育児休業開始前の賃金日額の30倍の67％が支給される期間は育児休業開始日から180日までであり，それ以後の期間は従来どおりの50％となる点も疑問である。財源上の問題から育児休業開始日から180日までは給付水準を引き上げることにしたのであろうが，育児休業を取得した者の状況は180日を境に大きく変わるわけではない。その点からいえば，2014年の育児休業給付金の改正は所得保障制度としては充実したと評価することができるが，中途半端なものとなったといえるのではあるまいか。

　育児休業給付金は休業前賃金をもとにしており，男女間の賃金格差があるために，男性労働者がこれら休業を取得するよりも女性労働者が取得したほうが，世帯における所得は高くなる。それゆえ，女性労働者が育児休業を取得することが多くなる。こうした問題については，男女間の賃金格差の是正はもちろん，育児休業の全期間につき従前賃金の67％を保障する必要があるといえるだろう（これら給付につき，健康保険法の傷病手当金を例に出し，従前賃金の60％を保障すべきとする説に水島2001：267頁がある。ただし，現在，傷病手当金は従前賃金の3分の2に引き上げられている）。

労災保険と雇用保険の保険料は労働保険料（次の3つから構成される）といい、原則として一括して徴収される。

① 一般保険料：事業主が労働者に支払う賃金総額を基礎にして算定される。
　　　　　　　労災保険・雇用保険双方に適用される。

　　　　　　　賃金総額　×　（労災保険率　＋　雇用保険率）

② 特別保険料：労災保険の特別加入者に対する保険料

③ 印紙保険料：雇用保険の日雇労働被保険者に対する保険料

(b)　国庫負担　　労災保険においては、原則として事業主が負担する保険料のみで給付がなされる一方、雇用保険では国庫負担がなされている（雇保66条）。

国庫負担は、求職者給付、雇用継続給付と育児休業給付になされる。これら給付に要した費用のうち、国庫が負担する割合は原則として次のとおりである。

図表5-8　雇用保険に関する国庫負担割合

給付の種類		負担割合
求職者給付	高年齢求職者給付金	なし
	日雇労働求職者給付金	3分の1
	上記以外の求職者給付	4分の1
雇用継続給付	高年齢雇用継続給付	なし
	介護休業給付	8分の1
育児休業給付		8分の1

出典：筆者作成

● STEP UP

本文で述べたように、2022年1月から65歳以上の複数就業者を被保険者とする「雇用保険マルチジョブホルダー制度」がはじまったが、近時、複数就業者やクラウドワーカーなどさまざまな働き方について、雇用保険法を含む社会保障法をいかに適用すべきかが議論されるようになっている。こうした問題に興味のある読者は、社会保障法36号（2021）のシンポジウム「『働き方の多様化』と社会保障法」に掲載されている各論文を手に取ってほしい。

◆最新情報◆

　2020年3月の通常国会で雇用保険法等の一部を改正する法律が成立し，本文で述べたように，その一部はすでに施行されているが，今後，高年齢雇用継続給付の段階的な縮小（2025年4月施行）が予定されている。

　くわえて，雇用保険制度の見直しについて，2022年1月に労働政策審議会職業安定分科会雇用保険部会から雇用保険法や職業安定法等の改正に関する報告書が出された。その報告書を踏まえて，法律案要綱が作成され，2022年の通常国会に雇用保険法等の一部を改正する法律案が提出された（雇用保険法の改正部分は以下のとおりである）。

1　受講指示の対象となる職業訓練の追加
2　事業を開始した受給資格者等に係る受給期間の特例
3　能力開発事業の改正
4　国庫負担の改正
5　基本手当の支給に関する暫定措置の改正
6　地域延長給付の改正
7　教育訓練支援給付金の改正
8　返還命令等の対象の追加
9　その他

6 子ども支援

> **トピック** 子どもが生まれたら
>
> 　先月，Ａ・Ｂさん夫婦には，初めての子どもＣくんが生まれた。Ｃくんが生まれるまで，小さな子どもの世話をしたことのなかったＡ・Ｂさん夫婦は，嬉しい反面，不安も抱えていた。Ｂさんは，出産のため産休をとり，そのまま育休をとっていたが，会社に行かず，１日中，Ｃくんと向き合う日々に戸惑いを感じ始めていた。そんなある日，Ｂさんのところに，保健師さんがやって来た。話しているうちに，子育てについて，いろんな情報を教えてくれ，相談にのってくれたので，Ｂさんの不安も少しは和らいだ。
>
> 　不慣れながらも，いろんな人に助けられ，子育てを楽しみ始めていた頃，隣の家から子どものひどい泣き声が聞こえてくるようになった。そういえば，こないだの保健師さんも，隣の方に会うことができないと心配していた。そんなある日，洗濯物を干そうとベランダに出てみたところ，隣から泣き声が聞こえた。そっとのぞいてみると，真冬だというのに，小さな女の子が震えながら裸足でベランダに立っていた。これって，虐待になるのだろうか？　そうだとしたら，どうしたらいいのだろう？

　　妊娠期の検診や相談対応，出産後の，乳児全戸訪問事業や地域子育て支援拠点事業等の子育て支援サービスは，生まれる前から子育て期までの切れ目のない支援を目指しており，これらが児童虐待の予防にもつながる。また，児童虐待が疑われる場合には，児童相談所等が介入し，調査をした上で，必要があれば児童を保護することもある。

1　子育て支援と児童虐待への対応

(1)　子育て支援

(a)　**妊娠期からの支援**　　健やかな出産のために，妊娠期には，妊婦健診の公費補助や保健師等による相談等，各種の支援がある。「子ども虐待による死亡事例等の検証結果等について（第 7 次報告）」において，日齢 0 日児の死亡事例が報告され，妊娠等について悩みを抱える者のための相談体制の整備を充実させる必

要があるという提言がなされた。妊娠等について悩みを抱える者が相談しやすい環境を整備し，相談機関が相互に連携する必要がある。

(b)　乳幼児健診　　出産後には乳幼児の健康診査の制度があり（母子保健12条，13条），それが，保健師に相談する機会や両親学級等の情報を得る機会にもなっている。また，妊娠時から出産後まで，親への支援とともに，子どもの発達状況や育児上問題となることがないかを確認する機会にもなっている。これらの健診が，障害等のスクリーニングとなり，早期支援につなげるきっかけともなる（⇒⑧障害者福祉3）。

(c)　乳児家庭全戸訪問事業（こんにちは赤ちゃん事業）　　生後4か月までの乳児のいるすべての家庭を訪問し，様々な不安や悩みを聞き，子育て支援に関する情報提供等を行うとともに，親子の心身の状況や養育環境等の把握や助言を行い，支援が必要な家庭に対しては適切なサービス提供につなげるという事業である（児福6条の3）。このようにして，乳児のいる家庭と地域社会をつなぐ最初の機会をつくることにより，乳児家庭の孤立を防ぎ，乳児の健全な育成環境の確保を図ることが目的とされている。

(d)　子育て支援拠点事業　　公共施設や保育所，児童館等の地域の身近な場所で，子育て中の親子の交流促進や育児相談等を実施し，子育ての孤立感，負担感の解消を図り，すべての子育て家庭を地域で支える取組である。

図表6-1　児童虐待への対応プロセス

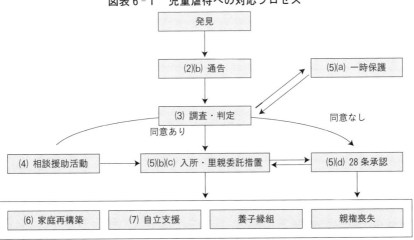

出典：筆者作成

　常設の子育て拠点を設け，地域の子育て支援機能の充実を図る取組を実施する一般型と，児童福祉施設等多様な子育て支援に関する施設に親子が集う場を設け，子育て支援のための取組を実施する連携型とがある。

(2) 児童虐待の発見

(a) 児童虐待とは　　児童虐待防止法では，保護者が監護する児童に対して，身体的虐待，性的虐待，ネグレクト（保護の怠慢や拒否），心理的虐待を行うことを児童虐待であるとしている（児虐2条）。たとえば，交際相手の女性の子どもに暴力をふるって怪我をさせたような場合，その行為は同法の規定する児童虐待には当たらない。しかし，このような場合であっても，保護者が交際相手の子どもに対する暴力を放置していれば，保護を怠ったとしてネグレクトが認められるであろう。このように児童虐待とは，保護者の行う行為であり，保護すべき子どもを身体的，性的，心理的に傷つけるもの，またはすべき保護をしない行為をいう。

　なお，2019年，児童福祉法及び児童虐待防止法の改正がなされ，親権者等が児童のしつけに際して，体罰を加えることその他，民法820条の規定による監護及び教育に必要な範囲を超える行為により当該児童を懲戒してはならない，とされた（2020年4月1日施行）。

　「令和2年における少年非行，児童虐待及び子供の性被害の状況」によると，検挙された児童虐待事件は2,133件であり，前年と比べ，161件増加した。また，児童虐待によって死亡した被害児童数は，61人であった。最悪の事態に陥る前に，何かできることはないのだろうか。

(b) 通告　　保護者のない児童または保護者に監護させることが不適当であると認められる児童を発見した者は，福祉事務所または児童相談所に通告しなければならない（児福25条）。したがって，トピックのBさんも，児童虐待を発見した場合には通告しなければならない。ただし，専門家でもないBさんの場合，これが児童虐待に当たるのかどうか不安に思うかもしれない。児童福祉法では「認められる児童」と規定している。つまり，虐待を受けているおそれがあれば，通告の対象となる。

　児童虐待への対応において，中心的な役割を担うのは児童相談所であるが，このように福祉事務所が通告先に指定されているのは，児童相談所に比べて数が多く，地域に密着しているからである。その他，児童虐待防止法では，児童虐待を発見しやすい立場にある者として，学校，児童福祉施設，病院その他児童の福祉

に業務上関係のある団体及び学校の教職員，児童福祉施設の職員，医師，保健師，弁護士その他児童の福祉に職務上関係のある者をあげている。このような仕事に携わっている者は，特に児童虐待を早期発見すべく努力しなくてはならない（児虐5条）。また，2007年1月23日，児童相談所運営指針等の改正等の措置を示した「児童虐待防止対策の強化について」（以下，「2007年通知」という）が出された。そこでは，虐待に関する情報については，すべて虐待通告として受理し，記録票に留めた上で緊急受理会議を開催するよう徹底することが示された。

　ところで，通告について，諸外国の制度をみると，通告を義務付け，通告を怠った際の罰則規定が置かれているアメリカのような制度もあれば，通告の義務規定を置いていないイギリスのような制度もある（岩井2002）。しかし，日本では，「通告しなければならない」と義務規定にはなっているが，通告しなかった場合の罰則規定は設けられていない。

(3)　調査・判定

　虐待を受けているおそれのある児童について，通告があった場合，通告を受けた福祉事務所または児童相談所は，必要に応じて当該児童の状況を把握しなければならない（児福25条の6）。その際，必要に応じて近隣住民，学校の教職員，児童福祉施設の職員その他の者の協力を得つつ，当該児童との面会等によって当該児童の安全の確認を行う（児虐8条1項・2項）。この際，福祉事務所は特に専門的な判断を必要とすると考えられる場合には，児童相談所に送致をするよう求められている。2007年通知では，安全確認に関する基本ルールが設定された。そこでは，48時間以内に安全確認をするという時間ルール，市町村においても安全確認を行うことの明確化などが示された。

　虐待が疑われる事例においては，子どもとの面会をさせない等，調査自体を親権者等に拒まれる場合がある。しかし，児童虐待が行われているおそれがある場合には，児童相談所（児福27条1項3号の措置を採る権限は，都道府県知事にあると規定されているが，実際には同法32条1項により，児童相談所長にその権限が委任されている場合が多い。そこで，ここでは児童相談所とする）は児童委員または児童の福祉に関する事務に従事する職員を派遣し，児童の住所または居所への立入調査をさせることができる（児虐9条，児福29条）。その場合，必要があれば警察の援助を求めることもできる（児虐10条）。したがって，トピックのBさんが通告を行った場合，通告を受けた機関はBさんやその他の関係者の協力を得つつ，事実の確

認を行うことになる。児童相談所は，調査を通して，緊急に保護する必要があるか，今後どのような対応がなされるべきかを示す処遇指針を決定する。

(4) 相談援助活動

福祉事務所は，(3)の調査により必要に応じて，児童相談所に送致する。児童虐待のおそれがある場合には，児童相談所が中心的な役割を担うことになるが，比較的軽度の虐待で，在宅での援助が可能な場合には，福祉事務所が家庭支援の相談活動を行うこともある。福祉事務所は，生活保護や母子生活支援施設への入所措置等の業務も行っているため，それら福祉事務所の行っている援助を活用することで，対応することができる。そのため福祉事務所では，家庭児童福祉に関する相談指導業務を強化させるために，家庭児童相談室の設置が進められている。

児童相談所は，18歳未満の児童に関するあらゆる相談を受け，地域住民や関係機関からの通告，福祉事務所や家庭裁判所からの児童の送致を受け，相談援助活動を行う機関である。児童相談所は，(3)の調査にもとづく処遇指針により，特に親子分離の必要が認められない場合には，在宅での助言指導やソーシャルワークや心理療法，カウンセリング等を行う継続指導等が行われる。2007年通知では，在宅の虐待事例について，状況の変化等のフォローのため，定期的に会議で検討することとされた。

また，2007年通知では，児童相談所と警察等の関係機関との連携体制の整備や要保護児童対策地域協議会の運営の強化についても示された。要保護児童対策地域協議会とは，2004年の児福法改正時に設置され，要保護児童の適切な保護を図るため，関係機関等により構成され，要保護児童及びその保護者に関する情報の交換や支援内容の協議を行う機関である。

(5) 親 子 分 離

施設への入所や里親への委託は，原則として親権者等の同意を得た上でなされる（児福27条4項）。このように親権者等が反対の意思を示している場合に，児童を分離することができないのは，民法の規定により，児童に対する監護等が，親権者等の権利と解されているためである。

虐待が疑われる事例の場合，親権者が虐待を否定し，施設への入所等に反対する場合が珍しくない。このような場合でも，児童相談所は親権者等に対して措置に関する情報の提供を行う等，積極的にケースワークを行い，できる限り親権者等の同意が得られるよう努力している。以下では，どのような方法で親子分離が

行われるのかを見てみよう。

(a)　一 時 保 護　　一時保護は，虐待等により緊急に児童を保護する必要がある場合の他，処遇指針を定めるために行動観察等を行う必要がある場合，短期間の入所により指導を行う必要がある場合に採られる。

　児童相談所長が必要があると認めた場合には，親権者等または児童自身の同意が得られないときでも，一時保護措置を採ることができる。また，(d)で述べる措置と異なり，家庭裁判所の承認を必要としない。これは，一時保護が施設入所等のように最終的に決定される処遇とは異なり，短期的なものであること，虐待のように迅速に児童を保護する必要がある場合が多いことから認められている。なお，2007年通知では，被虐待児の「きょうだい」である事例の場合，ハイリスク家庭として対応し，虐待の兆候が認められたときには，危険度が高いことを踏まえ，一時保護の実施を含めた積極的な対応を検討することを明確化するとされた。

　しかし，一時保護を行う際には，できる限り児童及び親権者等の同意を得ることが望ましい。また，一時保護期間も必要最小限に止められ，原則として 2 カ月を超えてはならない。この点，2017年の児福法改正により，親権者等の意に反して 2 か月を超えて一時保護を行う際には，家庭裁判所の承認を得なければならない，とされた。

　一時保護は，児童相談所長の判断で強制的に採ることもできる措置である。そのため，親権者等が不服の申立てができるよう，原則として書面で通知し，不服申立ての方法に関する教示を行う必要がある。しかし，緊急を要するやむをえない場合には，口頭で通知及び教示を行うことも許される。ただし，その場合にも一時保護後に，書面で通知及び教示を行う必要がある。

　一時保護は，原則として児童相談所に付設される一時保護所において行われるが，特に必要が認められる場合には，警察署，医療機関，児童福祉施設，里親その他の適当な者に一時保護を委託することができる。たとえば，警察が一時保護を必要とする児童を発見したが，児童相談所が直ちに引き取ることが難しい場合や，(d)で述べるような家庭裁判所の承認申立ての手続きのために時間がかかるため，一時保護所よりも児童養護施設等での保護が相応しい場合等が考えられる。

　調査や一時保護の結果，児童を家庭から分離する必要があると判断された場合には，(b)で述べる児童福祉施設への入所や(c)で述べる里親への委託等の措置が採られる（児福27条 1 項 3 号）。

(b) 施設への入所　児童相談所は，児童福祉法27条1項3号にもとづき，必要に応じて，児童を児童福祉施設に入所させなくてはならない。一方，児童福祉施設の長は，児童の入所措置について受託義務がある（児福46条の2）。つまり，児童相談所から児童の入所措置を受けると，正当な理由がない限り，それを断ることはできない。対象とされる施設には，乳児院，児童養護施設，児童自立支援施設がある。さらに，2008年児童福祉法改正により，小規模住居型児童養育事業が創設された（2009年4月施行）。なお，その他児童福祉施設には，母子生活支援施設，保育所（⇨2(2)），児童厚生施設，児童家庭支援センターが含まれる。

　児童相談所は，これらの児童福祉施設の長に対して，児童の保護のために必要な指示をし，報告をさせることができる。このように，児童相談所は，当該児童を施設に措置した後も，児童の処遇に関与することとなる。実際，多くの児童福祉施設では，年1回程度，児童の処遇に関する報告を行っているようである。

　児童が，児童福祉施設に入所すると，児童福祉施設の長は，児童に対する監護，教育及び懲戒に関し，その児童の福祉のために必要な措置を採ることができ，当該児童等の親権を行う者又は未成年後見人は，当該措置を不当に妨げてはならない（児福47条2〜4項）。また，親権者等のない児童については，児童福祉施設の長が親権を行使する。ただし，15歳未満の児童について養子縁組をする場合には，都道府県知事の許可が必要とされる（児福47条1項）。

　児童福祉施設の長は，この権限にもとづき，入所児童に関する面会，電話，手紙等の文書への対応を行う。(d)の手続きにもとづいて入所した児童については，児童福祉施設の長または児童相談所長が，児童虐待を行った親権者等との面会または通信を制限することができる（児虐12条）。さらに，親権者等の同意にもとづいて入所している場合であっても，児童の福祉を考慮して，当該児童との面会が望ましくない場合には，制限することができる。ただし，これらの制限は，児童の人権に配慮して行われる必要がある。当該児童と親権者等との交流は，(6)で述べる家庭の再構築のためにも必要

図表6-2　里親の種類

養育里親
家族と暮らせない子どもを一定期間，自分の家庭に迎え入れて養育する里親です。

養子縁組里親
養子縁組によって，子どもの養親になることを希望する里親です。

専門里親
養育里親のうち，虐待や非行，障害などの理由により専門的な援助を必要とする子どもを養育する里親です。

親族里親
実親が死亡，行方不明などにより養育できない場合に，祖父母などの親族が子どもを養育する里親です。

出典：厚生労働省HP

であるが，一方で虐待者である親権者等との面会を認めることで，当該児童がさらなる害を受けるおそれもある。そのため，当該児童や親権者等の状況を慎重に考慮した上で，判断する必要がある。

　また，児童福祉施設の長は，児童に対して懲戒を行うことができる。ただし，これはあくまで児童を心身ともに健やかに育成するために認められているのであって，懲戒の方法や程度が必要な範囲を超える場合には，懲戒権の濫用に当たるといえる。児童福祉施設の職員が，入所中の児童に対し，児童虐待防止法2条各号に掲げる行為やその他当該児童の心身に有害な影響を与える行為をしてはならないのはいうまでもない（児施基準9条の2）。懲戒権についても濫用を禁止されている。懲戒権の濫用については，児童に対し，身体的苦痛や人格を辱めるといった行為がそれに当たるとされている（児施基準9条の3）。具体例としては，殴る，蹴るといった身体的な侵害の他，長時間一定の姿勢をとるように求めることや食事を与えないこと，必要な睡眠を与えないこと，休息を与えずに長時間作業をさせること，施設を退所させるなどといって脅かす行為や性的な嫌がらせを

コラム 6-1　施設内虐待

　虐待を受けるのは，家庭内だけとは限らない。あってはならないことだが，保護されて入所した施設の中で，虐待が発生することもある。

　たとえば，千葉県の児童養護施設である恩寵園では，施設長による過度な体罰，虐待行為等が問題とされた。事件発覚後，恩寵園及び施設長，千葉県を被告として，損害賠償請求がなされた。千葉地裁は，施設長が行った暴行等が，児童福祉施設の長の正当な懲戒権行使の範囲内とはいえず，不法行為を構成し，同養護施設の長の養育監護行為が県の公権力の行使に当たる公務員の職務行為であるとして，その不法行為につき県に国家賠償法1条1項に基づく損害賠償責任を認めた（千葉地判平19・12・20）。その後，高裁，最高裁でも県の責任が認められた。

　児童福祉施設の長は，児童福祉法47条により，監護，教育及び懲戒に関し，その児童の福祉のため必要な措置をとることができると規定されている。しかし，その懲戒権については，児童福祉施設最低基準により，身体的苦痛を与え，人格を辱める等その権限を濫用してはならないとされている。しかし，本来子どもを保護する立場にある者による虐待が問題となることもある。このような状況を踏まえ，2009年の改正児童福祉法では，施設等における虐待を防止するため，児童養護施設等における虐待を発見した者の通告義務や通告があった場合の都道府県や都道府県児童福祉審議会等が講ずべき措置等に関する規定が設けられた。

する，児童を無視する行為があげられている。

　一方，特に児童養護施設や児童自立支援施設等の就学児童を対象とする児童福祉施設の長は，入所児童に対する就学義務を負っている。学校教育法において，親権者等は児童の就学義務を課せられている。そのため，児童福祉施設の長は，たとえ親権者等がいる場合であっても親権者等に準じて義務を課せられている。

　(c)　里親への委託　　里親への委託も，施設への入所と同様，原則として，親権者等の同意にもとづいて行われる。里親とは，都道府県知事の認定を受け，保護者のない児童または保護者に監護させることが不適当な児童を養育する者をいう（児福6条の3）。里親制度は，児童を個人の家庭において，家庭的環境の中で養育する制度である。欧米諸国では，被虐待児童の処遇に里親制度が積極的に活用されており，日本でも，家庭的な環境における養育が望ましいとの観点から，里親制度の積極的な活用が求められている。特に，父母が死亡した場合や父母が長期に渡って行方不明である場合等，家庭環境の調整には，活用が求められる。

　2008年児童福祉法改正により，里親制度は見直しがなされ，従来の里親の区分の変更や里親支援機関事業の法定化がなされた（2009年4月施行）。里親は，養育里親，専門里親，親族里親と養子縁組によって養親となることを希望する里親に分けられた。従来，養子縁組により養親となることを希望する者は制度上区別されていなかったが，これにより区別されることとなった。また，短期里親については，区分をなくし，養育里親の中に入れられた。里親の種類については，図表6-2の通りである。

　図表6-3にあるように，里親の登録数は増えているが，里親委託数はそれ以上に増加傾向にあり，社会的養護における里親のニーズは，高まっているといえる。

図表6-3　里親登録数及び委託児童数

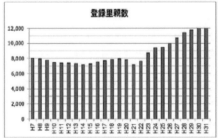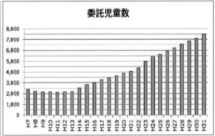

出典：厚生労働省HP

　従来，里親の権限や義務は法文上明らかにされてはいなかった。委託措置の変更が争われた事例において，里子を養育監護することは，里親である養育家庭の果たすべき義務であり，里親である地位を享有できる利益は法的保護に値するとされたものがあるが，その具体的な権限や義務は明確ではなかった（東京地判平3・2・12）。しかし，2005年児童福祉法改正により里親も児童福祉施設の長と同様の権限や義務があることが明文化された。

　(d)　**同意が得られない場合——家庭裁判所による承認**　親権者等の同意が得られない場合には，児童福祉法28条により家庭裁判所の措置の承認（以下，「28条承認」という）の申立てをすることになる。家庭裁判所は，承認審判において，児童を現に監護する者（虐待者）及び親権者等の陳述を聴かなければならない。また，児童が満15歳以上の場合には，児童の陳述も聴かなければならない（家審規19条）。家庭裁判所は，このように当事者の陳述や児童相談所の提出する資料，家庭裁判所調査官の調査を基に，判断を行う。その際，家庭裁判所が措置の必要

コラム 6-2　成年年齢の引き下げと児童福祉

　選挙権年齢等が18歳と引き下げられたのに続き，民法についても，成年年齢を18歳に引き下げるとともに，女性の婚姻開始年齢を18歳に引き上げる改正法が，2022年4月1日から施行された。

　成年年齢の引き下げは，他の制度にどのような影響を与えるだろうか。児童福祉法では，そもそも18歳未満の者を児童と規定していた。そのため，民法上「未成年」ではあるものの，児童ではなくなるという状態が生じている。未成年は，法律行為をする場合に法定代理人の同意を得なくてはならないが（民法5条），通常，その未成年の親権者である親が法定代理人となる場合が多い。児童虐待等により，親との問題を抱えている場合，親が，本人の利益になるように判断し，同意することが期待できないケースや，親との接触が望ましくないケース等もある。しかし，成年年齢が18歳まで引き下げられれば，本人が契約を結ぶことが可能になり，このような問題は解消されるかもしれない。

　一方，成年になってから締結した契約については，未成年取消権の行使はできなくなるため，若者の消費者トラブルが懸念されている。全国の消費生活センターに寄せられた相談をみると，これまでも未成年者に比べ20代の相談件数は多く，美容に関するサービスをめぐるトラブルや，オンラインカジノ，暗号資産等のいわゆる「儲け話」をめぐるトラブルが多いという。成年となった18，19歳も同様のトラブルに巻き込まれるおそれがあり，注意が必要である。

性のみを判断するのか，いかなる措置が適切かまで判断するのかは，法文上明らかではない。しかし，福岡高決昭56・4・28が，措置の適切性について判断すべきとの見解を示して以来，家庭裁判所は措置の種類を特定して承認する傾向にある。この特定については，児童の心身の状態によって，複数の種類の児童福祉施設のうちどの施設が適合するか見極めることが困難な場合または適合する児童福祉施設の種類が変化することが具体的に予測される場合には，理由を付して複数の種類を特定することもできるとの判断が示されている（東京高決平15・12・26）。

　児童福祉施設への入所措置や里親委託措置が採られると，児童福祉施設の長または里親は，監護，教育及び懲戒に関する権限を得るため，結果として親権を制限する効果をもつことがある。特に問題となるのは，親権者等が児童との交流を求めている場合や，児童の家庭への引き取りを求めている場合である。28条承認によって措置が採られた場合であっても，親権を失ったわけではないことから，従来，親権者等が親権を主張して児童の引き取りを強硬に主張したため，不適切な環境であるにもかかわらず，引き取りに応じることがあった。しかし，虐待の危険性のある家庭に児童を戻すことは適切ではない。そこで，行政解釈上，家庭裁判所の承認によって児童福祉施設の長の監護権等は，保護者の監護権に優先し，児童福祉施設の長は，親権者等による引き取りを拒否することができるとされた。また，児童虐待防止法でも面会・通信の制限ができることについて規定された（児虐12条）。親権者等が施設内で座り込みを行ったり児童が登下校する際に待ち伏せを行ったりすることにより，強引に引き取りを求めるような場合には，児童相談所に援助を求める必要がある。特に親権者等が加害行為に及ぶような場合には，警察とも連携をとりつつ，対応する必要がある。2008年の児童虐待防止法改正により，強制入所等の場合において，面会および通信の全部が制限されているときは，児童虐待を行った保護者に対し，当該児童の身辺へのつきまとい，またはその住居等の付近でのはいかいを禁止することを命ずることができるものとされた（児虐12条の4）。この命令の違反については，罰則が設けられている（児虐17条）。

　28条承認は，2005年の児童福祉法改正により，2年という期限が設けられた（児福28条2項）。承認期限後，なお措置の継続が必要と考えられる場合には，承認の更新を求める必要がある。

　(e)　親権の制限　　民法834条により，「父又は母による虐待又は悪意の遺棄が

あるときその他父又は母による親権の行使が著しく困難又は不適当であることにより子の利益を著しく害するときは，家庭裁判所は，子，その親族，未成年後見人，未成年後見監督人又は検察官の請求により，その父又は母について，親権喪失の審判をすることができる」と規定されている（2012年4月施行）。また，民法の改正により，2年以内の期間に限って，「父又は母による親権の行使が困難又は不適当であることにより子の利益を害するとき」には，親権を行うことができないようにする親権の停止制度が新設された（民834条の2，2012年4月施行）。

コラム6-3　児童の権利条約

　1989年11月20日，国連が採択した児童の権利に関する条約（以下，「児童の権利条約」という）は，1990年に発効し，日本は1994年に批准した。児童の権利条約は，前文と54条かなら成る。児童の権利条約では，従来の「保護の対象としての子ども」という捉え方から「権利主体としての子ども」へと変わったとされている（樋口1995）そのため，単に児童は保護を受けるという受身の立場にとどまらず，権利者として，自らの自由を主張する主体とされている。児童の権利条約の12条にある意思表明権に強く表れている。このように子どもの意思表明権を尊重することは，児童虐待を予防するという観点からも，重要といえる。

　児童の権利条約に規定されている権利は，憲法や児福法等の日本の国内法で既に保障されているものがほとんどであるが，この条約の締結により，児童の権利に関する意識を一層向上させるという効果はあったといえる。特に，児童虐待という場面においては，特に児童の権利の尊重が意識されるところであろう。児童相談所運営指針は，児童を保護する際に，児童相談所は当該児童に権利や苦情を主張する手続きについて説明を行い，児童の意向を尊重するよう求めている。前述した「子どもの権利ノート」は，児童の権利条約を反映する内容となっている。

　このように，児童の権利条約では，児童の権利について明確に示し，不当な対応を受けないことを規定する一方で，家庭の重要性についても考慮している。児童の権利条約の前文には，「家族が，社会の基礎的な集団として，並びに家族のすべての構成員，特に，児童の成長および福祉のための自然な環境」であるとしている。児童が家庭で愛情豊かに育てられる権利を認めているのである。そのため，児童の権利条約でも，親の意思に反して親から分離されないこと（9条1項），親から分離されている児童は定期的に親と接触する権利をもつこと（9条3項）が規定されている。児童の権利条約においても，児童に対する第一次的な養育責任は親にあり，国は親の養育を援助することが義務付けられているといえる（日本弁護士連合会1993）。

　このような親権の喪失や停止の請求を，児童福祉法では児童相談所長も行うことができると規定している（児福法33条の7）。たとえば，28条承認によって児童を施設に入所させたにもかかわらず，親権者が強引な引き取りを行い，児童に対して虐待を続けているような場合には，このような請求がなされることが考えられる。

　ただし，親権喪失の宣告がなされると，家庭の再構築（⇨(6)）が難しくなるため，児童相談所としても最後の手段と考えられており，請求件数も多くない。しかし，児童虐待防止や児童の保護の観点からも，最終手段であることを強調しすぎず，適切に運用されることが望ましいとされており（児虐15条），今後は，新たに創設された親権停止の制度も利用して，適切に活用されることが求められている。

　2021年4月発表の「親権制限事件及び児童福祉法に規定する事件の概況」によると，2020年1～12月において親権喪失が認容されたのは，30件であり，認容原因は，身体的虐待が6件，性的虐待が1件，ネグレクトが23件，心理的虐待が4件，その他が2件であった。また，親権停止が認容されたのは130件であり，認容原因は，身体的虐待が31件，性的虐待が5件，ネグレクトが77件，心理的虐待が30件，その他が27件であった。ネグレクトのうち，医療ネグレクトを原因とするものは，親権喪失では8件，親権停止については9件であった。

(6)　家庭再構築

　親子分離により，虐待のおそれから児童を保護した後も，さまざまな援助が継続される。児童相談所は，児童が養育を受けている施設や里親，児童，親権者等との連絡を続け，継続的に関与する。それによって，できる限り，児童を家庭に復帰させ，家庭を再構築させるための努力がなされる。

　児童相談所は，児童福祉施設や里親の下で養育を受けている児童に関し，施設に報告させることができる（児福30条の2，児童相談所運営指針）。これにより，児童相談所は，児童や親権者等の状況を知り，必要に応じて調査，診断，判定，処遇を行う。その上で，児童福祉施設や里親と連携をとりつつ，今後の児童の処遇や親権者等への対応を決める。

　親権者等から虐待を受けた児童は，身体的な外傷が治癒した後も，心理的な傷害を負っている場合が多い。施設の職員や里親との間で，信頼関係を築き，安定した生活を維持することが重要である。そのためにも，必要に応じて施設や児童

相談所の専門職による心理療法も行われる。

　一方，虐待者である親権者等に対する援助も行われる。虐待の再発を防ぐためには，虐待者への援助が重要となる。虐待者である親権者等は，児童の児童福祉施設への入所措置等が採られた場合には，指導を受けなくてはならない。もし，親権者等がこれを拒否した場合には，都道府県知事は指導を受けるように勧告することができる（児虐11条）。これらを踏まえ，児童虐待を行った保護者に対する指導及び支援の充実に資するよう「児童虐待を行った保護者に対する援助ガイドライン」がまとめられた（平20・3・14雇児総発第0314001号）。

　家庭の再構築のためには，虐待を受けた児童に対する保護のみならず，虐待者である親権者等に対する指導や援助も必要となる。児童相談所や児童福祉施設において，親権者等に対するカウンセリングを実施する等，児童に対する接し方についての指導を行うことによって，虐待が再び生じないように支援がなされる。

　このような援助を経て，当事者の状況が改善した場合には，徐々に家庭の再構築を試みることになる。たとえば，面会・通信の制限を行っていた場合には，親権者等や児童の状況を判断しながら，面会・通信を認め，親子関係の調整を図る。施設での面会や施設での宿泊，自宅への一時帰宅を通して，親子関係の回復を図り，家庭復帰を目指すことになる。

⑺　自立支援

　虐待により施設入所や里親委託がなされた場合，必ずしも家庭の再構築がうまくいくとは限らない。家庭再構築がうまくいきそうにない場合には，早期に養子縁組をすることも考えられるが，それも難しい場合，措置が終了したからといって児童に対する援助が途絶えてしまうのは適切ではない。従来から，多くの施設でアフターケアとして継続的な援助が行われていたが，児童の自立を支援するという観点から，すべての施設での取組みが必要である。継続的な援助には，自立後の児童からの相談を受けたり，施設側から児童に連絡を取ったり，場合によっては，児童自立生活援助事業による援助を行う（厚生省児童家庭局家庭福祉課1998）。児童自立生活援助事業とは，義務教育終了後，児童養護施設，児童自立支援施設等を退所し，就職する児童等に対し，これらの者が共同生活を営むべき住居において，相談その他の日常生活上の援助及び生活指導を行うものである。

　2009年改正児福法により，義務教育終了後の児童のほか，20歳未満の者が支援の対象として追加されていた。さらに，2016年改正児童福祉法により，2017年4

月より，大学等の就学者については22歳の年度末まで必要な支援を受けることができるとされた（児福6条の3）。

2 サービスの利用 （種類や内容）

【トピック】 同じ子育てなのに，利用するサービスが違う？

　Aさん，Bさん，Cさんは，大学時代から仲の良い友人である。ちょうど子育てのタイミングが重なったこともあり，ときどき，お茶でも飲みながら，子育てについて相談しあっている。

Aさん「子どもも大きくなったし，幼稚園に預けようと思って探しているところなのよ。」

Bさん「私は，そろそろ仕事に復帰するから，今度の4月から保育所に預けることになったわ。」

Cさん「私は，先月仕事に復帰したんだけど，保育所に入れなくて，小規模保育に預けることにしたの。」

　同じ子育てをしている3人なのに，どうやら違うサービスを利用することになりそうである。これは，一体どういうことなのだろうか？

　子ども・子育て支援法により，教育・保育施設を利用する場合は，施設型給付が，家庭的保育事業や小規模保育のように，個人や比較的規模の小さい保育施設を利用する場合には，地域型保育給付が支給されることとなった。各家庭や地域の状況に応じて，未就学児童に幼稚園や保育所，小規模保育でのサービスが提供される。

　2015年4月施行の子ども・子育て支援法により，児童福祉法も改正された。子ども・子育て支援法19条では，教育・保育を利用する児童について，1号〜3号の認定子どもの3つの認定区分が設けられ，これに応じて施設型給付がなされることとされた。

　まず，1号認定子どもは，満3歳以上の小学校就学前の子どもであって2号認定子ども以外をいい，教育標準時間を給付の対象としている。つまり，トピックのAさんのように，幼稚園に預ける場合には，この給付の対象となる。次に2号認定子どもとは満3歳以上の小学校就学前の子どもであって，保護者の労働又は疾病その他の内閣府令で定める事由により家庭において必要な保育を受けること

が困難であるものをいい，保育短時間又は保育標準時間を給付の対象としている。3号認定子どもとは，満3歳未満の小学校就学前の子どもであって，保護者の労働又は疾病その他の内閣府令で定める事由により家庭において必要な保育を受けることが困難であるものをいい，保育短時間又は保育標準時間を給付の対象としている。

(1)　教育・保育施設

(a)　幼　稚　園

幼稚園は，学校教育法に規定される学校であり，「義務教育及びその後の教育の基礎を培うものとして，幼児を保育し，幼児の健やかな成長のために適当な環境を与えて，その心身の発達を助長することを目的」とする施設と

図表6-4　施設型給付と「地域型保育給付

出典：内閣府『子ども・子育て支援新制度なるほどBOOK（平成28年4月改訂版）』

されており，幼稚園教諭が保育を実施する（学校教育法22条・27条）。幼稚園での保育内容等については，幼稚園教育要領において示されている。幼稚園教育要領とは，文部科学省が作成している適切な教育活動を行うための基準である。

幼稚園には，満3歳から，小学校就学の始期に達するまでの幼児が入園することができる。トピックのAさんの子どもは，3歳になったため，幼稚園への入園を考えたのであろう。

(b)　保　育　所

保育所は，児童福祉法に規定される児童福祉施設の一種で，「保育を必要とする乳児・幼児を日々保護者の下から通わせて保育を行うことを目的とする施設（利用定員が20人以上であるものに限り，幼保連携型認定こども園を除く。）」とされており，保育士が保育を実施する（児福39条・18条の4）。

市町村は，知事に届出をするだけで保育所の設置が可能であるが，国・地方公共団体以外の者が保育所を設置しようとする場合には，都道府県知事の認可が必要とされている（児福35条4項）。

　保育所での保育内容等については，保育所保育指針において示されている。保育所保育指針とは，厚生労働省が作成している保育の指針である。

　市町村は，児童福祉法及び子ども・子育て支援法の定めるところにより，保護者の労働又は疾病その他の事由により，その監護すべき乳児，幼児その他の児童について保育を必要とする場合において，次に述べるところによるほか，当該児童を保育所において保育しなければならない（児福24条1項）。さらに，市町村は，保育を必要とする児童について，認定こども園又は家庭的保育事業等により保育を確保するための措置を講じなければならないとされた（児福24条2項）。

　このように，保育所は，保育を必要とする児童に保育サービスを提供する施設である。保育を必要とする場合については，施行規則において，労働や疾病，介護，求職活動中等の事由が挙げられている（育援規則1条）。トピックのBさん，Cさんの家庭のように，共働きで，他に子どもの面倒をみてくれる人もいないような場合には，「保育を必要とする」児童ということになる。「保育に欠ける」という状況は，客観的に存在し，その認定は羈束裁量であるため，司法審査になじむとする考えが有力とされてきたが（東京地判昭61・9・30），改正後の「保育を必要とする」状態も，同様であると考えられよう。

(c) 認定こども園

　認定こども園は，多様化する未就学児の教育，保育のニーズに対応するために設立された施設である。

　認定こども園法は，2012年に改正され（2015年4月から施行），認可・指導監督が一本化され，学校及び児童福祉施設として法的位置づけをもつ単一の施設として，新たな幼保連携型認定こども園が創設された。児福法39条の2が新設され，幼保連携型認定こども園は，「義務教育及びその後の教育の基礎を培うものとして満3歳以上の幼児に対する教育及び保育を必要とする乳児・幼児に対する保育を一体的に行い，これらの乳児又は幼児の健やかな成長が図られるよう適当な環境を与えて，その心身の発達を助長することを目的とする施設」とされた。幼保連携型認定こども園には，学校教育と保育を担う職員として保育教諭が新たに置かれる。

(2) 地域型保育事業等

　教育・保育施設での保育の他，家庭的保育，小規模保育，居宅訪問型保育，事業所内保育事業といった地域型保育もある（育援7条）。

　家庭的保育事業とは，保育を必要とする乳児又は幼児であって満3歳未満のもの（保育の整備状況や地域の事情によっては，満3歳以上の幼児も含む）について，家庭的保育者の居宅その他の場所において，家庭的保育者による保育を行う事業のうち，利用定員が5人以下のものをいう（児福法6条の3第9項1号）。

　家庭的保育事業については，2008年の児福法改正により，児福法上明文化されていた。家庭的保育事業の実施に関する部分については，2010年4月より施行され，家庭的保育事業は保育所の補完的な役割を担うことが法律上明確にされるとともに，家庭的保育事業に対する都道府県の指導監督権限が強化された。さらに，子ども・子育て支援法にもとづき，地域型保育事業の1つとして児福法上位置づけられた。

　これまで，保育所のような施設型の保育サービスが中心とされてきたが，近年，保育者の居宅等で保育サービスが提供される家庭的保育が注目を集めている。

　家庭的保育には，各家庭や子どもの状況に応じた個別的で柔軟な対応が可能であり，適切なリズムや兄弟関係に近い仲間関係を経験することにより，集団生活への移行がスムーズになる可能性があるといったメリットがあげられている。一

コラム6-4　保育事故

　保育の委託を受けた私立保育所に入所していた児童に事故が起きた場合，市町村は国家賠償責任を追及されるのかという点が問題とされている。この点について，私立保育所の保育士の行う業務それ自体は公権力の行使にはあたらないとして，国家賠償責任を否定したものがある（浦和地熊谷支判平2・10・29）。

　これに対して，認可外保育施設における虐待について，県の指導監督権限の不行使に基づき，県に国家賠償責任を認めたものが出されている（高松高判平18・1・27）。認可外保育施設については，一時，いわゆるベビーホテルにおける事故が社会問題化していた。そこで，1981年の児福法改正によって，厚生大臣（現厚労大臣）及び都道府県知事に，認可外保育施設に対しても報告徴収，立入調査の権限が与えられた。その権限の不行使を問われたものである。さらに最近では，保育ママによる虐待について，世田谷区の国家賠償責任を認めたものが出されている（東京地判平19・11・27）。このように，認可外保育施設や2008年児福法改正以前の保育ママに関しても，行政の責任を問うことのできる可能性があることが示されている。このような行政の監督責任については，子ども・子育て支援法の施行による制度変更後も問える可能性はあるだろう。

方，デメリットとしては，保育者個人の資質や人間性による影響が大きいこと，保育者が1人の場合の密着性，孤立性，休暇取得の困難性などがあげられている。そこで，これらのデメリットを解消するために，保育者への援助体制の整備や保育所との連携，保育者の身分や待遇の保障，子どもの健康への支援，地域の資源の充実とアクセシビリティの拡大，保育者や子どもとの関係調整のできる第三者機関の設置が必要とされている。

　その他，小規模保育事業とは，利用定員が6人以上19人以下の保育施設において保育を行う事業，居宅訪問型保育事業とは，保育を必要とする乳児又は幼児の居宅において家庭的保育者による保育を行う事業，事業所内保育事業とは，主に事業主が雇用する労働者の監護する乳児又は幼児等に対して，一定の施設において保育を行う事業をいう。家庭的保育事業以外の保育事業については，新たに法規定が設けられた。また，多様な就労形態に対応する保育サービスの拡大を行うために，企業主導型の事業所内保育事業を主軸として，企業主導型保育事業が進められている。一般事業主からの拠出金で運用されており，企業が単独で設置する単独設置型，一つまたは複数の企業により共同で利用する共同設置・共同利用型，保育事業者が設置した施設を一つまたは複数の企業で利用する保育事業者設置型がある。

3　サービスの利用関係

(1)　教育・保育の利用時間の認定

　小学校就学前の子どもの保護者は，子どものための教育・保育給付を受けようとするときは，市町村に対し，その資格があることについて，認定を申請する（育援20条1項）。市町村は，保育の必要があり，2号又は3号認定子どもと認められるときには，保育必要量の認定を行う（育援20条3項）。

　子ども・子育て支援法にもとづく改正前は，保育に欠ける児童を有する保護者が入所を希望する保育所等を記載して，市町村に保育サービス提供を申し込み，これにもとづき必要な要件に合致する場合に，市町村が保育所における保育を行うこととされており，この申込みとそれに対する承諾について，行政解釈では，市町村と保護者とは契約関係であるとされていたが，学説上は，保育所入所に関する決定に不服がある場合には，行審法にもとづく不服申立てができること等から，従来と同様に行政処分と解するものが有力であった（堀1997：179）。子ど

も・子育て支援法にもとづく新制度における保育の必要性の認定についても，行政処分といえるのではないかと考えられる。

(2)　利用調整

少子化が進む中でも，トピックのBさんのように職場復帰を望む女性が増えている現代社会では，保育所への入所希望者は増えている。そのため，入所を希望しており，入所要件に該当している場合でも保育所に入所できない児童がいる。

市町村は，保育の需要に応ずるに足りる保育所，認定こども園（子ども・子育て支援法第27条第1項の確認を受けたものに限る。）又は家庭的保育事業等が不足し，又は不足するおそれがある場合その他必要と認められる場合には，保育所，認定こども園（保育所であるものを含む。）又は家庭的保育事業等の利用について調整

コラム 6-5　　保育所民営化

保育所は，設置・管理運営の主体によって，公設公営のもの，公設民営のもの，民設民営のものに分けることができるが，保育所の民営化としては，公設公営の保育所の管理や運営を委託する場合と，公立保育所自体を廃止し，土地・建物等を民間の法人等に無償貸与したり，有償譲渡したりする場合とがある。

最近，全国各地で，このような民営化が進められている。そのうち，大阪府の3つの公立保育所と横浜市の4つの公立保育所では，その廃止が裁判で争われている。各市は，入所児の保護者の反対を押し切って条例改正をし，公立保育所を廃止するとともに，同じ敷地と建物を新しく私立保育所として設置したのである。そこで，条例の改正によって入所している保育所から退所させられるのは違法であるとして，公立保育所廃止処分の取消しを求めるとともに，執行停止の申立てをした。

ここでは特に高石市東羽衣保育所の事件（大阪高判平18・1・20）についてみてみよう。2000年9月，高石市が公立保育所を民営化すると発表したところから，この事件は始まった。高石市は，地方税法改正等による大幅な税収減の影響により，急激に財政が悪化したとして高石市行財政改革実施計画を策定した。その実施計画の1つに，効率的，効果的な保育所運営を図るとともに，多様化する保育需要に対応した保育施策を進めるため民間活力の導入を図るとして，公立保育所を民営化することが挙げられていた。保護者らは，有権者の4割以上の署名を集めて市議会に反対の請願署名を提出したが，不採択とされた。そこで，法定数の5倍以上の署名を集め，住民投票条例制定の直接請求をしたが，これも否決され，そのまま，公立保育所の廃止条例が制定，廃止処分が出されたのである。

本判決では，地方公共団体には，公の施設の設置・管理・廃止につき広範な裁量権があり，本件における保育所廃止には裁量権の逸脱・濫用はないとされた。

を行うとともに，認定こども園の設置者又は家庭的保育事業等を行う者に対し，保育を必要とする児童の利用の要請を行うものされている（児福法24条3項）。

2015年改正前においても，「保育に欠ける」児童が供給できる保育量を超える場合，選考が行われてきた。この選考の基準については，1997年の児童福祉法改正以前の事例ではあるが，行政手続法上の審査基準としたものがある（大阪地判平14・6・28）。審査基準は，できる限り具体的に審査基準を定め，原則として適当な方法で公示することが定められている（行手5条）。保育所入所の選考の基準が審査基準であれば，どのような基準で入所の優先順位が決められるかを具体的に定め，利用者がみられるようにする必要がある。選考においては，従来から就労の状況などが考慮されているようであるが，2003年に厚生労働省は特に母子家庭等の児童が保育を必要とする場合には，優先して取り扱うように通知を出している（ひとり親家庭への支援については，⇨⑦家族支援4）。

2015年改正法では，待機児童が多い自治体に限らず，すべての自治体の保育の利用について，保育の実施義務を有する市町村が利用調整を行うとされている。この利用調整は，行政処分とされており，これに対する行政不服審査の申立ても行われている。

ところで，保育所の定員を上回る需要があることを理由に，保育所への入所を不承諾とする処分に対して，当該不承諾処分または保育所に入所させるための措置をとらなかった不作為の違法性が争われた（東京高判平29・1・25）。判決では，改正前及び改正後の児福法24条1項は，市町村が，保育所における保育の実施義務を負っているものの，すべての児童が入所できるだけの保育所の整備を一義的に義務付けているとまでは解しがたいとした。

(3)　利用可能な施設のあっせん，要請

保育所は，市町村の設置管理する施設である場合，保育サービスを提供する者と保育の必要性を認定する者とが一致する。しかし，当該市町村以外の者が保育所等を設置管理している場合，保育の必要性を認定した市町村は保育サービスの利用支援やあっせん，保育提供者に利用の要請をすることとなる。保育所又は認定こども園の設置者，家庭的保育事業等の実施者は，これらにできるかぎり協力しなければならないとされている（児福46条の2）。

施設には応諾義務があり，正当な理由なく委託を拒否できない。従来，正当な理由には，受け入れのための余力がないことや，当該児童に伝染性疾患があるた

め他の入所児童に感染するおそれがあること，その施設の性質から見て引き受けることができないこと等があげられていた（児童福祉法規研究会1999：330）。また，一定の障害を有する児童に対して，適切な保育を確保することが困難であることを『やむを得ない事由』として，保育所への入所申込みを承諾しなかった事例があった。この事例では，障害者であるからといって一律に保育所における保育を認めないことは許されないとし，保育所への入所を承諾するよう義務付けられた（東京地判平18・10・25）。また，重度障害児に対して，保育の実施が不可能との理由から，市町村が入所を拒否した事例において，その他の適切な保護を行わなかったとして国家賠償を認めたものがある（さいたま地判平16・1・28）。このような最近の動向は，行政に対して障害児保育に関する一定の努力を求めているようにみられたが，新制度は，障害児など特別な支援を必要とする子どもについても，受け入れを進めようとしている。

⑷　利　用　料

他の児童福祉施設における費用徴収とは異なる規定が置かれている。その他の児童福祉施設（⇨1⑸⒝）の場合，費用徴収は本人またはその扶養義務者の負担能力に応じて，費用の全部または一部を徴収するとされている。したがって，本

コラム 6-6　小1の壁

　共働き家庭の児童は，小学校に入学後も，放課後，未就学児童と同様に保育ニーズを有している。しかし，保育所と放課後児童クラブ等の学童が利用できるサービスとでは，利用時間に差異があったり，供給量が不足しているために利用できなかったりするために，子どもが小学校に入学するとともに，就労を継続することが困難になる「小1の壁」が問題とされるようになってきた。

　放課後児童対策については，1976年，留守家庭児童対策や健全育成対策として開始され，その後，1998年児童福祉法改正により，「放課後児童健全育成事業」として法定化された。さらに2007年には，放課後子どもプランにおいて，共働き家庭等，日中保護者がいない小学生を対象とした「放課後児童クラブ」とすべての子どもを対象としている「放課後子供教室」とを一体的又は連携して対策が行われることとされた。

　現在，放課後児童クラブの量の拡充を図ったり，開所時間の延長を推進したりされている。しかし，学齢に応じたニーズへの対応など，地域の中で子どもが安心して過ごせる多様な居場所を確保していくという観点からは，未だ課題は多い。

図表6-5　子ども・子育て支援新制度における利用関係

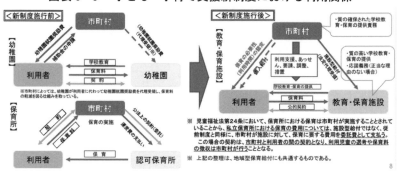

出典：内閣府子ども・子育て本部『子ども・子育て支援新制度について（令和元年6月）』

人またはその扶養義務者の収入額に応じて費用の徴収額が定められている。

　保育料については，2019年子ども・子育て支援法改正により，基本理念を規定する2条において，子ども・子育て支援給付その他の子ども・子育て支援の内容及び水準は，すべての子どもが健やかに成長するように支援するものであって，良質かつ適切なものであり，かつ，「子どもの保護者の経済的負担の軽減について適切に配慮されたものでなければならない」とされた。

　子ども・子育て支援法では，子どものための教育・保育給付として，施設型給付費，特例施設型給付費，地域型保育給付費及び特例地域型保育給付費を支給するとしている（育援11条）。施設型給付費・特例施設型給付費は，市町村長が確認した教育・保育施設を利用した際に，地域型保育給付費及び特例地域型保育給付費は，市町村長が確認した地域型保育事業を利用した際に対象となる。

　施設型給付費及び地域型保育給付費は，改正以前より，保護者の属する世帯の所得の状況その他の事情を勘案し，算定されると規定されていた（育援27条3項，29条3項）。この点，2019年改正により，1号認定子ども，2号認定子どもについては，利用者負担の上限額が零とされ（育援令4条〜6条），3号認定子どもについては，保護者が市町村民税非課税者である場合は零とされ，それ以外は，保護者の所得に応じて利用者負担の上限額が規定されている（育援令4条）。

　これらに要する費用は，原則として，市町村の支弁とされており，政令の定めるところにより算定された額の2分の1を国が，4分の1を都道府県が負担するとされている（育援法65条，67条，68条）。

● STEP UP

　本章では，子育て支援制度と児童虐待への対応を中心に取り上げた。児童に関わる制度としては，その他にも，母子福祉制度，障害児に対する福祉制度，児童手当や児童扶養手当といった社会手当制度等がある。そのうち，母子福祉制度の一部や児童手当や児童扶養手当については，「⑦家族支援」の章で触れられている。

　子ども・子育て支援制度については，柏女霊峰『子ども・子育て支援制度を読み解く──その全体像と今後の課題』（誠信書房，2015）が参考になろう。児童虐待への対応に関しては，現制度や状況について，多角的に研究したものとして，町野朔ほか編『児童虐待の防止──児童と家庭，児童相談所と家庭裁判所』（有斐閣，2012）が，諸外国の制度を紹介したものとして，町野朔ほか編『児童虐待と児童保護──国際的視点で考える』（上智大学出版，2012）がある。日本の制度について学んだ後，諸外国の法制度と比較すると，より知識が深まるであろう。

〈最新情報〉

　2021年5月17日，「ヤングケアラーの支援に向けた福祉・介護・医療・教育の連携プロジェクトチーム報告」が出され，同年9月14日には，ヤングケアラー支援に関する2022年度予算概算要求が出された。ヤングケアラーとは，家族にケアが必要な人がいる場合などに，大人が担うようなケアを引き受けている子どものことをいう。社会的な認知度が低く，支援が必要な子どもがいても，適切なサービスにつながらないことが多く，孤立したまま問題を抱え，子どもらしい生活を送ることができなくこともある。このような問題を早期に発見し，支援するための仕組みづくりに動き始めた。

　また，2021年12月21日には，「こども政策の新たな推進体制に関する基本方針について」が閣議決定された。この中で，こどもの最善の利益を第一に考え，こどもに関する取組・政策を社会のまんなかに据える「こどもまんなか社会」を目指すための新たな司令塔として，「こども家庭庁」が創設する，とされた。2021年2月に自民党有志により始められた「Children First の子ども行政のあり方勉強会」の中で，被虐待経験のある講師より，「家庭が地獄だった」という子ども時代の経験とともに，「家庭だけに子育てを担わせるリスク」が語られたことも受け，「こども庁」という名称で創設の提言がなされていた。しかし，子育ては家庭が担うべきだという自民党保守系の根強い声等から，最終的に「こども家庭庁」という名称で閣議決定された。

7 家族支援

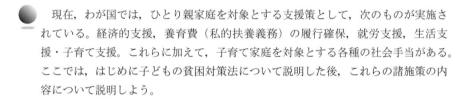

トピック 先立つものがない

　主婦のＡ子さんは，長期にわたる夫からの暴力に耐えかね協議離婚した。Ａ子さんには間もなく５歳になる一人娘がいる。離婚の協議では，娘の親権者をＡ子さんとすることで合意したが，離婚を急いだこともあり養育費の取決めはしなかった。

　当面の住まいとして借りた隣町のアパートに引っ越した夜，Ａ子さんは娘の寝顔を見ながらこれからの生活のことを考えた。これまで家計を補うためパートで働いてきたが，パートの収入だけでは暮らしていけない。わずかな貯金はすぐに底をつくだろう。離れた土地に暮らすＡ子さんの老親は年金を頼りにつましく暮らしていて，Ａ子さんに仕送りをする経済的な余裕はない。実家に帰って同居するにしても，生活費や教育費は自分で賄わなくてはならないだろう。Ａ子さんは市役所に相談に行くことにした。

　現在，わが国では，ひとり親家庭を対象とする支援策として，次のものが実施されている。経済的支援，養育費（私的扶養義務）の履行確保，就労支援，生活支援・子育て支援。これらに加えて，子育て家庭を対象とする各種の社会手当がある。ここでは，はじめに子どもの貧困対策法について説明した後，これらの諸施策の内容について説明しよう。

1　子どもの貧困

　国民生活基礎調査によると，2018年の貧困線（等価可処分所得の中央値の半分）は127万円（名目値）となっており，相対的貧困率（貧困線に満たない世帯員の割合）は15.6％であった。また，子どもの相対的貧困率（17歳以下）は13.5％であった。子どもがいる現役世帯（世帯主が18歳以上65歳未満で子どもがいる世帯）の世帯員の相対的貧困率は12.6％であり，そのうち大人が１人の世帯員では48.1％，大人が２人以上の世帯員では10.7％であった。なお，子どもの貧困の国際比較については本書第11版第11章（社会保障）で取り上げている。

　先に掲げたトピックは，ひとり親世帯は貧困のリスクが高いという状況を踏ま

えている（⇒論点第3版Ⅲ−1）。以下では，子どもの貧困対策の推進に関する法律（以下「子どもの貧困対策法」と略），子のいる世帯を対象とする社会手当，ひとり親世帯の経済的な生活保障にかかわる諸施策の順に説明する。

2　子どもの貧困対策法

　子どもの貧困対策法は，2014年1月17日から施行された。その後，同法は2019年に改正され，改正法は同年9月7日から施行された。同法は次のことを規定する。①政府は，子どもの貧困対策を総合的に推進するための大綱を定めなくてはならない（8条）。②都道府県は，当該都道府県における子どもの貧困対策についての計画を定めるよう努める（9条1項）。市町村は，大綱（都道府県計画が定められているときは，大綱及び都道府県計画）を勘案して，当該市町村における子どもの貧困対策についての計画を定めるよう努める（同条2項）。③国および地方公共団体は，教育の支援（10条），生活の安定に資するための支援（11条），保護者に対する職業生活の安定と向上に資するための就労の支援（12条），経済的支援（13条），調査研究に必要な施策を講ずるものとする。

　また，大綱には次の事項を定めるものとする（8条）。①子どもの貧困対策に関する基本的な方針，②子どもひとり親世帯の貧困率，生活保護世帯に属する子どもの高等学校大学等進学率等子どもの貧困に関する指標及び当該指標の改善に向けた施策，③教育の支援，生活の支援，保護者に対する就労の支援，経済的支援その他の子どもの貧困対策に関する事項，④調査及び研究に関する事項，⑤子どもの貧困対策に関する施策の実施状況についての検証及び評価その他の子どもの貧困対策に関する施策の推進体制に関する事項。

　なお，民間の調査機関の推計結果によると，子どもの貧困を放置した場合，その経済的損失は1学年あたり約2.9兆円に達し，政府の財政負担は1.1兆円増加するという（日本財団＝三菱UFJリサーチ＆コンサルティング株式会社「子供の貧困を放置した場合の社会的損失推計結果概要」2015年12月）。子どもの権利の観点とともに，国の財政負担の観点からも子どもの貧困対策は有益であることが示唆されている。

3　児童を育む場としての家庭の安定

(1)　児童手当

児童手当は社会手当のひとつであり，児童手当法を根拠法とする。

(a)　目　的　児童手当の目的は，「父母その他の保護者が子育てについての第一義的責任を有するという基本的認識の下に，児童を養育している者に児童手当を支給することにより，家庭等における生活の安定に寄与するとともに，次代の社会を担う児童の健やかな成長に資すること」（児手1条）にある。このように，わが国の児童手当制度は，複数の目的を有する制度となっている。

手当の支給を受けた者は，手当の趣旨に従って用いなければならない（児手2条）。ただし，そのように用いなかった場合の罰則規定はない。

(b)　沿　革　児童手当法は1971年に制定された。当初は第3子以降に，義務教育終了まで支給された。その後，子ども手当制度が発足するまでの間，支給額の引き上げ，所得制限の強化，特例給付の新設，支給対象の拡大が行われてきた。

この児童手当制度にかわって2010年に発足した子ども手当制度では，所得制限の撤廃，支給額の引き上げ，支給対象の拡大が行われた（増田（幸）2012：152-162）。子ども手当制度は2012年に廃止され，再び児童手当制度へと移行して現在に至っている。図表7-2は，児童手当制度の概要である。所得制限が復活していることが分かる。

(c)　支給要件　児童手当の支給要件は，児童手当法4条に規定されている。一定の年齢の児童を監護し，かつその児童と一定の生計関係にある者に手当が支給される。国籍要件は存在しない。ただし，児童手当の支給を受けようとする者は，日本国内に住所を有することを要する（児手4条1項）。児童についても，留学などの場合を除き同様である（児手3条1項）。2021年の児童手当法改正により，特例給付にも所得制限が設けられるようになった。

支給制限として所得制限の規定（所得が政令で定める額以上の者には支給しない）がある（児手5条）。所得制限により児童手当を受けられない者には，附則に基づき特例給付が支給される。

(d)　認　定　児童手当の受給資格者は，受給資格と手当額について，住所地の市町村長または特別区の区長の認定を受けなければならない（児手7条1項・2項）。認定の法的性質は，後述の児童扶養手当と同様である。

図表 7 - 2　児童手当制度の概要

制度の目的	家庭等の生活の安定に寄与する・次代の社会を担う児童の健やかな成長に資する		
対象児童	国内に住所を有する中学校修了まで（15歳に到達後の最初の年度末まで）の児童（住基登録者：外国人含む）	受給資格者	・監護・生計同一（生計維持）要件を満たす父母等 ※所得制限限度額（年収ベース） 　960万円（夫婦と児童 2 人の場合） ・児童が施設に入所している場合は施設の設置者等
手当月額 （一人当たり）	0 ～ 3 歳未満　　　　　　　一律15,000円 3 歳～小学校修了まで　　　第 1 子・第 2 子：10,000円　　　第 3 子以降：15,000円 中学生　　　　　　　　　　一律10,000円 年収960万円～1,200万円未満　一律5,000円（特例給付）		
支払月	毎年 2 月、 6 月、10月（前月までの 4 か月分を支払）		
実施主体	市区町村（法定受託事務）　　※公務員は所属庁で実施		
費用負担	国、地方（都道府県・市区町村）、事業主拠出金で構成 ※事業主拠出金は、標準報酬月額及び標準賞与額を基準として、拠出金率（3.6/1000）を乗じて得た額を徴収し、児童手当等に充当		

出典：内閣府資料「児童手当制度の概要」より一部改変
　　　https://www.8.cao.go.jp/shoushi/jidouteate/pdf/gaiyou.pdf

(e)　**費用負担**　　児童手当は，受給要件について民間被用者・公務員・非被用者を区別していない。しかし，手当の支給に関する費用の負担は，この三者で異なる（児手18条。図表 7 - 2 ）。

(2)　特別児童扶養手当・障害児福祉手当

　特別児童扶養手当は，特別児童扶養手当等の支給に関する法律を根拠法とし，障害児（精神または身体に障害を有する20歳未満の者）を監護する父母または養育者に支給される社会手当である。また，障害児福祉手当は，同法を根拠法とし，重度障害児（障害児のうち重度の障害の状態にあるため日常生活において常時の介護を必要とする者）本人に支給される社会手当である。

4　ひとり親家庭の経済的な生活保障

(1)　経済的な生活基盤の維持

　厚生労働省「平成28年度全国ひとり親世帯等調査結果報告」（2017年12月）によると，2015年の平均年間収入（世帯の収入）は，母子世帯が348万円，父子世帯が573万円であった。

　ひとり親家庭に対する諸施策の中心となるのは，母子及び父子並びに寡婦福祉法（以下，「母子父子寡婦福祉法」と略）と児童扶養手当法である。なお，ひとり親を対象とする諸施策は，2010年以降の法改正や通知に至るまで，父子世帯を対象としてこなかった。また，遺族基礎年金は2014年4月から妻だけではなく夫にも支給されるようになった（⇨[3]年金保険3(1)）。

　2002年11月にこの2つの法律（前者は当時，母子及び寡婦福祉法）が一部改正され，2003年4月1日に施行されるまでは，児童扶養手当の支給という経済的支援策に主眼が置かれていた。

　しかし，この改正により，ひとり親家庭の生活基盤の維持に関して重要な政策転換が図られた。そのポイントは次の2点にある。①自立・就労支援に主眼を置いた総合的な支援策の推進。②離婚を原因とするひとり親家庭について，私的扶養義務の履行確保の促進。

　これに基づき，現在，次の4つを柱とする諸施策が講じられている。経済的支援，養育費の確保，就労支援，生活支援・子育て支援。そこで以下では，これらの概要を見ていくことにしよう。

(2)　経済的支援

　ひとり親家庭を対象とする経済的支援には，公的な貸付金，各種の社会手当，税制上の措置等がある。ここでは，母子父子寡婦福祉資金貸付金と児童扶養手当について説明する。

(a)　母子父子寡婦福祉資金貸付金
　母子父子寡婦福祉資金貸付金は，母子父子寡婦福祉法13条を根拠法とする。ひとり親（母子家庭の母，父子家庭の父）やその扶養する児童が，就労や就学等で資金が必要となったときに，都道府県，指定都市または中核市から貸付を受けられる資金である。

　就学資金，事業開始資金，生活資金など12種類があり，資金の種類により無利子または3％の利子で貸し付けられる。償還期限は，資金の種類により3年間から20年間となっている。財源は，国が3分の2，都道府県が3分の1の割合で負担する。

　都道府県は，次の場合には都道府県児童福祉審議会の意見を聴いて，将来に向けて貸付をやめることができる（母子令13条）。①貸付を受けた者が，貸付金を貸付の目的以外で使用したとき。②資金の貸付を受けた者が，偽りその他不正な手段で貸付を受けたとき。③貸付の目的を達成する見込みがないと認められるとき。

図表 7 - 3　児童扶養手当制度の概要

1．目的	離婚によるひとり親世帯等、父又は母と生計を同じくしていない児童が育成される家庭の生活の安定と自立の促進に寄与するため、当該児童について手当を支給し、児童の福祉の増進を図る（平成22年8月より父子家庭も対象）。
2．支給対象者	18歳に達する日以後の最初の3月31日までの間にある児童（障害児の場合は20歳未満）を監護する母、監護し、かつ生計を同じくする父又は養育する者（祖父母等）。
3．支給要件	父母が婚姻を解消した児童、父又は母が死亡した児童、父又は母が一定程度の障害の状態にある児童、父又は母の生死が明らかでない児童などを監護等していること。

4．手当額
　月額（令和3年4月〜）　　　　　・全部支給：43,160円　　　・一部支給：43,150円〜10,180円
　加算額　（児童2人目）　　　　・全部支給：10,190円　　　・一部支給：10,180円〜 5,100円
　　　　　（児童3人目以降1人につき）・全部支給： 6,110円　　　・一部支給： 6,100円〜 3,060円

5．所得制限限度額（収入ベース）※前年の所得に基づき算定。	6．支払期月
・全部支給（2人世帯）　160万円 ・一部支給（2人世帯）　365万円	・1月、3月、5月、7月、9月、11月

7．受給者数（令和2年3月末現在）
　900,673人　（母：850,698人、父：45,902人、養育者：4,073人）

8．予算額（国庫負担（1/3）分）
　令和3年度予算　1,575.8億円

9．手当の支給主体
　支給主体：都道府県、市及び福祉事務所設置町村

10．改正経緯
　①多子加算額の倍増（平成28年8月分手当から実施）
　②全部支給の所得制限限度額の引き上げ（平成30年8月分手当から実施）
　③支払回数を年3回から年6回に見直し（令和元年11月分手当から実施）
　④ひとり親の障害年金受給者についての併給調整の方法の見直し（令和3年3月分手当から実施）

出典：厚生労働省資料「児童扶養手当制度の概要」https://www.mhle.go.jp/bunya/kodomo/oshirase/100526-1.html

(b)　児童扶養手当　児童扶養手当は社会手当のひとつであり，児童扶養手当法を根拠法とする（⇨図表 7 - 3）。

(i)　目　的　児童扶養手当の目的は，「父又は母と生計を同じくしていない児童が育成される家庭の生活の安定と自立の促進に寄与するために，その児童について児童扶養手当を支給し，もって児童の福祉の増進をはかること」（児扶手1条）にある。

(ii)　沿　革　児童扶養手当は1961年に制定された。

　児童扶養手当は，発足当初，年金制度（母子福祉年金）の補完的な存在として位置づけられていた。その後，1985年の法改正により，福祉的な性格を有するようになった。しかし，児童手当との関係があまり整理されてこなかった（福田1999：27-41）。

(iii)　受給者の責務　児童扶養手当の趣旨は，児童の心身の健やかな成長に寄与することにあり，その支給を受けた者は，その趣旨にしたがって用いなければ

ならない（児扶手2条1項）。また，支給を受けた父又は母は，自ら進んでその自立を図り，家庭の生活の安定と向上に努めなくてはならない（同条2項）。

　(iv)　**自立の促進**　児童扶養手当の支給を受けた者の就労による自立を促進するため，2002年の法改正により，同法に次の3点が盛り込まれた。

　①　児童扶養手当の受給資格者が正当な理由なく，求職活動その他厚生労働省令で定める自立を図るための活動をしなかったときには，手当の全部または一部を支給しないことができるとした（児扶手14条4号）。

　②　就労等により収入が増えた場合，児童扶養手当を加えた総収入がなだらかに増えていくようにした（⇨図表7-3）。それまでは，収入が増えても収入と手当の合計額である総収入額がかえって減ってしまうことがあった。

　③　支給期間と手当額の関係を見直し，支給開始月から起算して5年，または支給要件に該当した月から7年を経過したときは，手当額の一部を減額するようにした（児扶手13条の2）。

　(v)　**私的扶養義務との関係**　児童扶養手当の支給は，婚姻を解消した父母等

図表7-4　児童扶養手当額の例

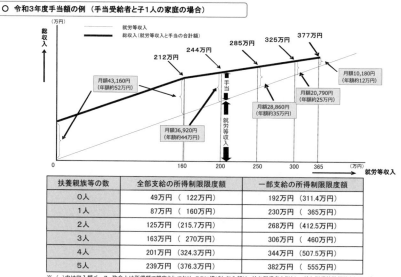

出典：厚生労働省資料「ひとり親家庭等の支援について」（2021年4月）
　　　https://www.mhlw.go.jp/content/000872123.pdf

が児童に対して履行すべき扶養義務の程度または内容を変更するものではない（児扶手2条3項）。ここでいう父には、「母が児童を懐胎した当時婚姻の届出をしていないが、その母と事実上婚姻関係と同様の事情にあった者」を含み、婚姻には「婚姻の届出をしていないが、事実上婚姻関係と同様の事情にある場合」を含む（児扶手3条3項）とされる。

　また、手当額の算定にあたり、扶養義務を負う婚姻を解消した父又は母が、受給資格を有する母又は父の監護する児童に支払った養育費は、受給資格を有する母又は父の収入とみなされる（児扶手9条2項）。

　(vi)　**支給要件**　　1条の目的規定に沿って、支給要件（児扶手4条1項、児扶手令1条の2）と支給制限（児扶手4条2項・3項・9条・9条の2・10条・11条・14条・15条）が規定されている。

　かつては、父が婚姻によらないで懐胎した児童について、父からの認知によって受給資格を失うとされていた。施行令の括弧書が「父から認知された児童を除く」としていたためである（児扶手令1条の2第3号）。最高裁は、この括弧書きは法の委任の範囲を逸脱しており、無効であるとした（最判平14・1・31、最判平14・2・22）。この括弧書は、1998年政令第224号による改正により削除された。

　従来は児童扶養手当の支給対象は母子家庭のみであったが、2010年の同法改正により父子家庭にも支給されるようになった。また、従来は公的年金等の受給者は児童扶養手当を受給できなかったが、年金額が児童扶養手当の額よりも低い場合には差額を受給できるようになった（2014年12月分の手当から）。加えて、障害年金の子の加算部分の額が児童扶養手当の額よりも低い場合には差額を受給できるようになった（2021年3月分の手当から）。

　(vii)　**認定**　　児童扶養手当の受給資格者は、受給資格と手当額について、都道府県知事の認定を受けなければならない（児扶手6条1項）。資格認定等の事務は、第1号法定受託事務である（地自2条9項・10項、別表1）。また、地方分権一括法により、この事務の権限が、都道府県から市（福祉事務所を設置する町村については町村）に委譲された。

　認定の法的性質については、既に発生している抽象的な受給権の確認行為と解するか、「これにより手当を発生させる権利創設的な性質を帯びる行為」（京都地判平3・2・5）と解するかで、見解が分かれる（西村2003：431、堀2004：228、山田2000：249）。

(ⅷ) **費用負担**　児童扶養手当の支給に要する費用は３分の１を国庫が，３分の２を都道府県等が負担する（児扶手21条）。

(ⅸ) **広報・周知義務**　手当の支給は，受給資格者が認定の請求をした日の属する月の翌月から始め，手当を支給すべき事由が消滅した日の属する月で終わる（児扶手７条１項）。認定の請求前の期間については，手当は支給されない（いわゆる「認定請求主義」ないし「非遡及主義」）。そのため，受給資格者であるひとり親が児童扶養手当制度のことを知らず，認定の請求を行わなかった場合，手当の支給を受けることができない期間が生じることになる。

　この問題に関して，児童扶養手当についての国の広報・周知義務が争われた事案に，大阪高判平５・10・５がある。同判決は，法的義務としての広報・周知徹底義務を認めず，広報・周知は法的強制を伴わない「責務」にとどまるものとした。

(3)　**養育費の支払──私的扶養義務の履行確保**

　母子家庭の所得水準は一般に低い。そのため，離婚を原因とする母子家庭にとって非親権者（正確には非監護親であるが，非親権者と同一のことが多いため，ここでは非親権者とする）からの養育費が果たす役割は大きい。

　しかし，「平成28年度ひとり親世帯等調査」（厚生労働省）によると，離婚を原因とする母子家庭のうち，2016年11月１日時点で養育費を受け取っているものは，全体の24.3％であった。離婚後の子に養育費が確保できない状態は，かなり以前から続いている。その理由として，扶養義務者の経済的な扶養能力の不足，親権者による養育費の請求権行使の放棄，扶養義務者たる非親権者による養育費支払の懈怠があげられる。

　このうち，養育費支払の懈怠のケースに対応するため，2002年以降，以下の法改正が順次行われた（前二者のケースについては，⇨コラム７-１，７-２）。

①　**母子及び寡婦福祉法の改正(2002年)**　母子家庭等の児童の親に対して，扶養義務の履行と履行確保について努力義務を課した（母福５条１項・２項）。また，国および地方公共団体に対して，扶養義務の履行確保のための環境整備について努力義務を課した（同条３項）。

②　**民事執行法の改正(2003年，2004年，2019年)**　強制執行に関し，扶養義務等に係る定期金債権を請求する場合の特例を定めた（民執151条の２）。これにより，一定の定期金債権についてその一部に不履行がある場合，確定期限が到来してい

ない定期金債権についても債権執行を開始することが可能となった。また，その債権の支払期に受けるべき給付の2分の1に相当する部分を，差し押さえることが認められるようになった（民執152条3項）。加えて，養育費等の金銭債権の強制執行について，直接強制のほか間接強制によっても行うことができることとされた。2019年の改正では，債権者からの申立により，養育費の支払を懈怠している者の給与債権等に関する情報を，市町村や日本年金機構等から取得できる手続が新設された（民執206条）。

　③　人事訴訟法の改正(2003年)　人事訴訟法に，家事審判手続と同様の制度を新設した（38条の履行勧告，39条の履行命令）。これにより，離婚訴訟等の認容判決とともになされた附帯処分等についての裁判で定められた義務の履行に関しても，家事審判法と同様の手続きを用いることが可能となった。

　④　民法の改正(2011年)　離婚後の子の監護に関する事項を定める民法766条を改正し，「子の監護について必要な事項」の具体例として「子の監護に要する費用の分担」を明示した。

　図表7-5は養育費の取決めと確保に関する司法手続である。

　厚生労働省は2004年に，養育費の取決め・確保を促進するため，養育費の算定方法や養育費を徴収するための手続き等をまとめた「養育費の手引き」を作成し，

コラム7-1　扶養義務者が経済的な扶養能力を欠くケース

　これには，離婚成立後に事情変更がないにもかかわらず履行不能になる場合と，離婚後に事情変更がある場合の2つがある。特に問題となるのが，後者のうち扶養義務者の再婚に伴い身分関係に変動を生じる場合である。

　扶養法の理論における通説的な見解によると，離婚後の非親権者は，実定法上は親族間の扶養の一般条項である民法877条を根拠としつつ，解釈論として未成熟子に対する生活保持義務を負うものとされる。

　そこで，扶養義務者である非親権者が再婚して子を設けた場合には，前婚の子と後婚の子との両者に同順位で生活保持義務を負う。このようなときには，具体的諸事情に応じて扶養の程度を決定することになる。

　そのため，血縁関係としての親子関係と，現に共同生活関係にある親子関係（後婚の子。「連れ子養子」を含む）との間で，生活資源の配分をめぐる事実上の競合関係が生じる。このような場合，前婚の子のもとに適切な額の養育費が確保されなくなる。

図表 7 - 5　養育費の取決めと確保に関する司法手続

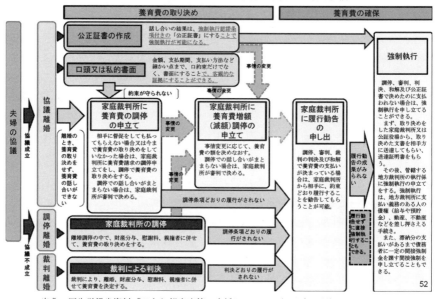

出典：厚生労働省資料「ひとり親家庭等の支援について」（2020年4月）
https://www.mhlw.go.jp/content/000619763.pdf

地方公共団体等に配布した。加えて，同省は2007年に，「養育費相談支援セン
ター」を開設した。最高裁判所の司法研修所は，2019年12月23日に養育費の算定
表の改訂版を公表した。この改訂では，旧算定表の公表（2003年）から現在まで
の社会情勢の変化や税率・保険料率等の変化が反映された。

　また，ひとり親が保証会社と養育費保証契約を締結するときに必要な費用の補
助を行っている自治体がある（ひとり親家庭等養育費確保支援事業）。

　以上のように，わが国では児童扶養手当は行政から支払われる一方，離婚後の
養育費の支払問題を個別的な司法的解決に委ねている。これに対して，アメリカ
合衆国，オーストラリア，英国等では，養育費の算定と履行の場面で行政機関を
活用することにより，養育費の確保と給付額の調整を行っている。

(4)　就労を通じた自立に向けた支援

　前述（⇨(2)(b)）のように，2002年の児童扶養手当法改正により，手当の支給が
就労に対するディスインセンティブとならないような仕組みが設けられた。これ
は，就労の促進に重点を置いているものと位置づけられる。また，同年の母子及

び寡婦福祉法改正では，同法に就労の支援の観点からの諸施策が盛り込まれた。その主なものとして次の2つがある。

①　母子自立支援員（現在の母子・父子自立支援員）の新設　それまで都道府県に配属されていた母子相談員の名称を改め，市及び福祉事務所設置町村にも配置することとされた。また，その業務に，職業能力向上と求職活動に関する業務が追加された。

②　就業支援に係る諸事業の実施　本稿執筆時点において，就業相談等（母子家庭等就業・自立支援センター事業，母子・父子自立支援プログラム策定事業等），職業能力開発（自立支援教育訓練給付金事業，高等技能訓練促進費事業等），職業機会の増大（中小企業雇用安定化奨励金等）の諸事業が実施されている。

また，都道府県が策定する，自立促進計画が定める事項の中に，「福祉サービスの提供，職業能力の向上の支援その他母子家庭等及び寡婦の生活の安定と向上のために講ずべき具体的な措置に関する事項」（母福12条3号）が含まれている。この他，母子父子寡婦福祉法には，公共的施設における雇入れの促進についての規定がある（母福29条1項）。

以上に加えて，母子家庭の母及び父子家庭の父の就業に関する特別措置法が2013年3月1日から施行され，就業の支援の施策の実施状況の公表，民間事業者

コラム 7-2　親権者が養育費の請求権の行使を放棄するケース

離婚の約9割を占める協議離婚では，養育費支払の取決めが離婚の成立要件とされていない（民766条）。そのため，夫婦の離婚意思が合致すれば，協議の際に養育費支払の取決めをなさず，あるいは養育費不請求の合意をなして離婚を成立させることができる。

通説および実務では，養育費につき夫婦間で不請求の合意が成立した後，改めて子の扶養義務者に対して扶養請求をなすことを認める。しかし，扶養請求権の根拠規定が明文化されていないため，権利帰属の主体と請求方法についての見解は分かれる。すなわち，民法766条に基づく監護費用分担請求と解するのか，民法877条を根拠に子自身による扶養請求と解するのかとの問題が生じる。

仮に，後者の解釈によって子の固有の請求権であると解するにしても，親権者が養育費請求を放棄した場合にはその権利保護に欠けることになる（本沢1991は，子の扶養請求権の放棄や不行使について，子の経済的利益に反するものであり，民法826条1項の利益相反行為として特別代理人を選任することも考えられるとする）。

に対する協力の要請，母子父子福祉団体等からの優先的な物品・役務の調達への努力等の取組みが行われている。

ところで，わが国の現状を見ると，母子家庭の母の就労率と就労意欲はともに高い。平成28年度全国ひとり親世帯等調査（厚生労働省）では，2016年11月1日時点で81.8%が就労しており，不就業のもののうち82.4%が就職したいと回答している。

したがって，わが国で問題となるのは，母子家庭の母の就業率が高いにもかかわらず，その所得水準が低い点にある。この厚生労働省の調査結果からは，次の要因が浮かび上がる。非正規雇用の割合が比較的高いことと，勤務先事業所の規模が小さいことである。

その原因として推測されるものに，母子家庭になったときの末子が一般に低年齢である（したがって時間的な制約が大きい）ことや，いったん退職した労働者が再び正規雇用で採用されることは，専門性の高い一部の職種を除き，難しいということがある。

したがって，就労による経済的な生活基盤の維持を図るためには，①各種の支援策の着実な推進（情報提供・相談体制の拡充，専門性を高める職業能力開発による人的資本の価値向上，仕事と子育ての両立支援等）に加え，②労働政策の推進（年齢・性別による雇用差別の解消，正規雇用と非正規雇用の格差是正，最低賃金制度の適切な運用，雇用・就業機会の増大等）が必要となる。

新型コロナに影響を受けた非正規労働者等に対する緊急対策関係閣僚会議（2021年3月16日）で決定された「非正規雇用労働者等に対する緊急支援策について」に，「ひとり親自立促進政策パッケージ」が盛り込まれた。これに基づき，高等職業訓練促進給付金の給付対象が拡大されるとともに，償還免除付きの住宅支援貸付（無利子）が創設された。

(5)　生活支援・子育て支援

母子父子寡婦福祉法や児童福祉法等に基づき，母子家庭と父子家庭を対象とする生活支援や子育て支援の諸施策が講じられている。

(a)　生活支援

(i)　**母子父子寡婦福祉法に基づく諸事業**　　母子家庭と父子家庭の生活支援に関し，母子父子寡婦福祉法17条に基づく以下の諸施策が実施されている。ひとり親家庭等日常生活支援事業，子育て短期支援事業（短期入所生活援助：ショートス

テイ，夜間養護等：トワイライトステイ），ひとり親家庭等生活向上事業（ひとり親家庭等相談支援事業，生活支援講習会等事業，児童訪問援助事業，学習ボランティア事業，ひとり親家庭情報交換事業）。

　(ii)　**母子生活支援施設**　　母子生活支援施設は，児童福祉法に基づき設置される「配偶者のない女子又はこれに準ずる事情にある女子及びその者の監護すべき児童を入所させて，これらの者を保護するとともに，これらの者の自立の促進のためにその生活を支援し，あわせて退所した者について相談その他の援助を行うことを目的とする施設」（児福27条）である。2020年3月末時点で全国に221か所設置されている（令和3年版厚生労働白書）。

　(iii)　**居住の安定確保**　　母子家庭の居住の安定確保を図るため，地方公共団体の判断により，公営住宅への入居者の選考に際して優先入居の取扱いが行われる（母福27条，昭30・11・9建設省住発903号住宅局長通知「公営住宅の入居者専攻の際における母子家庭の取扱いについて」）。都市再生機構は，新規の募集に際し，満20歳未満の子がいる母子家庭や父子家庭に対して当選率を優遇する措置を行っている。

　(b)　**子育て支援**　　仕事と子育てを両立するためには，保育の果たす役割が重要となる（⇨⑥子ども支援）。母子父子寡婦福祉法は，市町村は母子家庭や父子家庭の福祉が増進されるよう特別の配慮をするものとしている。また，厚生労働省雇用均等・児童家庭局長通知「保育所の入所等の選考の際における母子家庭等の取扱いについて」（平15・3・31雇児発第0331011号）は，保育所に入所させる児童を選考する場合，母子家庭や父子家庭の児童を保育所入所の必要性が高いものとして優先的に取扱うよう特別の配慮を求めている。

　なお，仕事と育児の両立に関しては，同居や近居の祖父母が果たす役割が大きい。この点に関して，わが国には孫の保育それ自体を給付事由とする社会保障給付は存在していない。また，税制上の優遇措置等も存在しておらず，育児休業についても孫の保育の場合には取得できない（育休5条1項，同3項）。今後，孫の保育を行う祖父母に対する支援策の検討が望まれる（増田(幸)2008）。

5　家族を対象とする諸施策

┌─────────────────────────────┐
│ **トピック**　家族って何だろう │
└─────────────────────────────┘

　B子さんは，郊外の丘の上にある女子大の社会福祉学科に通っている。社会福祉の講義や演習を通じて，現実の家族のあり方は多様であることを知った。そこであるとき，都心にある大学の法律学科で学ぶ友人のC君に，法の世界では家族をどのように定義しているのかを聞いてみた。C君は，「定義が多すぎて，いま即答できない。来週までに調べておくね」。

　野々山久也は，家族福祉を「家族の多様性を支援し，ライフスタイルとしての多様な家族形態に対しての主体的な選択を保障するという課題を担うもの」（野々山1992：17）と定義する。以下では，家族福祉にかかわる諸施策の制度横断的な性格と，各法による家族や児童等の定義について説明する。

(1)　社会保障制度が前提としてきた家族像

　一国の社会保障制度のあり方は，社会の基礎的な共同体である家族のあり方と密接な関係にある。

　これまで，わが国の社会保障制度は，次のような家族像を前提にデザインされてきた。それは，「稼ぎ手（bread winner）としての夫・専業主婦としての妻・夫婦の子が共同生活を営む」という，異性愛・一夫一婦制・性別役割分担（分業）に基づく家族像である。そして，三世代同居慣行の下，老親も子の夫婦と共同生活を営むことが少なくなく，その介護は主に主婦によって担われてきた。

　加えて，近代憲法が自明の前提としてきた，公私二分論（public/private dichotomy）の下，家族は夫婦・親子の情愛で満たされた場であり，基本的に国家の権限の及ばない私的領域（private sphere）であると見なす傾向が強かった。また，家族を経済的に支える「一家の大黒柱としての夫」が被用者である場合，「夫に永久就職した妻」と「夫婦の鎹としての子」は，基本的に夫の社会保険（被用者保険）に被扶養者として加入することになる。そして，わが国の被用者保険は，主に正規雇用を想定して組み立てられてきた（いわゆる日本型雇用慣行の下にある「正社員」）。

　この「正社員」に対しては，企業福祉（福利厚生）が行われることが多かった。具体的には，住宅（社宅，家賃補助），付加的賃金である家族給（家族手当，配偶

者手当，扶養手当等），退職給付等である。

　しかし，社会保障制度が前提としてきた家族像は，次のような事実から，現在では必ずしも当然の前提とはならない。女性の労働市場への進出，離婚率の上昇，三世代同居慣行の衰退，子供・配偶者・老人に対する虐待問題の顕在化，等である。また，企業のあり方も変容しつつある。非正規雇用の増加，成果主義の導入，企業福祉の見直し，等である。さらに，大人になったら結婚するものという前提や，結婚は男女間で行うものという前提も，自明のものではなくなった。このような，家族を取り巻く諸状況の変化に対応する法政策が，現在，求められている。

(2)　制度横断的な性格

　子を養育する家族を対象とする諸施策の理念として，児童福祉法制の諸理念とともに，「国家による家族の保護」をあげることができる。後者の根拠となるのが，わが国が批准した条約等の家族保護条項である（世界人権宣言16条3項，国連国際人権規約A規約10条1項，同B規約23条1項）。

　理論的な観点から見た場合，このような理念の下に実施される諸施策の，社会保障法の制度体系における位置づけが問題となる（社会保障における家族の位置づ

コラム7-3　キンシップケア（kinship care）

　本文（4(5)(b)）では，祖父母による「孫の保育」に言及した。ここでは，措置委託に基づく「孫の養育」について考えてみよう（⇒6子ども支援）。

　わが国の児童福祉法には，要保護児童の養育者として，祖父母等の親族を第一選択とする旨の規定がない。これに対して諸外国には，祖父母等の親族や，家族と親密な関係にある友人による養育（キンシップケア）を第一選択とする国がある。

　筆者は，わが国でも里親委託に際して，祖父母等の近親者や，親密な関係にある者へのプレイスメントを優先することの法定化を検討することが必要であると考える。次の2つの理由からである。①キンシップケアが児童の利益に適うと解されること。②国連の「児童の代替的養育に関する指針」（2010年）において近親者による養育が推奨されていること。

　また，わが国において，孫を養育する祖父母は親族里親の要件に該当する（児童福祉法施行規則1条の33第2項2号）。この親族里親には里親手当が支給されない（一般生活費，教育費等の費用は支給される）。これは，親族里親には当該児童に対する扶養義務が存在するとの考えによる。筆者は，このような形で扶養義務と関連づける現在の親族里親のあり方は，妥当ではないと考える。里親制度は，児童の養育に伴う経済的負担の観点からではなく，児童福祉の観点（より良いケアを受ける／提供するための支援）から制度設計を行うことが望ましいと考えるからである。

図表 7 - 6　家族政策の構成

狭義の定義	主な「伝統的」構成要素 　直接的な現金移転（家族手当，住宅手当，教育奨学金等），間接 　的な現金移転（減税，補助金等），産休・育児休暇と手当，保育所
広義の定義	「非伝統的」構成要素 　高齢者介護手当，家族の養育義務がある人々に対する年金拠出金， 　雇用政策（フレックスタイム制，在宅勤務等） 家族に関する法律 　婚姻法，離婚法，同棲カップルの権利，子ども支援に関わる法律， 　人工妊娠中絶と避妊に関する法律，虐待法，児童福祉法，青少年 　犯罪法 サービス 　教育，保健，虐待を受けている配偶者・児童の保護施設，児童福 　祉サービス その他の社会政策 　公共輸送機関，移民法，失業給付・手当，研修

出典：アントニオ・ゴリーニ「欧州の一部の先進国における少子化とその対策」（2003, 海外社会保障研究143号）

けをめぐる論点を考察する論稿に，木下2001，倉田（賀）2008，小西（啓）2011，嵩2020）。

　例えば，図表 7 - 6 は，カルガリー大学のゴーチェ博士による，家族政策（family policy）の構成要素の分類である（日本語訳は，アントニオ・ゴリーニ「欧州の一部の先進国における少子化とその対策」（海外社会保障研究143号，2003）による）。家庭を対象とする諸施策が制度横断的に存在していることがわかる。

　わが国でも事情は同じである。児童の健全育成や保護を直接の目的とする諸施策に関しては，児童福祉法を中心とする社会福祉法制の体系が存在する（⇨6子ども支援）。これに対して，児童を育む場である家庭（とその成員）を対象とする諸施策に関しては，体系的な制度が存在しておらず，制度横断的に個別の事象に対応する形となっている。

　したがって，「児童を育む場としての家庭」を対象とする諸施策は，社会保障法の制度体系のみでは説明することができず，他の法律分野や政策分野との連携が必要となる（⇨オリエンテーション）。そこで注意しなくてはならないのが，家族や児童の概念が法律によって異なる点である。最後に，この点について見てみよう。

6 家族や児童の概念

(1) 家族の概念

わが国の憲法と法律には，家族の概念に関する共通の定義が存在しない。日本国憲法24条2項は「家族」という文言を用いている。しかし，家族そのものの範囲は定義していない。それは，同項の趣旨は「個人の尊厳と両性の本質的平等」を家族生活の公序として設定することにあり，必ずしも家族それ自体を対象化するものではないからである。

民法の親族編・相続編は，家族や家庭という概念自体を用いていない。わが国の民法は，家族の成員個人間の権利——義務関係を中心に理論構成していることから，家族というまとまり自体は直接の法主体とならないからである。なお，わが国でも戦後の民法改正前に，家族を団体として構成する「家団論」を提唱する学説がみられた。

社会保障法の領域では，雇用保険法が，保険給付（介護休業給付）に関する規定において「家族」という文言を用いている。ここでは家族を，次のように定義

コラム7-4 外国人労働者と家族

わが国の労働市場を対外的に開放する場合，外国人労働者の受け入れに関する施策の整備（⇨論点第3版Ⅲ-4，Ⅴ-6）とともに，外国人の家族に特有の問題への対応が必要である。それは，異文化への適応に伴うストレスの問題である。海外で勤務する労働者本人や子には，仕事上の人間関係や学校教育等を通じて，比較的身近に異文化に接触し適応する機会がある。これに対して，主に家庭内の役割を期待されている配偶者には，仕事や学校等を通じた人間関係のネットワークがあらかじめ与えられているわけではない。新たな生活環境の中で家庭内に葛藤が生じることもあり，配偶者が抑うつ状態に陥る危険性は低くない。

この問題に関して，木村1997は，カナダの日系女性を対象とした実証研究において，専門職によるソーシャルサポート（医療・福祉・心理・法律等）の有効性を示している。労働市場の対外開放を行う際には，わが国の福祉・保健・医療や法律等の専門教育の中で，異文化ソーシャルワーク（cross-cultural social work）に関するプログラムの提供を検討することが緊要である。

以上に加えて，今後，諸外国で法認されている同性婚や，ポリガミー（一夫多妻・一妻多夫）の家庭をめぐる諸問題についても検討する必要がある。

（このコラムは第9版まで本章に掲載し，第13版より再掲したものである。）

している（雇保61条の6）。配偶者（婚姻の届出をしていないが，事実上婚姻関係と同様の事情にある者を含む），父母及び子（これらの者に準ずる者として厚生労働省令で定めるものを含む）並びに配偶者の父母。

健康保険法，船員保険法，各種共済組合法には，被保険者の家族を対象とする諸給付がある（家族療養費，家族訪問看護療養費，家族移送費，家族出産育児一時金，家族埋葬料等）。この場合の家族は，被保険者の被扶養者のことを指し，親族関係，居住関係，生計維持関係に即して判断される。

この他，介護保険法，発達障害者支援法，犯罪被害者保護基本法等において「家族」という文言が用いられている。しかし，いずれも定義規定がない。

生活保護法，国民健康保険法，介護保険法等では，給付や保険料徴収の単位に関して「世帯」や「世帯主」という文言を用いている。しかし，その定義は法定されていない。世帯の判断は，主に居住関係や生計維持関係に即してなされている。これは，事実としての一定の共同生活関係の実態に着目するという，社会保障法の性格にもとづくものである。なお，世帯を単位として制度設計がなされていることに対しては，個人を単位とすべきであるとの意見もある。

また，児童手当法，児童扶養手当法，母子及び父子並びに寡婦福祉法，次世代育成支援対策推進法等は，その目的規定の中に，「家庭」や「母子家庭」という文言を用いている。しかし，いずれも具体的な家族や家庭の範囲までは定義していない。

医事法の領域では，医療行為の代諾や，在宅医療を開始する場合の承諾等との関係で，患者の家族の範囲が問題となる。また，臓器移植法は，臓器の摘出に係る脳死判定について「家族の代表」の承諾を要する旨を規定する（6条3項）。

これらについては，誰を患者の家族とみなすかについて法定されていない。いずれも，民法上の扶養義務者（民752条・877条）や，親族（民725条）と一致するものではないものと解されており，その判断は医療現場に委ねられている。

このように，わが国の憲法と法律では，家族や家庭の範囲を一義的に確定していない。また，家族や家庭や世帯の概念が，必ずしも婚姻制度と直接関連づけられているわけでもない。したがって，家族を対象とする法と政策を学ぶときには，その対象の成員の範囲を明らかにしておく必要がある。

(2)　児童の概念

　家族と同様，児童の概念も統一的に定義づけられているわけではない。以下のように，それぞれの法目的に応じた便宜的定義となっている。

　日本国憲法は27条3項で「児童はこれを酷使してはならない」と規定する。しかし，児童の概念に関する定義規定は存在しない。児童の権利に関する条約（以下，「児童の権利条約」という）は，18歳未満のすべての者を児童と定義する（1条）。ただし，その者に適用される法律により早く成年に達した者は除かれる（1条但書）。なお，胎児を含むか否かについては，各国の間で解釈が分かれる。

　また，児童福祉法は18歳未満の者を原則として児童と定義する（児福4条）。同条では，児童の中で満1歳に満たない者を乳児，満1歳から小学校就学の始期に達するまでの者を幼児，小学校就学の始期から満18歳に達するまでの者を少年

コラム 7-5　エイジフレンドリーシティにおける高齢者と家族

　エイジフレンドリーシティ（Age-friendly Cities and Communities）は，WHOが提唱する都市・コミュニティのあり方のことであり，わが国では「高齢者に優しい都市」等と訳されている。エイジフレンドリーシティの構想は，WHO「グローバルエイジフレンドリーシティズ：ガイド（Global Age-friendly Cities: A Guide）」（2007年）に示されている（⇨論点第3版Ⅵ-1）。このガイドでは，住居（housing），社会参加（social participation），尊敬と社会的包摂（respect and social inclusion）の各章で家族（family）について言及されている。

　住居の章では，高齢者が家族や地域社会との繋がりを保つ住居の立地や設計について述べられている。社会参加の章では，「自分の住む地域社会，活動，家族の中で，違う世代の人々や異文化の人々と交流し溶け込める機会を高齢者は望んでいる」とし，「多くの地域の高齢者は，有意義な形で家族に参加すること（to participate in their families in a meaningful way）を望んでいる」との見解が示されている（pp.162, 177-178）。

　また，尊敬と社会的包摂の章では，高齢者の「家族における位置（place in the family）」について述べられている（pp.191-192）。ここでは，「家族は親切で支えになっているというが，同時に家族関係が変化しつつあるという指摘もある」とし，いくつかの国の例があげられている（高齢者が自分の家族の中で徐々に疎外されている，家族のことに関して高齢女性の意見が聞かれるとは限らない，祖父母が孫の召使の地位に貶められている，高齢者の遺棄や虐待の問題が指摘されている等）。

　これらの事柄に対応するためには，支援や介入や計画にかかわる複数の制度を用いる必要がある。

と規定している（⇨⑥子ども支援）。同法が児童を18歳未満と規定した理由については，「労働基準法が18歳未満を年少者としていることを参考にして，これをひとつの保護年齢と考えたからである」（児童福祉法研究会1999：49）との説明がある。

　児童福祉法における児童等の概念は，他の社会福祉関係法規と共通しているわけではない。その主なものは次のとおりである。

　母子父子寡婦福祉法（⇨ 4 (2)，(5)）は，満20歳に満たない者を児童と定義する（母福 6 条 2 項）。これに関しては，同法が対象とするひとり親家庭は親が子に扶養義務を負っていることを前提としていることから，民法における扶養義務の問題と関連づけることができる点が指摘されている（佐藤・桑原1998：45）。

　児童手当法（⇨ 3 (1)），児童扶養手当法（⇨ 4 (2)），子ども・子育て支援法は，児童を学年度と関連づけて定義する（児手 3 条 1 項，児扶手 3 条 1 項，子育て支援 6 条 1 項）。また，学校教育法は学齢児童を学年と関連づけて定義する（23条）。なお，同法は幼稚園の対象となる者を幼児とする（77条）が，その定義規定はない。

　特別児童扶養手当法（⇨ 3 (2)）は，障害児や重度障害児を年齢と障害の程度に基き定義する（特別児扶手 2 条 1 項，同 2 項）。また，発達障害者支援法は，発達障害児を発達障害者のうち18才未満のものとする（ 2 条 2 項）。

　条文で特に定義することなく児童や子どもという文言を用いている法律もある。例えば，母子保健法には児童という文言がある。しかし，同法にその定義規定はない。なお，同法における乳児と幼児の定義は，児童福祉法の定義と同一である。子どもの貧困対策法（⇨ 2 ）にも，同法上の子どもの定義規定はない。（ 8 条 2 項 2 号の「子どもの貧困率」における「子ども」については，政令により18歳未満と定義される）。また，労働基準法は最低入職年齢に関して，定義することなく児童という文言を用いている（労基56条）。なお，同法では満18歳に満たない者を年少者とする（労基57条・60条）。

　この他，少年法では20歳に満たない者を少年とする（ 2 条 1 項）。道路交通法では13歳未満の者を児童とし， 6 歳未満の者を幼児として保護の対象とする（14条 3 項）。また，民法には児童・子ども・少年という文言は使われておらず，20歳（2022年 4 月 1 日より18歳）をもって成年とする（ 4 条。婚姻による成年擬制がある［753条］）とともに，未成年者を制限行為能力者とする。

　このように，各法においてそれぞれ制度の目的に応じた児童等の概念が用いられている。それぞれの制度趣旨に留意して児童等の概念を把握する必要がある。

●STEP UP

　コラム7-1の論点に関しては，本沢巳代子「扶養義務（887条以下）との関係―民法の視点から②」法時86巻8号（2014）を読むと良い。本文6(2)の配偶者に関する論点のひとつに，配偶者の定義に同性カップルの当事者を含めて解することは可能かということがある。このことに関しては，論点第第1版～3版所収の増田幸弘「配偶者って何だろう」（Ⅱ-1），同「社会保険とジェンダー」社会保障法研究7号（2017），衣笠葉子「社会保障法制における『配偶者』と意義と再検討」社会保障法37号（2021）をご参照いただきたい。また，多文化ソーシャルワークの観点からは，一夫多妻や一妻多夫の家族に対する社会保険の適用が問題となる。この問題に関する論稿に，増田幸弘「社会保障法における家族像とジェンダー」社会保障法29号（2014）がある。

8 障害者福祉

トピック 合理的配慮って何のこと？

　Aさんが教員として勤務する大学は伝統ある大学だけあって古い建物も多いが，そのような建物は階段や段差だらけでエレベーターやスロープは殆ど設置されていない。そんなAさんの大学に，足に障害があり車椅子で移動する学生が入学願書を出してきた。これまでは受け入れ体制が整っていないとしてそうした学生の入学を断ってきたAさんの大学だが，新聞報道等によると，2016年4月から施行された障害者差別解消法の下では，障害者に「合理的配慮」を行わないと差別になる可能性があるらしい。

　合理的配慮って何のこと？これまでどおり階段が多くて車椅子では移動ができないことを理由に入学を断ってはいけないのだろうか。

　合理的配慮とは，障害者が障害のない者と同様に人権を行使したり，機会や待遇を享受したりするために必要かつ適切な，現状の個別的な変更・調整であって，それを行う側に過度の負担を課さないものをいう。障害者差別解消法は，障害者権利条約を批准するための国内法整備の一環として制定・施行された。同条約は，障害を理由とするあらゆる差別の禁止とそのための合理的配慮の提供を求めている。したがって，エレベーターやスロープの設置に過大な費用がかからないのであれば，大学がそれらの整備をせずにこうした車椅子の学生の入学を拒否することは，合理的配慮を欠くとして差別になる可能性が高い。このような取扱いがされるようになった背景には，障害（者）観の転換がある。

1 障害と障害者——個人モデルから社会モデルへ

　そもそも「障害者」とは，どのような人たちを指す言葉なのだろうか？こう尋ねると，「障害者とは障害を持つ人のことに決まっている」と言われそうである。それでは，「障害」とは何か？

(1) 国際機関における従来の定義

　1975年の第30回国連総会で採択された「障害者の権利宣言」においては，「『障害者』という言葉は，先天的か否かにかかわらず，身体的又は精神的能力の不全

のために，通常の個人又は社会生活に必要なことを確保することが，自分自身では完全に又は部分的にできない人のことを意味する」と定義された。

また，1980年に世界保健機関（WHO）が公表した「国際障害分類」では，障害を①病気・けがが顕在化したもので，形態異常も含む機能障害（impairment），②そのために日常生活に必要な行為が制約される能力障害ないし能力低下（disability），③さらにそのために社会的な役割が十分果たせなくなる社会的不利（handicap）の3つに分けて整理した。これは，障害を医療の対象たる心身のみに限定せず，①心身のレベル，②日常活動のレベル，③社会生活のレベルという3つのレベルで総合的に捉えようとする考え方といえる。さらに，2001年に改定された「国際生活機能分類」においては，こうした考え方を踏まえつつ，環境との相互作用を重視する等の修正が加えられた。

(2)　日本における定義

これに対し，日本では，2011年の改正前の障害者基本法2条が「この法律において『障害者』とは，身体障害，知的障害又は精神障害（以下『障害』と総称する）があるため，継続的に日常生活又は社会生活に相当な制限を受ける者をいう」と規定するなど，伝統的に障害（者）を大きく次のような身体障害・知的障害・精神障害の3区分で捉えてきた。

(a)　**身体障害者**　身体障害者については，身体障害者福祉法が「『身体障害者』とは，［法の］別表に掲げる身体上の障害がある18歳以上の者であつて，都道府県知事から身体障害者手帳の交付を受けたものをいう」と定義している（身障4条）。さらに，その詳細は，省令である身体障害者福祉法施行規則の別表第5号に規定されており，具体的には，視覚障害，聴覚障害，肢体不自由など障害の種類ごとに，障害の程度が1級（最重度）から7級（最軽度）までの7段階に分けられている。定義からも明らかなように，身体障害者福祉法上の身体障害者として扱われるためには身体障害者手帳の交付を受けなければならない（身障15条）。この手帳交付は，申請のあった「身体上の障害がある者」が身体障害者福祉法上の「身体障害者」に該当することを公権的に明らかにする行政処分であると解されていて，同法によるサービス（更生援護）を受ける要件ともなっている。

(b)　**知的障害者**　知的障害者福祉法は，身体障害者福祉法と異なり，知的障害者についての具体的な定義規定を置かず社会通念に委ねている。その理由は，知的障害の定義や判定基準・方法が確立されていないことから，対象を厳格に限

定するよりも幅広く援助・保護を行うことが法目的に適うためと説明されている。ただし，厚生事務次官通知により，知的障害者に対する処遇の一貫性を図り，これらの者が事実上各種援助を受けやすくすることを狙いとして，療育手帳制度が設けられている。しかし，これは，身体障害者手帳と異なり，知的障害者福祉法に規定するサービス（更生援護）を受けるための絶対的要件ではない。

(c) **精神障害者**　精神障害者については，「精神保健及び精神障害者福祉に関する法律（精神保健福祉法）」が「『精神障害者』とは，統合失調症，精神作用物質による急性中毒又はその依存症，知的障害，精神病質その他の精神疾患を有する者をいう」と定義している（精神5条）。もっとも，知的障害者は知的障害者福祉法の対象となっているため，精神保健福祉法による保健・福祉の対象からは除外され（精神45条1項），医療についてのみ対象とされている。

(d) **障害児**　以上に対し，障害児への福祉サービスの提供は，主に児童福祉法により行われている。児童福祉法は「児童」を満18歳未満の者と定義し，身体障害，知的障害又は精神障害（発達障害を含む）のある児童を「障害児」としている（児福4条1項・2項）。なお，実際のサービスの利用に当たっては，児童の保護者がその手続き等をすることになるが，児童福祉法では，親権者・未成年後見人その他の者で児童を現に監護する者を「保護者」と定義している（児福6条）。

(3) 個人モデルから社会モデルへの障害(者)観の転換

身体障害者の定義がその典型であるが，これまでの日本では，例えば「両眼の視力の和が0.01以下である」（視覚障害1級），「両耳の聴力レベルがそれぞれ100デシベル以上である」（聴覚障害2級），「一下肢を大腿の2分の1以上で欠く」（肢体不自由3級），「心臓の機能の障害により社会での日常生活活動が著しく制限される」（心臓機能障害（内部障害）4級）などの（形態異常を含む）機能障害（impairment）をもつ者が障害者であるとされ，障害を改善するためには手術やリハビリテーションなどの医療的な対応が有効であるとする考え方が強かった。このように障害を基本的に個人の問題として捉え，主として障害者への医療的対応で問題解決を図ろうとする考え方を，障害の個人モデルまたは医学モデルという。

これに対し，近年のイギリスやアメリカにおいては，障害者自身の運動の高まりを背景に，障害の社会モデルという考え方が主流となり，国際的に障害概念の転換が図られつつある。障害の社会モデルとは，障害を基本的に社会によって作られた問題とみなし，主として社会環境の改革・改善によって問題解決を図ろう

とする考え方のことであり，このような考え方を取ることで，障害者個人ではなく社会全体が責任をもって障害(者)に関わる様々な問題の解決に取り組んでいくことを求めるものである。

(4)　障害者権利条約

2006年の第61回国連総会で採択された「障害者の権利に関する条約（障害者権利条約）」は，「障害の社会モデル」の考え方を踏まえて，前文(e)で「障害（disability）が発展する概念であることを認め，また，障害が，機能障害を有する者（persons with impairments）とこれらの者に対する態度及び環境による障壁との間の相互作用であって，これらの者が他の者との平等を基礎として社会に完全かつ効果的に参加することを妨げるものによって生ずることを認め［る]」との「障害の概念」を，また，1条で「障害者には，長期的な身体的，精神的，知的または感覚的な機能障害であって，様々な障壁との相互作用により他の者との平等を基礎として社会に完全かつ効果的に参加することを妨げ得るものを有する者を含む」とのコアとなる「障害者の概念」を規定した。

この障害者権利条約は，前文と50条の条文からなる障害者の権利の具体化・実質化を図るための包括的な人権条約であり，①個人モデル（医学モデル）から社会モデルへの障害概念の転換のほか，②障害を理由とするあらゆる差別の禁止とそのための合理的配慮の提供（5条），③建物・交通機関・情報・サービス等に対するアクセシビリティ（利用の容易さ）の保障（9条），④障害者の（他の者との平等を基礎とする）自立生活と地域社会へのインクルージョン（包容）の保障（19条），⑤あらゆる段階におけるインクルーシブ教育の保障（24条），⑥障害者の労働の権利を実現するための差別禁止と積極的な差別是正措置等（27条）といった障害者の権利を具体化・実質化するための様々な条文を規定している。

(5)　障害者法制の見直し

日本は，2007年9月に障害者権利条約への署名を終えた後，批准に向けての準備作業を進めていった。政府（鳩山民主党内閣）は2009年12月に「障がい者制度改革推進本部」を設置し，同本部の下に設けた「障がい者制度改革推進会議」（推進会議）を中心に改革案の検討を進め，2010年6月に，①障害者基本法の改正，②障害を理由とする差別の禁止に関する法律の制定，③「障害者総合福祉法」（仮称）の制定を柱とする「障害者制度改革の推進のための基本的な方向について」を閣議決定した。

　この閣議決定に基づき，2011年8月に障害者基本法が大幅に改正され，2013年6月には「障害を理由とする差別の解消の推進に関する法律（障害者差別解消法）」が成立した。

　また，障害者総合福祉法の制定に関しては，推進会議の下に設けられた「総合福祉部会」が2011年8月に，既存の障害者自立支援法を廃止しそれに代えて「障害者総合福祉法」を制定すべきことを提言したが，翌2012年6月に成立した法律は，名称こそ「障害者の日常生活及び社会生活を総合的に支援するための法律（障害者総合支援法）」と改められたものの，新法の制定ではなく障害者自立支援法の一部改正に止まった。

　こうした経緯を経て，日本は，2014年1月20日に障害者権利条約に批准した（⇨詳しくはトピック第15版を参照）。

⑹　差別禁止と合理的配慮

　2011年改正後の障害者基本法においては障害者の定義が社会モデルに沿うような形で見直され，「障害者」は「身体障害，知的障害，精神障害（発達障害を含む）その他の心身の機能の障害（以下，「障害」と総称する）がある者であつて，障害及び社会的障壁により継続的に日常生活又は社会生活に相当な制限を受ける状態にあるものをいう」（障基2条1号）と規定された。また，新たな用語である「社会的障壁」は，「障害がある者にとつて日常生活又は社会生活を営む上で障壁となるような社会における事物，制度，慣行，観念その他一切のもの」（障基2条2号）と定義された。そして，新たに4条として，①障害を理由とする差別その他の権利利益侵害行為の禁止（障基4条1項），②社会的障壁の除去の実施についての「必要かつ合理的な配慮」の義務付け（同条2項），③国による啓発・知識普及のための情報の収集・整理・提供（同条3項）を内容とする「差別の禁止」が規定され，差別禁止規定が改正前より具体的で詳細なものに改められた。

　障害者差別解消法は，障害者基本法4条に規定するこうした「差別の禁止」をさらに具体化しようとするものである。同法は，その目的として，障害を理由とする差別の解消を推進することにより，すべての国民が，相互に人格と個性を尊重し合いながら共生する社会の実現に資することを掲げ（障差1条），政府が障害を理由とする差別の解消の推進に関する基本方針を策定することとしている（障差6条）。なお，障害者と社会的障壁の定義については，障害者基本法と同じものを採用した（障差2条）。

　そして，行政機関や民間事業者が，障害者を障害を理由として障害者でない者と不当な差別的取扱いをすることにより，その権利利益を侵害することを差別として禁止し，その中には実施に伴う負担が過重でないにも拘らず社会的障壁の除去の実施について必要かつ合理的な配慮をしないこと（民間事業者については努力義務）も含むとした（障差7条・8条）。

　また，差別解消のための支援措置として，①国や地方公共団体が，相談及び紛争の防止・解決のための体制を整備すること，②国や地方公共団体が，障害を理由とする差別禁止のための啓発活動を行うこと，③障害者の自立と社会参加に関わる事務に従事する国・地方公共団体の機関は，障害者差別禁止のための情報交換・協議・取組み等を行うための「障害者差別解消支援地域協議会」を組織できること，などを規定している（障差14条～20条）。

　このほか「障害者の雇用の促進等に関する法律（障害者雇用促進法）」についても，2013年に障害者権利条約に対応する改正が行われ，雇用分野における障害を理由とする差別の禁止や事業主に対する合理的配慮の提供義務などが規定された。

　障害者基本法や障害者差別解消法にいう「必要かつ合理的な配慮」は本章冒頭のトピックに掲げた「合理的配慮」と同義と解されるが，障害者権利条約はそれを「障害者が他の者との平等を基礎として全ての人権及び基本的自由を享有し，又は行使することを確保するための必要かつ適当な変更及び調整であって，特定の場合において必要とされるものであり，かつ，均衡を失した又は過度の負担を課さないもの」（2条）というように説明している。具体的には，例えば，
- 車いすを利用する学生の要望に応じて，介助者を付けたり階段わきにスロープを設置したりする，
- 視覚障害のある学生の要望に応じて，点字による試験を実施したり試験時間を延長したりする，
- 知的障害のある労働者の要望に応じて，業務指導者を定めたり図等を活用したわかりやすい業務マニュアルを作成したりする，

といったことが考えられよう。

　障害者の概念・定義については，今後，他の法律においても社会モデルの考え方を踏まえた見直しを進めていく必要がある。

2 障害者法制の体系

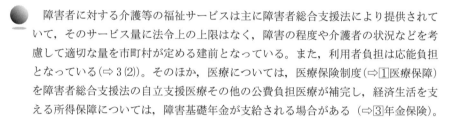

トピック 重度障害者に対する介護サービスは十分か？

現在22歳のＢさんは，ALS（筋萎縮性側索硬化症）という難病による重度の障害をもっていて，母親のＣさんにほぼ昼夜付ききりで生活の面倒をみてもらっている。Ｂさんの介護などで睡眠も満足にとることができないＣさんの大変さを目の当たりにして，その負担を少しでも軽くしたいと思ったＢさんは，自分の住んでいる市にホームヘルパーの派遣を頼もうと考えた。しかし，高齢者の介護保険では保険で使えるサービスに上限があるそうだ。それを聞いたＢさんは，お金の心配なしにヘルパーによる十分な介護をうけられるかどうか心配でたまらない。

障害者に対する介護等の福祉サービスは主に障害者総合支援法により提供されていて，そのサービス量に法令上の上限はなく，障害の程度や介護者の状況などを考慮して適切な量を市町村が定める建前となっている。また，利用者負担は応能負担となっている（⇨3(2)）。そのほか，医療については，医療保険制度（⇨①医療保障）を障害者総合支援法の自立支援医療その他の公費負担医療が補完し，経済生活を支える所得保障については，障害基礎年金が支給される場合がある（⇨③年金保険）。

(1) 障害者基本法

障害者に対する制度・施策は，福祉サービスの提供だけに限らず広範多岐にわたるが，そうした制度・施策全体についての基本原則，種類や体系，方針等を定めた基本的法律が障害者基本法である。

同法は，1条で個人の尊重の理念にのっとり共生社会を実現するため，障害者の自立および社会参加支援等のための施策を総合的かつ計画的に推進することを目的として掲げ，既に述べたとおり（⇨1(6)），2条で社会モデルに基づく障害者の定義を採用し，4条で差別の禁止について定めている。

そして，1条の目的達成のため，同法は，障害者の自立および社会参加の支援等のための基本的施策（障基14条〜30条）と障害の原因となる傷病の予防に関する基本的施策（障基31条）について条文を置いている。自立および社会参加の支援等のための基本的施策として取り上げられている分野は，医療，介護，保健，生活支援，年金・手当，教育，療育，職業相談・指導・訓練・紹介，雇用促進，

住宅確保，公共的施設や情報利用のバリアフリー化，相談や成年後見等の障害者の権利利益の保護，税や公共施設利用料等の経済的負担の軽減，文化・スポーツ，防災・防犯，消費者としての保護，選挙等における配慮，司法手続における配慮，国際協力などと幅広い。

　そのほか，国・地方公共団体・国民の責務（障基6条・8条），障害者週間の設定（障基9条），障害者施策に関する基本的計画の策定（障基11条），障害者政策委員会の設置（障基32条〜35条）などについて規定が置かれている。

(2)　障害者福祉法制

　障害者基本法に掲げられた障害者の自立および社会参加の支援等のための基本的施策は，各分野における支援策を進めるに当たってのいわば基本的考え方を示したものであり，これらの施策の具体化は，例えば，年金・手当分野については年金保険各法の障害年金に係る規定や特別児童扶養手当等の支給に関する法律，教育分野については学校教育法の特別支援教育に係る規定，雇用分野については障害者雇用促進法，バリアフリーの分野については「高齢者，障害者等の移動等

コラム *8-1*　障害者福祉の歴史

　第2次世界大戦後の障害者福祉施策は，1949年の身体障害者福祉法の制定からスタートした。1950年代後半からの高度経済成長期に入ると，重度障害者への社会的支援が強化されるとともに，1960年には精神薄弱者福祉法（現・知的障害者福祉法）や身体障害者雇用促進法（現・障害者雇用促進法）が制定されるなど，障害者に対する制度・施策は徐々に整備され，1970年には，障害者施策の総合的な推進を図るため心身障害者対策基本法（現・障害者基本法）が制定された。

　その後，「完全参加と平等」をテーマとした1981年の国際障害者年とこれに続く「国連・障害者の十年」を契機として，障害者の在宅福祉の推進や社会参加の促進に力が注がれるようになる。この時期（1980年代〜1990年代前半）の施策としては，障害基礎年金制度の創設，障害者の在宅福祉サービスの法定化及び身体障害者福祉行政の市町村への一元化，ハートビル法の制定，障害者プランの策定などがある。

　こうした流れは社会福祉基礎構造改革（⇨コラム9-1）にも引き継がれ，2000年には，①措置から契約（支援費支給制度）への移行，②地域で生活する障害者の自立を支援する事業の社会福祉事業としての法定化，③知的障害者福祉及び障害児福祉に係る権限の都道府県から市町村への委譲等を内容とする制度改正が行われた。また，新たな成年後見制度の成立（1999年），交通バリアフリー法の制定（2000年），新たな障害者基本計画の策定と新障害者プランの策定（2002年）などの施策も展開された。そして，2005年には新たに障害者自立支援法が制定されたが，同法は2010年の大幅改正を経て，2012年の改正により障害者総合支援法に改称された。

の円滑化の促進に関する法律（バリアフリー法）」といった個別の各法律に委ねられている。このうち福祉サービスの提供に関するものについては，現在，障害者総合支援法が中心的な役割を果たしているが（⇨その内容については，3），そのほかにも次のような法律が存在し，障害者総合支援法と相まって，同法がカバーしないサービス・給付の提供や行政措置を行うなど，重要な役割を果たしている。

(a)　身体障害者福祉法　　身体障害者福祉法は，障害者総合支援法と相まって，身体障害者の自立と社会経済活動への参加を促進するための援助及び必要な保護（更生援護）を行うことにより，身体障害者の福祉の増進を図ることを目的として，①更生援護の総合的実施に努める国・地方公共団体の責務や国民の協力の責務，②身体障害者福祉についての，市町村，市町村福祉事務所，都道府県，身体障害者更生相談所等の業務，③更生援護の内容（指導啓発，支援体制の整備，身体障害者手帳の交付，診査・更生相談，やむを得ない事由により障害者総合支援法によるサービス提供ができない場合の市町村によるサービス提供措置，社会参加の促進等），④身体障害者生活訓練等事業等及び身体障害者社会参加支援施設（各事業・施設の定義，事業・施設への規制等）等について規定している。

(b)　知的障害者福祉法　　知的障害者福祉法は，障害者総合支援法と相まって，知的障害者の自立と社会経済活動への参加を促進するための援助および必要な保護（更生援護）を行うことにより，知的障害者の福祉の増進を図ることを目的として，①更生援護の実施に努める国・地方公共団体の責務や国民の協力の責務，②知的障害者福祉についての，市町村，市町村福祉事務所，都道府県，知的障害者更生相談所等の業務，③更生援護の内容（支援体制の整備，やむを得ない事由により障害者総合支援法によるサービス提供ができない場合の市町村によるサービス提供措置，職親への委託等）等について規定している。

(c)　精神保健福祉法　　精神保健福祉法は，精神障害者の医療及び保護を行うとともに，障害者総合支援法と相まって，その社会復帰・自立・社会経済活動への参加を促進するための援助を行うことにより，精神障害者の福祉の増進と国民の精神保健の向上を図ることを目的として，①法律の目的実現のための国・地方公共団体および国民の責務，②精神保健福祉センター，③精神保健指定医，④精神科病院，⑤精神科救急医療の確保，⑥医療及び保護の内容・手続き（任意入院，措置入院，医療保護入院等），⑦保健および福祉施策の内容（精神障害者保健福祉手帳の交付，相談指導等），⑧精神障害者社会復帰促進センター等について規定し，精

神障害者の医療・保護と保健・福祉の両面からの施策を行っている（⇨論点第2版Ⅵ-4）。

(d)　発達障害者支援法　発達障害者支援法は，発達障害者（自閉症，アスペルガー症候群，注意欠陥多動性障害等の発達障害がある者であって，発達障害及び社会的障壁により日常生活又は社会生活に制限を受けるもの）が障害者基本法の理念にのっとり個人としての尊厳にふさわしい日常生活・社会生活を営むことができるよう，その生活全般を支援することにより共生社会の実現に資することを目的として，①発達障害者支援の基本理念（社会参加の機会確保，どこで誰と生活するかの選択の機会の確保，地域社会における共生，社会的障壁の除去等），②国・地方公共団体・国民の責務，③早期発見と支援のための相談・情報提供・助言，④関係機関・団体間の情報共有の促進，⑤教育・就労・地域生活における支援，⑥権利利益の擁護（虐待防止対策の推進，成年後見制度の利用促進等），⑦司法手続における配慮，⑧発達障害者支援地域協議会の設置等について規定している。同法は2016年6月に改正され，発達障害者の定義が障害の社会モデルを踏まえたものに改められるとともに，支援の充実が図られた。なお，発達障害者は，障害者基本法や障害者総合支援法，障害者雇用促進法などにおいては精神障害者に含まれるとされ（障基2条1号，障総4条1項，障雇2条1号および6号），これらの法律の適用を受けるが，これは，発達障害者が精神障害者に概念的に含まれることを確認的に規定したものと解される。

(e)　その他　障害児に対する施設サービス（障害児通所支援，障害児入所支援）は，児童福祉法に規定されている（⇨3⑵⒝⒤㋔）。

また，障害者差別解消法は，障害者基本法4条に規定する「差別の禁止」の具体化を図るものであるが，差別禁止に係る規定の効力は，福祉サービス分野を含む各分野に及ぶことになる。以上のような各法律の関係について福祉サービス分野を中心に図で示すと，図表8-1のようになる。

このほか，障害者に対する養護者・障害者福祉施設従事者・使用者等からの虐待を防止するとともに，養護者に対する支援を行うことを目的として「障害者虐待の防止，障害者の養護者に対する支援等に関する法律（障害者虐待防止法）」が制定されている。さらに，2021年には，医療的ケア児（日常生活及び社会生活を営むために恒常的に医療的ケア（人工呼吸器による呼吸管理，喀痰吸引等）を受けることが不可欠である児童）の健やかな成長を図るとともに，その家族の離職の防止に

図表 8-1　障害者福祉法制の関係―福祉サービス分野を中心に―

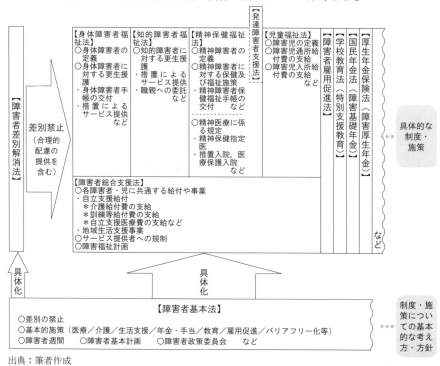

出典：筆者作成

資すること等を目的として「医療的ケア児及びその家族に対する支援に関する法律」が制定された。

3　障害者総合支援法の概要

　障害者に対する福祉サービスは，従前は身体障害者福祉法や知的障害者福祉法といった対象者ごとの個別法律に基づく措置制度（⇨コラム 8-3）により主に提供されてきたが，2000年の社会福祉基礎構造改革（⇨コラム 9-1）の一環としての制度改正により契約方式の支援費支給制度（⇨コラム 8-3）に切り替えられた後，2005年制定の障害者自立支援法の自立支援給付に変更され，2012年の改正で障害者自立支援法が障害者総合支援法に改称されて現在に至っている（⇨コラム 8-1）。本節では，福祉サービスの提供に関し，現在中心的な役割を果たしている障害者総合支援法の概要を見ていこう。

(1)　目的・基本理念・対象・市町村等の責務

　障害者総合支援法は，障害者基本法の基本的理念にのっとり，身体障害者福祉法などの既存の障害者福祉関係各法とあいまって，障害者・児（以下，「障害者等」という）が基本的人権を享有する個人としての尊厳にふさわしい日常生活又は社会生活を営むことができるよう，必要な障害福祉サービスに係る給付，地域生活支援事業その他の支援を総合的に行い，その福祉の増進を図ること等を目的としている（障総1条）。そして，内容的には，①福祉だけでなく医療等も対象とした自立支援給付の実施，②地方公共団体による地域生活支援事業の実施，③国・都道府県・市町村による障害福祉計画の策定等を柱としている。

　2012年の法改正で，障害者基本法の目的規定等（障基1条～3条）を踏まえ，

コラム *8-2*　障害者の雇用保障

　障害者の所得保障という観点からは，年金や特別障害者手当と並んで，雇用の確保による賃金の支払いが極めて重要であり，障害者であっても働いて自ら所得を得ることができるような環境が整えられる必要がある。この障害者の雇用を促進し職業の安定を図ることを目的とした法律として，障害者雇用促進法がある。同法は，障害者たる労働者について職業生活上の能力発揮の機会の付与と職業人としての自立努力の責務を基本的理念として掲げた上で（3条・4条），厚生労働大臣による障害者雇用対策基本方針の策定（7条），職業リハビリテーション（職業紹介，職業訓練等）の推進（第2章），国・地方公共団体や一般事業主（民間企業等）の雇用義務（第3章）などを規定している。

　このうち，一般事業主の雇用義務について，障害者雇用促進法は，政令で定める障害者雇用率（法定雇用率（2.3%））以上の割合で障害者を雇用する義務を事業主に課すとともに（43条），法定雇用率を下回る事業主からはその度合いに応じて障害者雇用納付金を徴収するなどの措置を講じている（53条以下）。納付金の納付義務対象となる企業は，常時雇用労働者100人超の企業とされている。また，事業主が障害者の雇用に特別な配慮をした子会社を設立し一定の要件を満たすとの厚生労働大臣の認定を受けた場合には，その子会社を親会社の一事業所とみなして両方を合わせて雇用率を算定できる「特例子会社」という仕組みも設けられている（44条）。

　しかし，実際の障害者雇用率（2021年6月で2.2%）は，なお法定雇用率を下回っている。

　障害者総合支援法には，就労支援にかかるサービスが規定されているだけでなく，市町村や指定事業者・施設が公共職業安定所その他の職業リハビリテーション機関と緊密な連携を図るべきことが明記されている（障総2条・42条）。障害者の就労が促進されることを期待したい（⇨論点第3版Ⅲ-5）。

障害者等への支援は，①社会参加の機会が確保されること，②どこで誰と生活するかについての選択の機会が確保され，地域社会における他の人々との共生が妨げられないこと，③社会的障壁の除去に資することを旨として，総合的・計画的に行われるべきことを謳った基本理念が追加された（障総1条の2）。

障害者総合支援法の対象となる「障害者」は，身体障害者福祉法が規定する身体障害者，知的障害者福祉法にいう知的障害者のうちの18歳以上の者，精神保健福祉法が規定する精神障害者（発達障害者を含み，知的障害者を除く）のうちの18歳以上の者及び一定の障害を有する難病患者等（⇨論点第2版V-4）のうちの18歳以上の者である（障総4条1項）。また，同法の対象となる「障害児」は児童福祉法に規定する障害児である（障総4条2項）。先行する障害者福祉関係各法の定義を採用することにより伝統的な身体障害・知的障害・精神障害の3区分を踏襲しつつも，それらを包括的に同一制度のサービスの対象としている点が特徴的といえよう。

これらの障害者等に対するサービス提供等は，原則として市町村（特別区を含む）が一元的に実施し，都道府県がそれをサポートする。具体的には，市町村は，①障害者等が自立した日常生活または社会生活を営むことができるよう，関係機関と連携して自立支援給付および地域生活支援事業を総合的・計画的に行うこと，②障害者等の福祉に関する情報提供，相談，調査，指導等を行うこと，③意思疎通につき支援が必要な障害者等がサービスを円滑に利用できるよう必要な便宜を供与すること，④虐待の防止・早期発見のための関係機関との連絡調整その他障害者等の権利擁護のために必要な援助を行うことをその責務とし（障総2条1項），都道府県は，(a)市町村が行う事業が適正・円滑に行われるよう，助言・情報提供その他の必要な援助を行うこと，(b)市町村と連携を図りつつ一部の自立支援医療費（育成医療，精神通院医療）の支給業務や地域生活支援事業を総合的に行うこと，(c)障害者等に関する相談・指導のうち専門的な知識・技術を必要とするものを行うことなどをその責務としている（障総2条2項）。また，国も，市町村や都道府県の行う事業が適正・円滑に行われるよう，助言・情報提供その他の必要な援助を行うこととされている（障総2条3項）。さらに，国及び地方公共団体は，障害福祉サービスや相談支援および地域生活支援事業の提供体制の確保に努めるべきとされている（障総2条4項）。そして，具体的なサービス提供の仕組みとしては，次のような自立支援給付制度が導入された。

(2)　自立支援給付

(a)　概　要　現在障害者等に対するサービス提供方式の中心を占めている自立支援給付制度は，障害の種別や在宅・施設の区別にとらわれずに，障害者等に共通するサービスをその機能に着目して再編し，それに対応する給付を行うことにより，障害者等が自立した日常生活又は社会生活を送ることを支援しようとするものである。生活面だけなく就労面の支援も含む広範な福祉関係の給付に加え，相談支援や医療，補装具までも給付の対象としているところが特徴的である。

　具体的な自立支援給付の種類としては，①介護給付費の支給，②特例介護給付費の支給，③訓練等給付費の支給，④特例訓練等給付費の支給，⑤特定障害者特別給付費の支給，⑥特例特定障害者特別給付費の支給，⑦地域相談支援給付費の支給，⑧特例地域相談支援給付費の支給，⑨計画相談支援給付費の支給，⑩特例計画相談支援給付費の支給，⑪自立支援医療費の支給，⑫療養介護医療費の支給，⑬基準該当療養介護医療費の支給，⑭補装具費の支給，⑮高額障害福祉サービス等給付費の支給の15種類がある（障総6条）。いずれも金銭給付であるが，これらは大きく，主として福祉サービスに係る給付（①～⑥），主として相談支援に係る給付（⑦～⑩），主として医療サービスに係る給付（⑪～⑬），補装具費の支給（⑭）および利用者負担の軽減に係る給付（⑮）の5つに分けることができる。また，福祉サービスに係る給付の柱としては，介護をメインとするもの（①および②）と訓練をメインとするもの（③および④）がある。内容的に介護保険や健

図表 8‒2　措置（委託）制度の仕組み

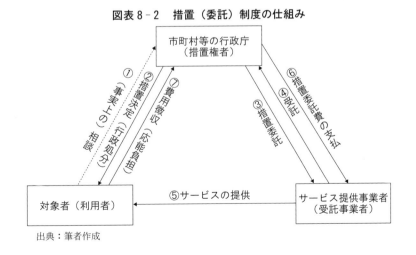

出典：筆者作成

康保険の給付等と共通するものも多いが，障害者がそれらの保険給付等と自立支援給付の両方を受けることができる場合には，基本的に前者の保険給付等が優先する（障総7条）。これに関し，当該障害者の生活状況や介護保険給付の申請をせずに自立支援給付の申請をした経緯等を考慮し，他の利用者との公平の観点を加味してもなお自立支援給付を行わないことが不相当であるといえる場合には，両方を受けることができる場合には当たらないので自立支援給付を行うべきとした裁判例がある（岡山地判平30・3・14）。また，その控訴審判決（広島高岡山支判平30・12・13）は，7条に基づく自立支援給付の不支給決定は裁量処分であるとして，社会観念審査を用いて裁量権の逸脱・濫用（処分の違法性）の判断を行い，不支給決定処分を違法とした。

(b)　福祉サービスに係る自立支援給付

(i)　給付手続

福祉サービスに係る自立支援給付のうちの中心的な給付である介護給付費，特例介護給付費，訓練等給付費，特例訓練等給付費（以下「介護給付費等」と総称する）の支給を受けるためには，まず市町村による介護給付費等の支給決定を受けなければならない。支給までの具体的手続きは次のようになっている（障総19条〜22条・29条）（⇨図表8-3）。

①　サービスの利用にあたり，介護給付費等の支給を希望する障害者または障害児の保護者は，市町村に対し支給申請を行う。

②　市町村は，申請のあった障害者等の心身の状況や置かれている環境等の調査をした上で，介護給付費または特例介護給付費の支給希望者については，6段階の障害支援区分（障害の多様な特性その他の身心の状態に応じて必要とされる標準的な支援の度合を総合的に示すものとして厚生労働省令で定める区分（障総4条4項））の認定を行う。この認定は，市町村に設置され，障害者等の保健または福祉に関する学識経験者で構成された「介護給付費等の支給に関する審査会」（障総15条1項，以下，「市町村審査会」という）の審査及び判定の結果に基づき行われる（障総令10条）。

③　その上で，市町村は，障害支援区分，介護者の状況，サービスの利用に関する申請者の意向その他の厚生労働省令で定める事項（他のサービスの利用状況等）を勘案し，また，必要があれば市町村審査会等の意見を聴いたうえで，支給を行うことが適切であると認めるときは，申請者に対して介護給付費等の支給決定を行い，障害福祉サービス受給者証を交付する。市町村は，

図表8‐3　自立支援給付制度の仕組み（介護給付費等の場合）

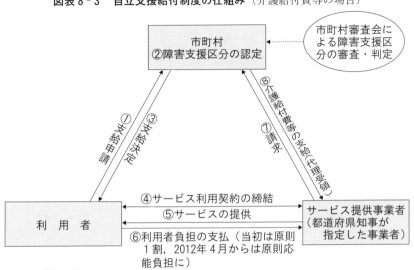

出典：筆者作成

支給要否決定を行うにあたって必要と認められる場合（基本的にすべての場合（障総則12条の2））には，市町村長が指定する特定相談支援事業者（指定特定相談支援事業者）が作成するサービス等利用計画案またはそれに代えて厚生労働省令で定めるサービス等利用計画案（セルフケアプラン等）の提出を申請者側に求め，それも参考として決定を行う。なお，訓練等給付費の支給にあたっては，暫定支給決定を行ったうえで，訓練効果の期待可能性や障害者本人の利用意思等を確認・評価した上で正式の支給決定を行うこととされている（支給決定手続の詳細については，⇨図表8‐4）。

　支給決定を行った場合は，市町村は，各障害者ごとに，障害福祉サービスの種類ごとに厚生労働省令で定める支給期間（1カ月間とされている）において介護給付費等の支給対象となる障害福祉サービスの量（サービス支給量）も定める。なお，介護サービスの支給量（時間数）決定により介護サービス利用時間が不当に減らされたかどうかが争われ，決定が一部取り消された裁判例がある（東京地判平22・7・28，和歌山地判平22・12・17，大阪高判平23・12・14）。このうち，和歌山地裁の判決は一定幅の支給量の介護サービスの支給を，また，その控訴審である大阪高裁の判決は一定量以上の介護サービスの支給を行政庁に義務付けた（⇨コラム10‐4も参照）。

図表 8 - 4 　支給決定の手続

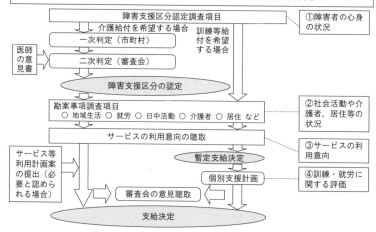

障害者の福祉サービスの必要性を総合的に判定するため，支給決定の各段階において，①障害者が必要とする標準的な支援の度合（障害支援区分），②社会活動や介護者，居住等の状況，③サービスの利用意向，④訓練・就労に関する評価を把握し，支給決定を行う。

出典：厚生労働省資料を一部改変

④　介護給付費等の支給決定を受けた者は，都道府県知事の指定を受けた事業者・施設に受給者証を提示して契約を結ぶことにより，サービスを利用する（介護給付費または訓練等給付費の場合）。

⑤　サービスを利用したときは，利用者は，指定事業者・施設に対し，利用者負担を支払う。利用者負担の額は，前身である障害者自立支援法制定当初はサービスの利用に要した費用の原則として1割の定率負担（いわゆる応益負担）であったが，2010年の法改正により原則応能負担（「サービスを利用した障害者の家計の負担能力その他を考慮して政令で定める額」を負担，ただし1割負担の方が負担額が少なくなる場合は1割負担）に改められた（2012年4月施行）（⇨コラム8-4）。そのほか，施設・住居系のサービス（施設入所支援等）を利用した場合には，食費や居住・滞在に要する費用（光熱水費等）その他の日常生活に要する費用なども原則として全額が利用者負担となる。

⑥　市町村は，サービス利用に要する費用の全額から利用者負担額を控除した額を，利用者に介護給付費等として支給する。ただし，金額的に介護給付費等の大部分を占める介護給付費および訓練等給付費については，実際には，その給付費相当額を市町村が利用者に代わり指定事業者・施設に支払うこと

で利用者に給付費を支給したものとみなすこと（法定代理受領という）により，現物給付化されている。

　この自立支援給付制度によるサービス提供は，先行して実施された介護保険制度におけるサービス提供の仕組み（⇨②介護保障）ときわめて類似しているが，支給の要否決定に当たり障害支援区分だけでなく介護者の状況や利用者の意向等も考慮され，サービス支給量も各利用者ごとに決定される点でなお違いがあり，行政がサービスの必要性を判断する余地が介護保険制度の場合よりも大きいという意味では，措置制度に近い要素も多少残っているといえる。また，支給決定の効力は，介護保険における要介護認定等（介保27条8項等）と異なり申請日まで遡らないことからみて，その法的性格は確認行為ではなく形成行為と解され，この点でも措置に近い。

　(ii)　**給付内容**　福祉サービスに係る自立支援給付の概要は次のとおりである。

　㋐　**介護給付費**　居宅介護，重度訪問介護，同行援護，行動援護，医療以外の療養介護，生活介護，短期入所，重度障害者等包括支援，施設入所支援の各サービスに要する費用を支給する給付である（障総28条1項）（各サービスの概要については，⇨図表8-5）。障害者に対する介護サービスだけでなく，一定程度以上の重度障害者に対する移動支援サービスも給付対象に含まれる。

コラム8-3　措置制度

　措置制度とは，市町村等の行政庁（措置権者）が，自らの判断・決定により，在宅福祉サービスや福祉施設への入所を必要とする者に対して，それらのサービスの提供（あるいは社会福祉法人等への提供委託）を行う制度のことである（⇨図表8-2）。行政庁が相手方の申請を必要とせず職権でサービス提供の可否・内容等を決定する職権主義にその特徴があり，費用は，公費（租税）のほか，利用者本人と家族（扶養義務者）からの所得に応じた費用徴収（徴収者は行政庁）により賄われる。

　この措置（委託）制度は，行政がサービスを受ける必要性の高い人に優先的にサービスを提供し実質的な公平（結果の公平）を守る仕組みとしては優れているが，反面，①利用者の権利の保障が不十分，②利用者がサービスを選択できない，③所得調査があるため，サービス利用への心理的抵抗感を伴う，④サービス提供者間の競争原理が働かず，サービスの内容が画一的になりがちといった問題があるとされた。このため，サービス提供体制の充実に伴い「措置から契約へ」の流れが強まる中，障害者がサービス提供者と直接サービス利用契約を結ぶ支援費支給制度に切り替えられ，さらに障害者自立支援法による自立支援給付制度へと移行した。

図表8-5　障害福祉サービスの概要

介護給付費の対象サービス	①居宅介護（ホームヘルプ）	自宅で，入浴，排せつ，食事の介護等を行う
	②重度訪問介護	重度の障害のため常に介護を必要とする人に，自宅や病院で，入浴，排せつ，食事の介護，外出時における移動支援などを総合的に行う
	③同行援護	重度視覚障害者の外出時に同行し，移動を支援する
	④行動援護	自己判断能力が制限されている人が行動するときに，危険を回避するために必要な支援，外出支援を行う
	⑤療養介護（医療を除く）	医療と常時介護を必要とする人に，医療機関で機能訓練，療養上の管理，看護，介護及び日常生活の世話を行う
	⑥生活介護	常に介護を必要とする人に，昼間，入浴，排せつ，食事の介護等を行うとともに，創作的活動又は生産活動の機会を提供する
	⑦短期入所（ショートステイ）	自宅で介護する人が病気の場合などに，短期間，夜間も含め施設で，入浴，排せつ，食事の介護等を行う
	⑧重度障害者等包括支援	介護の必要性が非常に高い人に，居宅介護等複数のサービスを包括的に行う
	⑨施設入所支援（障害者支援施設での夜間ケア等）	施設に入所する人に，夜間や休日，入浴，排せつ，食事の介護等を行う
訓練等給付費の対象サービス	⑩自立訓練（機能訓練・生活訓練）	自立した日常生活又は社会生活ができるよう，一定期間，身体機能又は生活能力の向上のために必要な訓練を行う
	⑪就労移行支援	一般企業等への就労を希望する人に，一定期間，就労に必要な知識及び能力の向上のために必要な訓練を行う
	⑫就労継続支援（A型＝雇用型，B型＝非雇用型）	一般企業等での就労が困難な人に，働く場を提供するとともに，知識及び能力の向上のために必要な訓練を行う
	⑬就労定着支援	一般企業等に就労した障害者に，一定期間，企業や関係機関等との連絡調整その他の，生活課題を解決して就労継続を図るために必要な支援を行う
	⑭自立生活援助	施設やグループホームから地域での一人暮らしに移行した障害者に，一定期間，定期的な巡回訪問や随時の対応により，自立した日常生活を営む上で必要な情報提供や助言などの，地域生活を支援するための援助を行う
	⑮共同生活援助（グループホーム）	夜間や休日，共同生活を行う住居で，相談や入浴・排せつ・食事の介護等を行う

注　就労継続支援A型における就労については原則として雇用契約が締結され労働関係法規が適用されるが，B型における就労（いわゆる福祉的就労）については雇用契約は結ばれず労働関係法規も適用されない。
出典：厚生労働省資料を一部改変

⑦　**訓練等給付費**　自立訓練，就労移行支援，就労継続支援，就労定着支援，自立生活援助，共同生活援助の各サービスに要する費用を支給する給付である（障総28条2項）（各サービスの概要については，⇨図表8-5）。

　介護給付費の支給対象となるサービスと訓練等給付費の支給対象となるサービスを併せて「障害福祉サービス」と呼んでいる（障総5条1項）。

⑦　**特例介護給付費又は特例訓練等給付費**　①介護給付費等の支給申請から支給決定までの間に緊急その他やむを得ない理由により指定事業者・施設からの障害福祉サービスを受けた場合，②指定事業者・施設としての基準を完全には満

たしていないがそのうちの都道府県の条例で定める一定の事項を満たしている事業者・施設からのサービス（基準該当障害福祉サービスという）を受けた場合，等で市町村が必要と認めたときにサービスに要した費用を事後的に償還払いで支給する給付である（障総30条）。

（エ）　**特定障害者特別給付費**　　　低所得の障害者（特定障害者）が施設入所支援，共同生活援助等の施設・住居系サービスを利用した場合の食費や居住費・滞在費等の負担軽減を図るために支給される給付である。平均的な食費・居住費を勘案して厚生労働大臣が定める基準額（食費等の基準費用額，ただし実際の費用がそれよりも少ないときは実費）と利用者の所得等を勘案して厚生労働大臣が定める方法により算定された負担限度額との差額が支給される（障総34条，障総令21条）が，実際には法定代理受領により現物給付化されている。

（オ）　**特例特定障害者特別給付費**　　　特定障害者が支給申請から支給決定までの間に緊急その他やむを得ない理由により施設入所支援等を受けた場合や施設・住居系の基準該当障害福祉サービスを受けた場合に，基準費用額と負担限度額との差額を，事後的に償還払いで支給する給付である（障総35条）。

（カ）　〔補足〕**障害児に対する施設サービスの取扱い**

障害児に対する施設サービスについては，施設数が少なくサービスの専門性も高いことから障害者自立支援法制定当初より自立支援給付制度の対象外とされ，その所管は市町村ではなく都道府県とされたが，同法の制定と併せて児童福祉法も改正され，そのサービス提供方式は，措置制度によるサービス提供から契約方式によるサービス提供の仕組みに改められた。その後，2010年の法改正により児童福祉法も大幅に改正され，障害種別に分かれていた施設サービスを，それぞれ障害児通所支援，障害児入所支援に一元化するとともに，通所施設サービス（障害児通所支援）についての所管を都道府県から市町村に改める（入所施設サービス（障害児入所支援）の所管は引き続き都道府県），障害児相談支援を個別給付化する等の見直しが行われた（施行は2012年4月）。障害児通所支援に対しては障害児通所給付費等が，障害児入所支援に対しては障害児入所給付費等が，障害児相談支援に対しては障害児相談支援給付費等が支給されるが，その基本的な仕組みは，障害者総合支援法における自立支援給付の仕組みと同様である（児福21条の5の2〜21条の5の14・24条の2〜24条の8・24条の25〜24条の27）。

（iii）　**サービスの提供者──指定事業者・施設**　　　障害者総合支援法における福

祉に係るサービスの提供者としては，障害福祉サービスのうち施設入所支援を除いたものを提供する指定障害福祉サービス事業者，施設入所支援を提供する指定障害者支援施設の2つがある。これらの事業者・施設については，都道府県知事が事業者・施設からサービス内容や事業運営状況に関する情報の報告を求め，公表するものとされている（障総76条の3）。両者への法規制は基本的に同様なので，以下指定障害福祉サービス事業者について見ておこう。

　㋐　**事業者の指定**　　指定障害福祉サービス事業者になろうとする者は，障害福祉サービスの種類および事業を行う事業所ごとに都道府県知事の指定を受けなければならない（障総36条1項）。就労継続支援その他の特定障害福祉サービス（他に生活介護）については，そのサービス量も定めて指定を行うこととされている（障総36条2項）。都道府県知事は，申請者が都道府県の条例で定める者（例えば法人）でないとき，都道府県の条例で定める人員・設備・運営に関する基準を満たしていないとき，申請者が一定の刑罰に処せられたり以前に指定取消を受けていたりするなどその適格性に問題があるとき等一定の場合には，指定をしてはならない（障総36条3項）。なお，都道府県の条例のコアとなる部分については，厚生労働省令により基準が定められている。また，特定障害福祉サービスについては，指定によりそのサービス量が都道府県障害福祉計画（⇨コラム8−5）に定められたサービス必要量の見込みを超えるときは，知事は指定を行わないことができる（障総36条5項）。これについては，障害者支援施設の指定についても同様の規定がある（障総38条2項）。

　㋑　**事業者の責務**　　指定を受けた障害福祉サービス事業者は，人員・設備・運営に関する基準を遵守するとともに（障総43条），①障害者等が自立した日常生活又は社会生活を営むことができるよう，障害者の意思決定の支援に配慮するとともに，関係機関と連携して障害福祉サービスを常に障害者の立場に立って効果的に行うよう努めること，②提供するサービスの質の評価を行うなどしてサービスの質の向上に努めること，③障害者等の人格を尊重し，法令を遵守して忠実にその職務を遂行することといった責務を負う（障総42条）。

　㋒　**事業者への指導監督**　　都道府県知事または市町村長は，必要があると認めるときは，指定障害福祉サービス事業者やその従業員等に対し，報告や帳簿書類等の提出・提示，出頭，職員による質問・立入検査の受入れ等を求めることができる（障総48条）。このうちで公権力の行使に当たらないもの（質問，文書提出

依頼等）は，都道府県知事が指定する民間法人に委託できる（障総11条の２）。また，都道府県知事は，指定障害福祉サービス事業者が人員・設備・運営に関する基準に違反したときは，改善勧告さらに改善命令を行うことができる（障総49条）。

　㋑　**指定の効力停止・取消**　都道府県知事は，指定障害福祉サービス事業者が，一定の刑罰に処せられたとき，法令遵守や忠実職務遂行の責務に違反したとき，人員・設備・運営に関する基準に違反したとき，給付費の不正請求をしたとき，報告・出頭・検査等を拒否・妨害したとき等一定の要件に該当する場合は，期間を定めて指定の全部または一部の効力を停止することや，指定を取り消すことができる（障総50条）。

　(c)　**相談支援に係る自立支援給付**　2010年の法改正により以下のような給付が創設され，障害者に対する相談支援の充実が図られた。

　(i)　**地域相談支援給付費および特例地域相談支援給付費**　地域相談支援給付費は，地域相談支援に要する費用を支給する給付である（障総51条の14）。地域相談支援とは，地域移行支援（施設入所障害者等に対し地域生活に移行するための活動に関する相談その他の便宜を供与すること）または地域定着支援（一定の在宅障害者との連絡体制を確保して緊急事態における相談その他の便宜を供与すること）をいう（障総５条18項・20項〜21項）。

　特例地域相談支援給付費は，地域相談支援給付費の支給決定を受けた障害者が，支給申請から給付決定までの間に緊急その他やむを得ない理由により地域相談支援を受けた場合に，その相談支援に要した費用を事後的に償還払いで支給する給付である（障総51条の15）。

　地域相談支援給付費および特例地域相談支援給付費の給付手続きは，基本的に介護給付費等の給付手続きと同様である（障総51条の６〜51条の７・51条の14〜51条の15）（⇨ 3 ⑵(b)(i)）。ただし，利用者負担はなく全額が給付される。

　地域相談支援と基本相談支援（障害者・児やその保護者・介護者からの相談に応じ，情報提供・助言・サービス事業者等との連絡調整その他の便宜を総合的に供与すること）を提供する事業者を指定一般相談支援事業者という。指定一般相談支援事業者になろうとする者は，地域相談支援の種類および事業所ごとに都道府県知事の指定を受け，その指導監督に服する。その内容および法的仕組みは，指定障害福祉サービス事業者におけるものと基本的にパラレルである（障総５条18項〜19項・51条の19以下）。

(ii)　**計画相談支援給付費および特例計画相談支援給付費**　計画相談支援給付費は，介護給付費等の支給申請を行っている障害者または障害児の保護者が計画相談支援を受けた場合に，それに要した費用を支給する給付である（障総51条の17）。計画相談支援とは，サービス利用支援（介護給付費等または地域相談支援給付費等の支給決定プロセスにおいて，決定前のサービス等利用計画案および決定後のサービス等利用計画を作成すること）または継続サービス利用支援（支給決定後の定期的なサービス等利用計画の見直し（モニタリング）を行うこと）をいう（障総5条18項・22項〜23項）。

特例計画相談支援給付費は，指定特定相談支援事業者以外の者から計画相談支援を受けた場合で市町村が必要と認めたときに，その相談支援に要した費用を事後的に償還払いで支給する給付である（障総51条の18）。

計画相談支援給付費および特例計画相談支援給付費の支給は，基本的に介護給付費等または地域相談支援給付費等の給付手続の一環として行われる。利用者負担はなく全額が給付される。

計画相談支援と基本相談支援を提供する事業者を指定特定相談支援事業者という。指定特定相談支援事業者になろうとする者は，事業所ごとに市町村長の指定を受け，その指導監督に服する。その内容および法的仕組みは，指定障害福祉サービス事業者におけるものと基本的にパラレルである（障総5条18項・51条の19以下）。

なお，障害者総合支援法では，基本相談支援，地域相談支援および計画相談支援のことを「相談支援」と呼んでいる（障総5条18項）。

(d)　**医療サービスに係る自立支援給付**

(i)　**自立支援医療費**　自立支援医療費の支給は医療サービスに係る自立支援給付のうちの中心的な給付である。自立支援医療は，従前の身体障害者福祉法の更生医療，児童福祉法の育成医療および精神保健福祉法の精神通院医療を統合再編することにより支給認定手続きや利用者負担の仕組みの共通化を目指したもので，「障害者等につき，その心身の障害の状態の軽減を図り，自立した日常生活又は社会生活を営むために必要な医療であって政令で定めるもの（具体的には前記3医療を規定）」と定義されている（障総5条24項）。

自立支援医療費の支給手続きは，①利用を希望する障害者または障害児の保護者から市町村（更生医療の場合）または都道府県（育成医療，精神通院医療の場合）

（以下「市町村等」という）への支給申請→②市町村等による支給の要否の認定
（支給を認める場合は受診すべき医療機関も併せて決定し，受診医療機関名や認定の有
効期間等を記載した自立支援医療受給者証を申請者に交付する）→③利用者と医療機
関との契約にもとづく受療（受給者証の提示が必要）と利用者負担（原則応能負担
プラス入院時の食費標準負担）の支払→④市町村等による自立支援医療費の支給
（原則として法定代理受領により現物給付化）となっており（障総52条〜54条・58条），
基本的に介護給付費等の支給手続きと同様であるが，支給認定にあたり市町村審
査会が関与せず，自立支援医療の必要性の判断と給付内容の決定をともに市町村
等が行うところが異なっている。

　この自立支援医療を提供する医療機関を指定自立支援医療機関という。指定自
立支援医療機関になろうとする病院・診療所・薬局は，前記3つの自立支援医療
の種類ごとに都道府県知事の指定を受け，その指導監督に服する。その内容およ
び法的な仕組みは，指定や指定取消の要件等は若干異なるものの，指定障害福祉
サービス事業者におけるものと基本的にパラレルと考えてよいであろう（障総59
条〜69条）。

(ii)　療養介護医療費および基準該当療養介護医療費　　療養介護医療費は，療

コラム 8-4　応能負担と応益負担

　措置制度によるサービス提供においては，利用者負担は費用徴収という形で行わ
れていた。これは，措置による福祉サービスを受けた場合には，市町村が定めた費
用徴収基準に基づき，利用者本人およびその扶養義務者の負担能力（所得水準）に
応じて市町村が費用（利用者負担）を徴収するものである。高所得者であれば費用
の全額を徴収されることもある反面，低所得者は自己負担ゼロということもあり得
るのが応能負担である。支援費支給制度においては，利用者負担は事業者・施設に
直接支払うこととなったが，それが応能負担であるという点については措置における
費用徴収と異ならなかった。

　これに対し，医療保険や介護保険における定率の利用者負担は，利用者が受けた
医療サービスや介護サービス（＝利益）の量（額）に応じた負担をするので応益負担
と呼ばれる。そして，障害者自立支援法においても原則定率1割という応益負担が
採用されたため，負担増となる利用者層からは強い反発を招いた。このため，低所
得者について経過的なものも含め種々の負担軽減措置が講じられたが，政治的には
応益負担を応能負担に戻す動きが強まり，2010年に同法が改正されて利用者負担は
応能負担を原則とすることに改められ，それは障害者総合支援法にも引き継がれた。

養介護に係る介護給付費の支給決定を受けた障害者が，指定障害福祉サービス事業者や指定障害者支援施設から療養介護医療（療養介護のうち医療に係るもの）を受けた場合に，市町村から支給される給付である（障総70条）。法定代理受領により現物給付化され，利用者負担は自立支援医療と同様である。

また，基準該当療養介護医療費は，療養介護に係る特例介護給付費の支給決定を受けた障害者が基準該当サービスに相当する療養介護医療（基準該当療養介護医療という）を受けた場合に，市町村から事後的に償還払いで支給される給付である（障総71条）。

(e) **補装具費の支給**　補装具とは，障害者等の身体機能を補完・代替し，かつ長期間継続使用されるものその他の厚生労働省令で定める基準に該当するものをいい，具体的には厚生労働省告示により義肢，装具，車いす，歩行器等が定められている（障総5条25項）。市町村は，障害者または障害児の保護者から補装具費の支給申請があり，障害の状態から見て補装具の購入・修理・（一定の場合の）借受けが必要と認められるときは，購入・修理・借受けに要した費用額（厚生労働大臣が定める基準により算定される）を事後的な償還払いで支給する。ただし，所得による支給制限がある。利用者負担は，原則応能負担である（障総76条）。

(f) **高額障害福祉サービス等給付費**　障害福祉サービスの利用者負担と介護保険法の介護給付等対象サービスの利用者負担と補装具費の利用者負担の合算額が著しく高額となる場合（詳細は政令で規定）に，サービス利用者の負担が過重となることを防ぐ見地から，負担上限額を超えた部分を事後的に償還払いで支給する給付である（障総76条の2）。なお，65歳に至るまでに相当の長期間にわたり障害福祉サービスを利用してきた低所得の高齢障害者が引き続き障害福祉サービスに相当する介護保険法によるサービスを利用する場合にも，その介護保険サービスの利用者負担を軽減するため，高額障害福祉サービス等給付費が支給される。

(g) **費用負担**　自立支援給付の支給に要する費用は，利用者負担部分を除くと公費（租税）で賄われていて，市町村・都道府県・国が法の規定に基づいて分担している。負担割合は，都道府県が支給する自立支援医療費（育成医療及び精神通院医療）については国1/2・都道府県1/2の割合で，また，それ以外の自立支援給付については国1/2・都道府県1/4・市町村1/4の割合で負担している（障総92条～95条）。

（3）　地域生活支援事業

　自立支援給付制度と並ぶ障害者の自立生活支援の柱が地域生活支援事業である。障害者総合支援法においては，障害者が地域で自立した生活を行うことを地域の実情に応じ総合的に支援するため，市町村による地域生活支援事業として，①障害者等の自立生活に対する理解を深めるための研修・啓発，②障害者等やその家族，地域住民等が自発的に行う活動への支援，③障害者等やその保護者・介護者に対する相談・情報提供・助言や虐待防止等のための関係機関との連絡調整その他の権利擁護のための支援，④障害者による成年後見制度の利用支援，⑤市民後

コラム *8-5*　障害福祉計画

　障害者総合支援法は，障害福祉サービス等の提供基盤を整備するために，国および地方公共団体が障害福祉計画を定める旨を規定している。

　国のレベルでは，厚生労働大臣が，障害福祉サービス，相談支援および地域生活支援事業の提供体制を整備し，自立支援給付等の円滑な実施を確保するための基本的な指針（基本指針）を定める（障総87条）。

　市町村は，基本指針に即して，提供体制の確保に係る目標，計画期間内の各年度における指定障害福祉サービス等の種類ごとの必要量の見込み，見込量確保のための方策（定めるよう努める事項），地域生活支援事業の種類ごとの実施に関する事項等を定めた市町村障害福祉計画を策定する（障総88条）。計画は，市町村障害者計画（障基11条）や市町村地域福祉計画（社福107条）と調和を保つ必要があり，また，計画の策定にあたっては，都道府県の意見を聴くとともに，予め住民の意見を反映させるために必要な措置を講ずるよう努めなければならない。

　同様に，都道府県も，基本指針に即して，各市町村を通ずる広域的な見地から，提供体制の確保に係る目標，計画期間内の各年度における県内の一定の区域ごとの指定障害福祉サービス等の種類ごとの必要量の見込み，見込量確保のための方策（定めるよう努める事項），各年度の指定障害者支援施設の必要入所定員総数，地域生活支援事業の種類ごとの実施に関する事項，サービス従事者の確保・資質向上のための措置（定めるよう努める事項）等を定めた都道府県障害福祉計画を策定する（障総89条）。都道府県知事が新たに事業者や施設を指定することにより，特定障害福祉サービスの供給量や入所定員総数が，計画で定められたサービス必要量の見込みや施設の必要入所定員総数をオーバーするときは，知事は当該事業者・施設の指定を行わないことができる（障総36条5項・38条2項）。

　また，市町村と都道府県は，障害児についても障害福祉計画と同様の内容の障害児福祉計画を策定することとされているが，これは障害福祉計画と一体のものとして作成することができる（児福33条の20・33条の22）。

見人等の人材の育成・活用を図るための研修，⑥意思疎通に支障のある障害者等に対する手話通訳その他の意思疎通支援者の派遣，⑦日常生活用具の給付・貸与その他の便宜供与，⑧意思疎通支援者の養成，⑨外出時の障害者等の移動の支援（障総5条26項），⑩地域活動支援センター（障総5条27項）等における創作的活動や生産活動の機会の提供，社会との交流促進などの便宜供与，などの事業が規定されている（障総77条）。

　市町村は，地域における相談支援の中核的機関として，相談支援事業（上記③），成年後見制度利用支援事業（上記④），障害者の福祉に関する情報提供・相談・調査・指導等の業務を総合的に行う基幹相談支援センターを設置することができる（障総77条の2）。

　また，都道府県は，相談支援事業（上記③），意思疎通支援者派遣事業（上記⑥）及び意思疎通支援者養成事業（上記⑧）のうち，特に専門性の高い事業や広域的な対応が必要な事業を行うほか，障害者福祉のための人材育成事業等を行うことができるものとされている（障総78条）。

　この地域生活支援事業の費用は，市町村事業については，国1/2以内・都道府県1/4以内の補助を受けた残りを市町村が負担し，また，都道府県事業については，国1/2以内の補助を受けた残りを都道府県が負担する（障総92条〜95条）。

　Bさんは，これらの事業も適宜活用して，日常生活だけでなく社会参加も含め地域での自立した生活を目指すことになる。

●STEP UP

　制定当初の障害者自立支援法についてより詳しく知りたい人には，河野正輝『社会福祉法の新展開』（有斐閣，2006）や障害者福祉研究会編『逐条解説　障害者自立支援法』（中央法規出版，2007）を，2010年12月の法改正についてより詳しく知りたい人には，『速報　障害者自立支援法の改正』（中央法規出版，2011）を，そして2012年に改称された障害者総合支援法について理解を深めたい人には，障害者福祉研究会編『逐条解説　障害者総合支援法』（中央法規出版，2013）をお勧めする。

　また，障害者権利条約については，長瀬修・東俊裕・川島聡編『障害者の権利条約と日本——概要と展望〔増補改訂版〕』（生活書院，2012）を，障害者福祉法制を含む障害法制の全体像については，菊池馨実・中川純・川島聡編著『障害法〔第2版〕』（成文堂，2021）を参照してほしい。

最新情報 1

　障害者差別解消法は2021年 5 月に改正され，改正法は翌 6 月 4 日に公布された（施行は公布日から起算して 3 年を超えない範囲内において政令で定める日）。主な改正内容は，①障害を理由とする差別（障害者差別）の解消の推進に関しての国と地方公共団体の連携協力の責務の追加，②民間事業者による社会的障壁の除去の実施に係る必要かつ合理的な配慮の提供の必須義務化，③障害者差別を解消するための支援措置の実施に関する基本的事項の政府基本方針への追加，④障害者差別に関する相談に対応する人材の国・地方公共団体による育成・確保の責務の明確化，⑤地方公共団体による障害者差別とその解消のための取組みに関する情報収集・整理・提供の努力義務の追加である。

最新情報 2

　障害者総合支援法および児童福祉法（障害児施策）の次期見直しについて，2021年12月に社会保障審議会障害者部会が議論の中間整理を取りまとめた。中間整理では，①事業所等への助言援助機関としての児童発達支援センターの専門的機能を強化する，②児童発達支援・放課後等デイサービスの在り方としては，全領域をカバーしたうえで重点的支援内容を決めていく「総合支援型」（仮称）を基本型とする，③児童発達支援センターと事業所が，インクルージョン（地域社会への参加・包摂）の推進に関して後方支援と移行支援という役割分担と連携を行う，④障害児通所支援の給付決定にあたり，個々の障害児に特に必要とされる発達支援の内容等について十分に把握することができる指標を新たに設ける，⑤児童発達支援・放課後等デイサービスの自己評価票・保護者評価票の改善を図るとともに，ガイドライン上 の評価票の内容を最低限実施する評価方法とする，⑥都道府県が，関係者との協議の場を設け，過齢児の移行調整および地域資源の整備等に関する総合的な調整を行う，⑦都道府県が，過齢児の移行調整に必要となる相談支援やグループホーム等の体験利用について一元的・包括的に決定できる仕組みを設ける，などの一定の方向性を得た障害児通所支援や過齢児の移行調整について必要な措置を講じるべきとした上で，障害者の居住支援，相談支援，就労支援，精神障害者等に対する支援，障害福祉サービス等の質の確保・向上など，さらに議論が必要な事項（12の論点）については，引き続き議論を継続し2022年半ばまでを目途に最終的な報告書の取りまとめを目指すとした。

9 社会福祉

トピック　会社によってサービス内容に違いがあるのだろうか？

　学生Ａさんの家族は，父親の転勤で引っ越すことになった。住み慣れた街で暮らしたいおばあさんは東京に住み続けることにした。引っ越しの手伝い中，おばあさんがケガをしてしまい，介護保険の訪問介護サービスを受けることになった。ケアプランを立ててくれたケアマネージャーの話によれば，この地区では，訪問介護サービスを提供している会社として，わかりやすいホームページを開設している株式会社甲山サービス，同じ地区の人が事業をしている NPO 法人乙海の会，昔からサービスを提供している社会福祉法人丙川園の３つがある。Ａさん家族とおばあさんはどの事業者を選んだらよいか迷っている。３つには何か違いがあるのだろうか？

　社会福祉基礎構造改革により「措置から契約（利用者選択）へ」制度転換が図られた（⇨コラム 9 - 1 ）。利用者は，行政の決定ではなく自身の選択によって事業者と契約を結び，福祉サービスを受けることとなった。サービス提供者は，行政により委託された社会福祉法人に限らず，NPO 法人や営利企業等となった。提供されるサービスの内容は，どの事業者でも変わらない。しかし，提供者が多様になったがゆえに，サービスの質の差が出たり，利用者が選択に迷うことが多くなった。そこで，一定の法規制が必要になったのである。ここでは，社会福祉法を中心とする法制度について見ていこう。

1　社会福祉における登場人物とその役割

　ここで，社会福祉の登場人物とその役割について触れておこう。

(1) 事 業 者

　福祉サービスを提供する側に関して，社会福祉法は「社会福祉を目的とする事業」を経営する者（以下「事業者」）として定める。事業者は，多様な福祉サービスを提供するにあたり，①福祉サービス利用者の意向を十分に尊重すること，②保健医療福祉機関と連携を図り，福祉サービスと保健医療サービスを総合的に提供することができるように事業を実施すること，が求められる（社福 5 条）。

　実際の事業実施には，事業に従事する人（以下「従事者」）も必要であり，社会福祉法は，従事者の確保のための施策についても定めている（社福 9 章）。

(2) 利 用 者

福祉サービスの利用者側に関して，社会福祉法は，利用者の権利を定めている。利用者の権利は，前述の事業者に課せられた義務（努力義務も含めて）の裏返しでもある。利用者の意向が十分に尊重されること，また，福祉サービスを適切に利用できるように情報提供を受ける権利（社福75条）や利用契約を結んだ際に事業者から，説明をうける権利（社福76条）や書面を交付される権利（社福77条）等が定められている。

(3) 制度の調整役──国と地方公共団体

利用者が求める福祉サービスをバランス良く提供するために，制度全体の調整を担う者として，社会福祉法は，国と地方公共団体を挙げる。国および地方公共団体は，事業者と協力して，社会福祉を目的とする事業が広く計画的に行われるよう，福祉サービスを提供する体制の確保と，適切な利用を推進する施策その他の必要な措置を講じなければならない（社福6条）。

国のなかでも主に厚生労働省が，社会保障制度全体を見渡し，適切な施策を実行している。施策の決定にあたり，有識者や当事者の意見を反映させるため，社会保障審議会と呼ばれる会議体に，諮問することがある。社会保障審議会は，医療，統計，福祉文化，介護給付費などの分科会と，福祉，人口，医療，年金，児童などの部会から成り，社会保障や人口問題に関する重要事項を調査審議し，国（厚生労働大臣）に対して，答申する機関である（厚労省設置法7条）。答申に基づいて法律や命令，行政機関内部のやりとりである通達が作られ，それらに従って地方公共団体が実際に福祉行政を担う。地方公共団体のうち都道府県は，市町村の福祉行政に対する支援，障害認定，介護施設・障害者施設の指定（⇨⑧障害者福祉）や保育所の認可などを行う。市町村は，要介護認定（⇨②介護保障）や，保育所の利用調整（⇨⑥子ども支援）などを行う。また，市町村はその地域に適った福祉を推進し，住民の参加を促進するため，地域福祉計画を立てる（社福107条）。地域福祉計画を立てる際には，住民や事業者，社会福祉活動関係者に意見を聴くことになっており，住民らの意見が尊重される。都道府県は，市町村が立てた地域福祉計画を支援するために，地域福祉支援計画を策定し（社福108条），市町村支援のほか，従業者の確保・資質向上，市町村が実施する福祉サービスの相談体制・供給体制確立のための基盤整備について定める。

なお，福祉行政を担う機関は福祉事務所（⇨⑩生活保護）である。福祉事務所

は，都道府県および特別区を含む市に設置が義務付けられている（社福14条）。福祉事務所は，生活保護や児童扶養手当，母子父子寡婦福祉法に関する事務のほか，身体障害者，知的障害者に関する事務等を実施する。

(4) 社会福祉の地域応援団──社協・共同募金・民生委員

社会福祉法は，事業者を支える人や経済的支援についての定めもおいている。たとえば，社会福祉協議会（以下「社協」）（社福109条〜111条）や共同募金（社福112条〜124条）である。社協は，地域福祉の推進を目的とする民間団体であり（社福109条），各地区，市町村，都道府県にそれぞれ存在している（社福109条・110条）。主な事業として，事業者や関連団体への連絡・調整，ボランティアセンター等によるボランティアの普及や支援，高齢者・障害者・児童への生活支援，相談援助等がある（社福109条）。東日本大震災をはじめ，災害時には，全国から集まる物資の管理・配付やボランティアの受付・派遣等の役割を果たした（⇨第15版コラム9-3，論点第3版Ⅵ-2）。共同募金は，毎年「赤い羽根」で知られる募金事業であり，都道府県単位で，毎年1回大々的に行われる寄附金の募集である（社福112条）。共同募金は，実は，後に述べる第一種社会福祉事業であり（社福113条1項），透明性，公正性を保つために，配分委員会という特別な委員会を置いて配分を決定し（社福115条・117条），区域内の事業者に寄附金を配分している。配分された寄附金は，高齢者サロンや学童保育，地域防犯活動や障害者施設での活動に使われている。

民生委員は，都道府県知事の推薦によって厚生労働大臣から委嘱され（民委5条1項），市町村の区域におかれる（民委3条）。任期は3年であり，無給である（民委10条）。各家庭の生活状況を把握したり，地域住民の相談を受け，必要な援助を受けられるよう支援する（民委14条）。また，民生委員は，地域の子どもたちが元気に安心して暮らせるように，子どもたちを見守り，子育ての不安や妊娠中の心配ごとなどの相談・支援等を行う，児童委員も兼ねる（児福16条2項・17条）。全国で約23万人の民生委員が活躍している。近年の高齢者の孤独死・孤立死や認知症高齢者の徘徊，高齢者や障害者に対する災害時の声かけや避難の手伝いなど，地域社会が担わなければならない課題が山積みであるが，個人情報保護の観点から，民生委員に必要な情報が提供されないなど，ジレンマに陥っている。

ブリッジブック 社会保障法〔第3版〕

菊池馨実 編

稲森公嘉・高畠淳子・中益陽子 著

四六変・並製・396 頁　ISBN978-4-7972-2362-0 C3332

定価：3,520 円（本体 3,200 円）

コラムや図表も益々充実の2色刷テキスト、待望の第3版！

国際人権・刑事法概論〔第2版〕

尾﨑久仁子 著

A5変・並製・432 頁　ISBN978-4-7972-2805-2 C3332

定価：4,290 円（本体 3,900 円）

進展著しい国際人権法、変転著しい国際刑事法。種々の条約の制定・改正、国際社会での出来事をはじめ、2004 年の初版刊行以降の動向を丹念にフォロー。国際人権・刑事法の現在地を活写する！

入門経済刑法

穴沢大輔・長井長信 著

A5変・並製・352 頁　ISBN978-4-7972-7525-4 C3332

定価：2,970 円（本体 2,700 円）

毎日の日常生活でも、意外に身近なところに経済刑法の問題が潜んでいる。急増する若者被害の「予防策」として、法規制や罰則など、刑法の基本から応用までを事例で学ぶ、経済刑法の入門書。

〒113-0033　東京都文京区本郷6-2-9-102　東大正門前
TEL:03(3818)1019　FAX:03(3811)3580　E-mail:order@shinzansha.co.jp

 信山社
http://www.shinzansha.co.jp

プラクティス民法
債権総論〔第5版補訂〕
潮見佳男 著

A5変・上製・730頁 ISBN978-4-7972-2795-6 C3332
定価：5,500円（本体5,000円）

2020年施行の民法（債権法）改正対応版

新債権総論（I・II）
〔法律学の森〕潮見佳男 著

I 定価：7,700円（本体7,000円）
　　A5変・上製・906頁 ISBN978-4-7972-8022-7
II 定価：7,260円（本体6,600円）
　　A5変・上製・864頁 ISBN978-4-7972-8023-4

新法ベースのプロ向け債権総論体系書

新契約各論（I・II）
〔法律学の森〕潮見佳男 著

I 定価：6,600円（本体6,000円）
　　A5変・上製・548頁 ISBN978-4-7972-8024-1
II 定価：6,600円（本体6,000円）
　　A5変・上製・532頁 ISBN978-4-7972-8025-8

契約各論の理論的体系書

〒113-0033 東京都文京区本郷6-2-9-102 東大正門前
TEL:03(3818)1019 FAX:03(3811)3580 E-mail:order@shinzansha.co.jp

信山社
http://www.shinzansha.co.jp

国際法秩序とグローバル経済
〔間宮勇先生追悼〕
柳原正治・森川幸一・兼原敦子・濱田太郎 編
A5変・上製・632頁　ISBN978-4-7972-8124-8 C3332
定価：27,500円（本体25,000円）

動きの速い法現象と国際法秩序

国際社会における法の支配を目指して
〔学術選書 220〕
松井芳郎 著

A5変・上製・352頁　ISBN978-4-7972-8246-7 C3332
定価：9,680円（本体8,800円）

国際法形成における多様な行為体の役割

続・安全配慮義務と契約責任の拡張
〔学術選書 192〕
宮本健蔵 著

A5変・上製・372頁　ISBN978-4-7972-6792-1 C3332
定価：11,000円（本体10,000円）

労働者の尊厳を守り、安全・安心な社会へ

〒113-0033　東京都文京区本郷6-2-9-102　東大正門前
TEL：03(3818)1019　FAX：03(3811)3580　E-mail：order@shinzansha.co.jp

信山社
http://www.shinzansha.co.jp

昭和少年法（1）
改正論議編 I
〔日本立法資料全集 170〕

森田　明 編

昭和40年代少年法改正論議をめぐる「法制審議会少年法部会会議議事速記録」（第1回〜第70回）、および「法制審議会会議議事速記録」（第45回、第80回〜第87回）の全文を収録する。本巻では「審議経過」解説および法制審議会少年法部会第1回から第11回までを収録する。論点ハシラ、発言者索引つき。

菊変・上製・498 頁
ISBN978-4-7972-4200-3 C3332
定価 55,000 円（本体 50,000 円）

情報公開法制定資料（14）
〔平成11年〕参考資料編 III
〔日本立法資料全集 149〕

塩野　宏 監修 小早川光郎・宇賀克也・藤原靜雄 編著

参考資料編 I〜III は、関係官庁や関係機関・組織が部会等に提出した提案書・意見書をとりまとめたもので、部会・小委員会の進行に合わせて編集している。本巻には、第31回〜57回部会、第1回〜7回小委員会、その他の提出資料を収録。

菊変・上製・432 頁
ISBN978-4-7972-4144-0 C3332
定価 49,500 円（本体 45,000 円）

〒113-0033 東京都文京区本郷6-2-9-102 東大正門前
TEL:03(3818)1019 FAX:03(3811)3580 E-mail:order@shinzansha.co.jp

信山社　http://www.shinzansha.co.jp

2　福祉サービスの提供事業者

(1)　事業者の多様化

聖徳太子が四天王寺に設けたとされる四箇院や，四箇院のうち悲田院や施薬院での光明皇后の活動等，貧しい者や保護者のいない児童に対してなされてきた慈善事業が，社会福祉事業のはじまりであるとされる。社会福祉事業は，慈善事業の流れを汲み，需要と供給といった市場のルールにしたがったサービスの提供が難しい分野とされてきた。

しかし現在ではトピックのように，さまざまな法人が訪問介護サービスを提供している。特に，訪問介護サービスは，次に述べる第2種社会福祉事業に該当す

コラム 9-1　社会福祉基礎構造改革と社会福祉法の誕生

「社会福祉法」という名称の法律が誕生したきっかけは，1997年に開催された厚生省社会援護局長の私的懇談会である社会福祉事業等のあり方に関する検討会である。1998年6月には，中央社会福祉審議会社会福祉構造改革分科会が，「社会福祉基礎構造改革について（中間まとめ）」を公表した。ここでは，「国民全体を対象として，（自らの努力だけでは自立した生活を維持できなくなるような生活上の様々な）問題が発生した場合に社会連帯の考え方に立った支援を行い，個人が人としての尊厳をもって，家庭や地域の中で，障害の有無や年齢にかかわらず，その人らしい安心のある生活が送れるよう自立を支援すること」をめざし，国民意識や社会環境に合わせ，急激に進行する少子高齢化，核家族化，人口減少社会に対応できる社会福祉制度を築くことを提言した。提言を基礎として，2000年，従来の社会福祉事業法を改正した社会福祉法が誕生した。この改正は，後に社会保障に対する考え方を「措置から契約（選択利用）へ」（行政が行政処分により福祉サービス内容を決定する措置制度から利用者が事業者と対等な関係に基づき福祉サービスを選択する利用制度）と，大きく転換させた改革として語られることとなる。

社会福祉法は，「社会福祉を目的とする事業」の全分野における共通的基本的事項を定めた法律であり，その目的として，福祉サービス利用者の利益保護，地域福祉の推進，社会福祉事業の公明かつ適正な実施の確保，社会福祉を目的とする事業の健全な発達を挙げている（社福1条）。さらに，これら事業が実施する福祉サービスの基本理念は，個人の尊厳の保持であり，その内容は，福祉サービス利用者の心身の健全育成，および能力に応じた自立した日常生活を支援する良質かつ適切な福祉サービスでなければならない（社福3条）。まさに大きな制度転換のおおもとと言うべき規定である。

るので，さまざまな法人がサービスを提供することが可能である（⇨図表9-1）。なお，トピックでは3つの法人を取り上げているが，現実には医療法人なども，第2種社会福祉事業を営むことができる。医療法人とは，病院，医師もしくは歯科医師が常時勤務する診療所，介護老人保健施設又は介護医療院を開設しようとする社団又は財団である（医療法39条）。高齢者に訪問介護サービスを提供する居宅サービス事業所の法人別シェアは，営利法人69.8%，社会福祉法人15.7%，医療法人5.3%，NPO法人4.9%等となっている（厚生労働省「令和2年介護サービス施設・事業所調査」）。年々営利法人の割合が高くなっており，2020年に倒産が過去最多（118件）を記録した。しかし，2021年は，COVID-19をめぐる資金繰りの支援策や介護報酬の0.7%アップにより，倒産は大幅減（81件）となっている（東京商工リサーチ2022年1月14日公開）。

(2) 第1種社会福祉事業・第2種社会福祉事業

慈善事業の流れを汲む第1種福祉事業は，利用者の生命や身体を守るために，事業の安定，継続をはかる必要が特に高いとされるもので，公的支援も厚く，その多くは利用者が施設入所するタイプのものである（⇨図表9-2）。第1種社会福祉事業の経営者は，原則として，国，地方公共団体又は社会福祉法人に限定されている（社福60条）。これら以外の者が第1種社会福祉事業を経営しようとするときには，あらかじめ施設設置場所の都道府県知事の許可を受けなければならない（社福62条2項・67条2項）。

第2種社会福祉事業は，主に通所や在宅の福祉サービスを提供する事業を指し，近年の福祉の市場化の影響を受け，事業者間の競争が求められることから，事業経営者を制限していない（⇨図表9-2）。また，事業の開始・変更・廃止の手続きは，次に述べる第1種社会福祉事業よりは簡易で，都道府県知事に対し，事業開始から1カ月以内に届出をすればよい（社福69条）。

(3) 社会福祉法人

社会福祉法人が事業を開始・廃止するときは，あらかじめ，都道府県知事に届け出なければならず，その内容は施設の名称・種類，設置者の氏名・住所・経歴・資産状況のほか，定款，建物等の規模・構造，事業開始予定年月日，施設の管理者・実務担当者（幹部職員）の氏名・経歴，利用者に対する処遇の方法である（社福62条1項）。社会福祉法人以外の者が事業を開始する場合には，前記届出内容のほか，経営財源の調達・管理の方法，施設管理者の資産状況，建物等の使

図表 9 - 1　　法人の種類とその要件等

	社会福祉法人	特定非営利活動法人（認定 NPO を除く）	医療法人（社会医療法人を除く）	株式会社
根拠法	社会福祉法	特定非営利活動促進法	医療法	会社法
目的等	社会福祉事業を行うことを目的とする法人	特定非営利活動を行うことを目的とする法人	病院，診療所又は介護老人保健施設を開設する法人	営利を目的とする法人
設立規制	所轄庁の認可（所轄庁：都道府県知事，市長，厚生労働大臣）	所轄庁の認証（所轄庁：都道府県知事，指定都市長）	都道府県知事の認可（2 以上の都道府県の区域に病院等を開設する法人は厚生労働大臣による認可）	公証人の定款認証
役員等	理事：6 人以上 監事：2 人以上 任期：2 年以内（再任可） 評議員：7 人以上 会計監査人（特定社福法人の場合）	理事：3 人以上 監事：1 人以上 任期：2 年以内（再任可）	理事：原則 3 人以上 監事：1 人以上 任期：2 年以内（再任可）	取締役：原則 1 人以上 監査役：原則任意 任期： 　取締役 2 年以内 　監査役 4 年以内
資産要件	・社会福祉事業を行うために，直接必要な物件について所有権を有しているか，地方公共団体から貸与されていること ・社会福祉施設を経営しない法人は 1 億円以上の資産を有すること	規定なし	・病院，診療所，介護老人保健施設の業務を行うために必要な施設，設備，資金を有すること ・施設，設備は所有すること	規定なし
資金調達	寄附金，補助金など	寄附金，補助金など	寄附金，基金，医療機関債など	株式など
指導監督	所轄庁： 　業務・会計の状況報告徴収，検査 →必要な措置命令，業務の全部 ・一部停止命令，役員の解職勧告，解散，公益事業・収益事業の停止命令	所轄庁： 　業務・財産の状況報告徴収，検査 →必要な措置命令，設立認証取消	都道府県知事： 　業務・会計の報告徴収，検査 →必要な措置命令，業務の全部 ・一部停止命令，役員の解任勧告，設立認可取消	なし

定期監査等	（特定社福法人の場合） ・会計監査人による監査の義務付け ・定款，事業計画書，役員報酬基準を閲覧対象	定期監査なし（市民の情報提供，法令違反が疑われる場合実施）	定期監査なし（法令違反が疑われる場合実施）	規定なし
税制	・法人税，道府県民税，市町村民税，事業税いずれも原則非課税 ・ただし収益事業には法人税を課税（19%） ・社会福祉事業に使う固定資産に対しては，固定資産税も非課税	・法人税，事業税は原則非課税 ・ただし収益事業には法人税を課税（23%） ・道府県民税，市町村民税，固定資産税は課税（1.4%）	・法人税（所得の15〜22%），道府県民税，市町村民税，事業税，固定資産税すべて課税 ・ただし，事業税の社会保険診療に係る収益は益金に不算入，固定資産税も一部社会福祉事業や看護師養成に使う場合は非課税	・法人税（普通法人の場合23.4%，中小法人の場合15〜23.4%），道府県民税，市町村民税，事業税，固定資産税（1.4%）すべて課税

出典：第1回社会福祉法人の在り方等に関する検討会（平成25年9月27日）及び厚生労働省社会・援護局「社会福祉法人改革について」（平成26年12月15日）資料を一部抜粋，改変

図表 9 - 2　　各法に定める福祉施設の事業分類

	生活保護法	児童福祉法	母子父子寡婦福祉法	老人福祉法	障害者総合支援法
第1種社会福祉事業	救護施設，更生施設，生計困難者入所施設など	乳児院，母子生活支援施設，児童養護施設，障害児入所施設など		養護老人ホーム，特別養護老人ホーム，軽費老人ホーム	障害者支援施設など
第2種社会福祉事業	生活困窮者自立支援法 認定生活困窮者就労訓練事業	児童自立生活援助事業，放課後児童健全育成事業，子育て短期支援事業，こんにちは赤ちゃん事業，地域子育て支援拠点事業，助産施設，保育所，児童家庭支援センターなど	母子家庭等日常生活支援事業，母子・父子福祉施設など	老人デイサービス事業，小規模多機能型居宅介護事業，認知症対応型老人共同生活援助事業，老人福祉センターなど	障害福祉サービス事業，相談支援事業，移動支援事業，地域活動支援センター，福祉ホーム

※身体障害者福祉法，知的障害者福祉法，売春防止法等については割愛
出典：社会福祉法2条をもとに筆者作成

用権限，経理の方針，事業経営者・施設管理者に事故があったときの処置を記載した書面を提出しなければならない（社福62条3項）。

⑷　事業者の公共性

社会福祉法は，社会福祉事業に関して以下の3つの事業経営に関する準則（以下「準則」という）を定めている（社福61条）。国と地方公共団体に対して，①法に基づく責任を他の事業者に転嫁しないこと，②他の事業者に財政的援助を求めないこと（以上社福61条1項1号），③他の事業者へ不当な関与を行わないことである（社福61条1項2号）。事業者に対しては，不当に国及び地方公共団体の財政的，管理的援助を仰がないことである（社福61条1項3号）。

準則を定めた理由は，憲法89条後段に定める「公の支配に属しない慈善，教育若しくは博愛の事業」に対する公金の支出等の禁止との整合性を図り，社会福祉事業における公私分離原則をより明確にするためと解されている。憲法89条後段の立法趣旨については，主に次の3つの学説が唱えられている。①民間事業者が実施する社会福祉事業への公権力による干渉を排除することにあるという説（自主性確保説），②財政民主主義の立場から，公費が濫用されないよう，慈善・博愛の事業等を監督することを求める趣旨と解する説（公費濫用防止説），③特定の宗教や思想信条が，国の財政的援助により慈善・博愛の事業等に浸透しないようにする趣旨と解する説（中立性確保説）である。裁判例は，②説をとるものが多いが，いずれの説も説得的であり，またお互いを排除するものではない。

社会福祉法は，上記準則に続けて，国や地方公共団体が経営する社会福祉事業について，施設入所その他の福祉サービスの提供措置をほかの事業者に委託することを妨げないと定めている（社福61条2項）。つまり，条文上，国や地方公共団体が民間の事業者に対して，措置委託の対価としての措置委託費（公費）を支出することを認めており，これは実態にも即している。この条文をどのように理解すればよいかが法的な問題となるが，憲法89条後段の趣旨を考慮すると，国や地方公共団体と事業者という対等な当事者が委託契約に基づき，福祉サービスを実施し，それへの正当な対価として公金を支出することは，公権力の干渉の危険性がなく，そもそも，国や地方公共団体が福祉サービスを提供する必要性があることから，公費の濫用ではない，ということもできる。

社会福祉事業には，公共性が求められるがゆえに，このような準則が置かれているが，この公共性と市場化とのバランスをどのように図っていくかは，法的に

も，政策的にも大きな課題でもある。

　こうしてみてみると，Ａさんが，最初どれも同じと感じていた訪問介護サービスの提供は，それぞれの法人の創意工夫，自主性に基づいて行われると同時に，国や地方公共団体と事業者との間の統一したルールに基づいて行われることを知った。だからこそＡさんは，３つの違いについて，もっと調べる必要があると感じている。

3　福祉サービスの従事者

(1)　職種と資格

　社会福祉事業は多種多様であり，それに従事する人・資格もまた然りである（⇨図表9-3）。介護老人福祉施設を例にとってみると，職種としては，医師，生活相談員，介護職員，看護師，准看護師，栄養士，機能訓練指導員，介護支援専門員等が挙げられる（人員，設備及び運営に関する基準2条）。資格としては，介護職員に関する資格として，介護福祉士がある。また，要介護者等の生活相談，助言，指導の業務に従事する生活相談員に関する資格として，社会福祉士，精神的に障害のある高齢者に対する資格として，精神保健福祉士がある。さらに，介護保険制度において，要介護・要支援と判断された高齢者に対し，必要なサービスを判定し，サービス提供までの各所への連絡・調整を行う介護支援専門員（ケアマネジャー）がある。また，介護福祉士の上位資格として認定介護福祉士が導入され，養成研修を受けた介護福祉士は，2015年に設立された一般社団法人認定介護福祉士認証・認定機構の認定を受けることによって，当該資格を取得でき，チームリーダーや地域・行政との連携を図る役割を担う。なお，介護職員に関しては，2012年に介護プロフェッショナルキャリア段位制度が導入され，職場内のアセッサー（評価者）による職務評価が行われ，介護職員としてのキャリア形成の道筋が立てやすくなったと言われている。

　以上は，介護老人福祉施設の例であるが，児童に対しては，保育士や児童指導員任用資格，障害者に対しては，上記で示した介護に関わる資格のほか，手話通訳士や理学療法士，作業療法士，機能訓練士，臨床心理士など，コミュニケーションやリハビリテーションに関わる資格もある（⇨図表9-3）。

　ここでは，児童・高齢者・障害者全てに関わる社会福祉士，高齢者・障害者に関わる介護福祉士，精神保健福祉士について取り上げる。

⑵ 社会福祉士・介護福祉士・精神保健福祉士

(a) 活躍の場　社会福祉士および介護福祉士は，社会福祉士及び介護福祉士法で，精神保健福祉士は，精神保健福祉士法で定められた資格である。社会福祉士は，社協や社会福祉施設等で要介護者，障害者，ひとり親家庭等の相談，助言を行う。また，関係機関の連絡調整，成年後見人等，その業務は年々拡大している。介護福祉士は，要介護者等の入浴・排泄・食事の世話等の現実の介護業務に従事する。精神保健福祉士は，精神科医療機関や社会復帰施設，保健所，精神保健福祉センター等で，精神に障害のある人に対して日常生活や就労等を支援する。

(b) 受験と登録　社会福祉士および精神保健福祉士として活動するには，①指定科目を履修し，福祉系4年制大学を卒業する，②4年生大学を卒業し一般養成施設・精神保健福祉士指定養成施設を卒業する等，一定の受験資格を満たした者が，国家試験に合格し，厚生労働省が備える登録簿に登録されなければならない。

　介護福祉士として活動するには，①新カリキュラムとなった福祉系高校を卒業する，②高校卒業後，介護福祉養成施設を卒業する，③介護施設等で3年以上の実務経験を有し，実務者研修等を受講する（受講した場合，実技試験を免除）等，一定の受験資格を満たした者が，介護福祉国家試験に合格し，厚生労働省が備える介護福祉士登録簿に登録されなければならない。

　なお，2021年度より社会福祉士および精神保健福祉士養成課程のカリキュラムが改訂され，ソーシャルワークの充実と地域共生社会の実現（⇒[11]社会保障4⑺）へ向けての人材育成が行われることとなった。社会福祉士をはじめとする福祉人材は，孤立化・孤独化の予防や切れ目のない支援など，地域の生活課題に対応す

図表9-3　社会福祉に関わる資格一覧

【児童】	【高齢者】	【障害者・障害児】
保育士 （児童指導員任用資格）	介護支援専門員	精神保健福祉士，手話通訳士
	介護福祉士，理学療法士，作業療法士 言語聴覚士，機能訓練士，義肢装具士，臨床心理士　など	
【全般】 （相談・援助・調整）社会福祉士（社会福祉主事任用資格） （保健・衛生）医師，看護師，保健師，栄養士，管理栄養士		

出典：厚生労働省ウェブサイト「資格・試験情報」（http://www.mhlw.go.jp/kouseiroudoushou/shikaku_shiken/）より筆者作成

る人材として期待されており，その支援体制の整備が市町村に課されることとなった（社福6条，106条の4）。

(c) 義務 社会福祉士・介護福祉士には，秘密保持義務（46条），医師及び医療関係者との連携義務（47条）があり，信用失墜行為の禁止（45条），名称の使用制限（48条）が課されている。精神保健福祉士には，秘密保持義務（40条），医師及び医療関係者との連携義務（41条）があり，信用失墜行為の禁止（39条），名称の使用制限（42条）が課されている。

(d) 登録者 2021年12月末現在，登録者は，社会福祉士が約26万人，介護福祉士が約181万人，精神保健福祉士が約9万人であり，年々増加している（（公財）社会福祉振興・試験センター「登録者の状況」）。全ての人がその仕事に従事しているわけではなく，別の仕事をしている人も多い。

(3) ケア従事者の確保

少子高齢化の進行や世帯構成・家族観の変化，ライフスタイルの多様化により，子ども，要介護高齢者，障害者に対するケア（保育・介護・看護）の社会化・外部化が図られ，ケア従事者へのニーズが高まっている。また，先に述べたように，地域共生社会の実現のため，福祉サービス事業者に寄せられる期待も高い。例えば，不登校の子どものサポートや引きこもり者に対するアウトリーチ活動（⇨論点第3版Ⅳ-3），多世代の住民参画による地域づくりや認知症高齢者の社会参加などニーズの幅も広い。しかし，その労働条件の悪さ，慢性的な人材不足による業務量の多さ等により，資格を取得してもそれに関わる仕事に就かない潜在的な有資格者も多く，実際に就職してもケア従事者の離職率は高い（ケア従事者の実情について⇨論点第3版Ⅴ-6）。

例えば，保育士について，2015年に開催された第3回保育士等確保対策検討会の資料によると，保育士養成施設を卒業した人の約半数が保育所に勤務するものの，離職者も多く，潜在保育士は70万人とも言われている。また，介護福祉士も同様に，厚生労働省が実施している「令和2年度介護サービス施設・事業所調査」から割り出した，介護事業所や介護施設で働いている介護福祉士（常勤換算）は約91.8万人，「令和2年社会福祉施設等調査」に基づく各社会福祉施設で働く介護職員の数（必ずしも有資格者ではない）は約16.6万人となっており，登録者を考慮すると，資格を有しながら，介護業界で働いていない人が多いことがわかる。

こうした状況から，保育士や介護福祉士などのケア労働者の待遇改善や潜在保

育士，潜在介護福祉士の掘り起こしのための，人材バンクの開設など，諸施策を講じているところである。2021年改正の社会福祉法では，市町村が定める介護保険事業計画に，介護人材の確保・育成に関する規定を入れることが定められた（介保117条3項，4項）。また，外国人介護士の受け入れも拡大しているが，活用するというにはほど遠い状況である（⇨コラム9-2）。

コラム 9-2　外国人労働者によるケア

　日本で働く外国人は，2020年10月末現在，約172万人となり，2007年に届出が義務化されてから過去最高を記録した。日本で外国人が働くためには，次のいずれかに該当しなければならない。①入管法に定める「専門的・技術的分野」の在留資格（大学教授や語学教師，研究者や介護福祉士など）を有する，②「定住・永住」の資格を有する，③技能実習生，④EPA（経済協力協定）に基づく看護師・介護福祉士候補者，⑤留学生の資格外活動（アルバイト）である。なお，①については入管法改正にともない，2019年から在留上限5年・家族帯同不可の特定1号と試験を受けて合格し，熟練者となった特定2号（在留上限なし・家族帯同可）に分かれ，介護を含む14種の分野で，就労が可能となる（⇨論点第3版Ⅲ-4）。

　なかでも，ケア従事者確保の必要性から，①，③，④の方法で，外国人介護士や看護師を確保しようとしているものの，主にコミュニケーションの行き違いによる問題も生じている。例えば，ケアという仕事自体，人と人との間で成り立つものであるため，ケアをする側とされる側の意思疎通がはかられなければならないが，それがうまくいかないことや職場でのコミュニケーションの不成立で，連携がとれず，利用者にとっても不都合が生じるケースも報告されている（JICWELSの巡回訪問実施結果など）。また，労働条件や職場環境の不十分さから，必ずしも定着率が高いとも言えない（上林2015：92）。（⇨論点第3版Ⅴ-6）

　しかしながら，日本で働く外国人も増え，彼らも日本で老いてくる。また，グローバル社会，ダイバーシティという観点からすれば，外国人労働者によるケアを否定的に捉える理由はない。外国人労働者も日本で働く以上，日本の労働関係法令によって，「労働者」として守られなければならない（労災や賃金未払いなど過去の事件については，本書および2017第11版コラムの4-2を参照）。こうした意識の変革と法令の遵守が，共生社会のための第一歩であり，超高齢社会を乗り切る方法でもあろう。

4 福祉サービスの利用者

契約って難しそうだけど，わかるのかな？

　学生Aさんの家族は，インターネットやパンフレットで調べたり，おばあさんはケアマネージャーや地区の人の話を聞いたりして，情報公開がもっとも進んでいたNPO法人乙海の会の福祉サービスを受けることにした。福祉サービスを受ける前に，NPO法人と契約を結ぶ必要があるということなので，Aさんが家族を代表して，おばあさんとNPO法人との契約に立ち会うこととした。NPO法人の職員はおばあさんやAさんがわかるように，契約について説明してくれるのだろうか。

　福祉サービスの利用者は，多様な事業者との間で，自らの選択により契約を結び，福祉サービスを受ける。利用者自身が選択できることは，自分のことは自分で決め，意思を反映できるようになったという点で望ましい。しかし，そもそも利用者は，障害者や高齢者，保育を必要とする人である。そうした利用者が適切に選択できるよう，情報が公表，利用できる状態になっているか，判断能力が不十分である場合，どのようにすればその人の意思を尊重できるか，利用するときの不満や疑問をどのように解決していくかといったさまざまな課題が生じる（⇨コラム9－3）。以下では，そういった権利擁護が必要な人たちに対して，どのような制度が構築されているか見てみよう。

(1) 利用者の選択を支える情報提供に関わる制度

　事業者は，福祉サービスを利用しようとする者が，適切かつ円滑に情報を得られるよう，社会福祉事業に関する情報を提供する努力義務がある（社福75条1項）。さらに事業者は，福祉サービスの内容等の広告について，著しく事実と異なる表示をする等，人を誤認させるような誇大広告をしてはならない（社福79条）。国及び地方公共団体には，福祉サービスを利用しようとする者が，必要な情報を容易に得られるよう，必要な措置を講ずる努力義務がある（社福75条2項）。

　実際には，事業者がパンフレットやウェブサイト等に，福祉サービスの内容や経営者の情報等を掲載したり，地方公共団体が一覧表や検索サイトを設けたりして情報提供を行うことが多い。介護分野では，2006年から介護サービス情報の公表制度が導入され，厚生労働省は2012年10月，都道府県全体の情報を網羅した

「介護サービス情報公表システム」を公開した。また，障害者福祉の分野でも，2016年に事業者・施設の内容，事業運営状況を公表する制度が設けられ（障総76条の3），福祉医療機構が運営する WAM NET に「障害福祉サービス等情報検索」として掲載されている（⇨8障害者福祉）。

さらに，事業者の提供する福祉サービスの質について，専門的かつ客観的な立場から評価する制度として，第三者評価制度がある。第三者評価制度は，社会福祉法に定める福祉サービスの質を公正かつ適切に評価するために，全国推進組織から認証を受けた第三者機関が，提供されるサービスについて，一定の基準に基づき評価する制度である（社福78条2項）。第三者評価の受審は社会的養護施設を除き任意であり（児童福祉施設設備運営基準24条の3，29条の3，45条の3，76条，84条の3），費用の助成はあるものの施設側の負担であるため，高齢者施設や障害者施設，保育所などの第三者評価の受審率は，それほど高くない。なお，第三者評価の結果についても WAM NET 等に掲載されている。

コラム9-3　自己決定と他者決定

福祉サービスの利用契約を結ぶ場面では，利用者本人と事業者以外の登場人物，利用者の家族や成年後見人などが登場する。特に利用者本人の意思能力が低下している場合，契約の締結にあたっては，本人の意思を最大限に尊重することが求められる（社福法80条，民法858条）。

本来は，利用者本人の意思が反映される，すなわち利用者本人が自己決定することが望ましいが，何が何でも自己決定しなければならないわけでもない。例えば，家族とかかわる利用者本人のほとんどは，なにがしかの決定をする際に，家族に対する配慮や遠慮をする。そういう意味で，利用者の自己決定に，大きく関わるのもまた，家族である。利用者本人の自己決定を尊重するという視点でみると，本人の意思決定過程での家族に対する配慮や遠慮を排除することも妥当ではない。

また，利用者本人の意思がうまく表示されない場合やそもそも重度の障害があり，意思表示できない場合もあり得よう。そのような場合，自己決定とは言っても，家族や成年後見人，支援する人たちが，その人の性格や気持ちを慮って意思決定するほかない。他者決定が存在するゆえんである。しかし，その他者決定も，本人の利益にならないかというと，必ずしもそうではない。なぜなら，本人のために他者が考え得る最大限のことをしているからである。

法律上，確かに自己決定は尊重されるべきものであるが，自己決定ではない，他者決定からと言って，初めから排除することもまた難しいのである。

(2) 判断能力が不十分な人に対する支援制度

(a) 支援の必要性　福祉サービスを利用するためには，原則として契約が必要である。民法3条の2では，「法律行為の当事者が意思表示をした時に意思能力を有しなかったときは，その法律行為は，無効とする」と定める。福祉サービスを利用するための契約もまた法律行為であり，この条文により判断能力の程度，有無によっては契約が無効となる。

　そこで，判断能力が不十分な人に対する法制度として，2000年の介護保険制度の導入時，2つの制度が整備された。1つは，日常生活自立支援事業（導入時は地域福祉権利擁護事業，以下「日自事業」），もう1つは，成年後見制度である。

(b) 日常生活自立支援事業　日自事業は，都道府県社協の実施事業であり（社福81条），利用者と社協との契約により，福祉サービスの利用手続き，苦情解決制度の利用援助，住宅改造，居住家屋の賃借，日常生活上の消費契約及び住民票の届出等の行政手続に関する援助等を行う。利用対象者は，認知症高齢者，知的障害者，精神障害者等であって，日常生活を営むのに必要なサービスを利用するための情報の入手，理解，判断，意思表示を本人のみでは適切に行うことが困難な判断能力が不十分な者であるが，契約に基づいて実施される事業であるため，契約の内容について判断し得る能力（契約締結能力）を有する必要がある。対象者の契約締結能力の有無については，学識経験者・医師・弁護士・福祉関係者・行政関係者の5名からなる契約締結審査会が判定し，その後も監督する。

　日自事業は，利用料が全国平均でも1回あたり1,200円程度と比較的安価で手続も複雑ではないため，年々利用は増えているが，実施事業者による地域格差や，実施事業者の人材不足も報告されており，問題は山積している。

(c) 成年後見制度　日自事業において，契約締結能力がないと判断されるような場合や，判断能力の低下が著しく，より細やかな支援が必要な場合，多額の財産を保有し，財産管理に専門家が必要な場合などには，成年後見制度の利用が望ましい。成年後見制度は，日自事業と組み合わせて利用できる。

　成年後見制度には，民法に定める法定後見と任意後見法に定める任意後見の2種類がある。法定後見は，精神上の障害により，判断能力が不十分である本人について，申立ての権利を有する者（申立権者）の申立てにより，家庭裁判所（以下「家裁」）が適任と認める者を成年後見人等に選任する制度であり，本人の残存能力とそれを補う者の権限の違いにより，補助・保佐・後見の3つの類型に分

けられる（⇨2019第3版図表9−4）。任意後見は，本人が契約の締結に必要な判断能力を有している間に，自らの判断能力が不十分になった場合を考えて，後見事務を行ってくれる人をあらかじめ契約で定める制度である。なお，最高裁判所事務総局家庭局「成年後見関係事件の概況（令和2年1月〜12月）」によれば，成年後見関係事件の申立件数は37,235件（前年比3.5%増），うち任意後見の開始要件である任意後見監督人選任は738件（前年比1.3%減）である。ここでは特に，法定後見について取り上げる。

(d)　**対象者**　法定後見の対象者は，精神上の障害により判断能力を欠く常況（通常，判断能力を欠く状態）にある人である（民7条）。精神上の障害には，身体上の障害をのぞくすべての精神的障害を含む。

(e)　**申立・選任**　法定後見は，申立権者から家裁への申立てを行い，家裁による後見開始の審判により初めて利用可能となる（民7条）。申立権者として，本人，配偶者，四親等内の親族，検察官のほか（民7条），市町村長，（老福32条，知障28条，精神51条の11の2）が挙げられる。申立てを経て，審判がなされる際に，家裁は，医師の鑑定書や，本人に身近なソーシャルワーカーや支援者によって作成された「本人情報シート」を参考に判断能力を測り，最適な人を職権で成年後見人として選任する（民8条・843条）（⇨図表9−4）。成年後見人となるには資格等は不要だが，法は未成年者，家裁で免ぜられた法定代理人等，破産者等は，成

図表9−4　成年後見申請から登記までの流れ

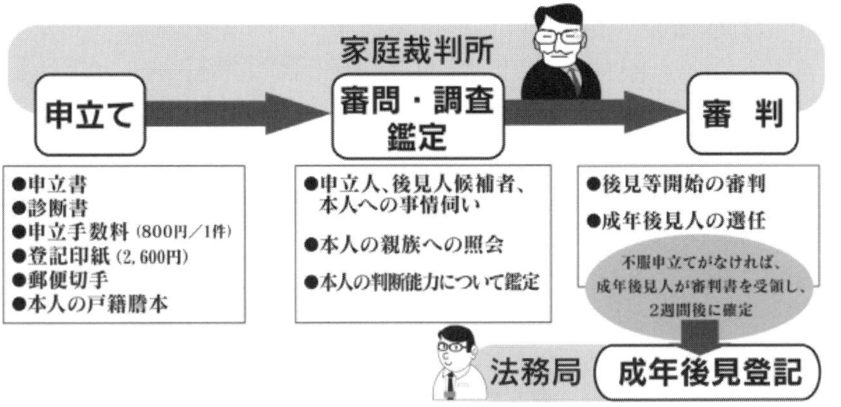

出典：東京法務局ウェブサイト「成年後見登記」（http://houmukyoku.moj.go.jp/tokyo/static/i_no6.html#3）を参考に，筆者作成

年後見人になることができないと定めている（民847条）（⇨コラム 9 - 4 ）。

(f)　成年後見人の事務と権限　　選任された成年後見人は，1 カ月以内に財産目録を作成し，家裁へ提出する。その後，今後の収支予定を立てると同時に，本人の通帳等を預かり，収入や支出を記録する。これは，成年後見人が財産管理権を有し，財産管理を行うことが仕事の 1 つだからである。また，成年後見人は，財産に関わる法律行為，例えば，預貯金の管理や不動産の売買等の代理権・取消権を有する。ただし，法律行為の中でも重大なものではない日用品の購入や身分行為に関する取消権はない（民120条 1 項）。

　成年後見人のもう 1 つの仕事は，身上監護である。成年後見人は，成年被後見人の意向を尊重しつつ，その人にふさわしい暮らし方，支援の仕方を考え，介護・入院などの契約締結，要介護認定等への不服申立てなどを行う（⇨表見返し）。成年後見人は，成年被後見人に 2 つの事務を委任されたことになるので，成年後見人の職業，地位，能力等を考え，社会通念上要求される注意義務である善管注意義務を負うほか（民644条），2 つの事務について，本人の意思の尊重義務・身上配慮義務を負う（民858条）。

　なお，成年後見人は生存中の成年被後見人の財産管理と身上監護を担うため，たとえば，インフルエンザ予防接種等の一身専属性が高い医療行為の同意権はなく，本人死亡後の事務（死後事務）も遺体の引取り，火葬，成年被後見人の生前にかかった医療費等の支払い以外は行えず，葬式を執り行うことができないなど，実態に合わないという課題を抱えている。

(3)　契 約 締 結

　福祉サービスの利用契約成立時に，事業者は，利用者に対し，社会福祉事業の経営者の名称及び事務所の所在地，提供する福祉サービスの内容，利用者が支払うべき額（社福77条），福祉サービスの提供開始年月日，福祉サービスに係る苦情を受け付けるための窓口（社福則16条 2 項）を記載した書面を，遅滞なく交付しなければならない（社福77条）。また，事業者はサービス利用契約の内容及びその履行に関する事項について説明するよう努めなければならない（社福76条）。

　Aさんがおばあさんに付き添って契約をしたときに，相手方はしっかり説明をして，わからないところは何度も丁寧に説明をしてくれた。逆にちょっと長いかなと思うくらいだったが，契約書や重要事項説明書，パンフレットをもらえたほか，苦情窓口を案内してくれるなど，徹底した説明で不安も消えた。

⑷　苦情解決手続

　実際に福祉サービスを利用してみると，常に満足できるとは言い難い状況に陥る場合もある。その場合，事業者は常に，利用者等からの苦情に対して，適切な解決に努めなければならない（社福82条）。具体的には，事業者自身が施設内に苦情解決窓口を設置し，利用者やその家族にその存在を周知徹底するとともに，窓口には担当者や公平な立場の第三者をおく等の整備が求められる。

　また，福祉サービスの利用者に関する個人情報は，利用者の身体状況や財産，

コラム9-4　後見の担い手とその監督責任

　認知症高齢者や「親亡き後」の知的・精神障害者など，その人らしく暮らすにあたり，支援を必要とする人は多くいる。こうした支援の担い手として，成年後見人等が存在する。

　制度発足当初，親，子，兄弟姉妹，配偶者等の親族後見人が成年後見人等として選ばれてきた。しかし，財産をめぐる親族間の争いや，親の年金の搾取などの問題が発生したことから，弁護士や司法書士，社会福祉士などが業として後見を行う専門職後見人や，養成講座を受講した一般市民による市民後見人のほか，法律職と福祉職との連携による法人後見も広がり，2014年にはこうした第三者による後見が親族後見を上回った。

　とはいえ，専門職後見人による預貯金の横領などが後を絶たない。成年後見人を監督する立場である家事審判官の過失を認め，国家賠償を認めた判決も出された（広島高判平24・2・20，否定したものとして大阪地堺支判平25・3・14）。また，福祉的視点を持たない専門職後見人による後見業務が，財産管理に偏っており，身上監護について，本人の意思を尊重せず，本人の利益を考慮しないことを批判する声も多い。そこで担い手として期待されたのが市民後見人である。高齢者や障害者の決定は，日常生活の至るところに存在し，その人自身や生活範囲を知った身近な人こそ，担い手としてふさわしいと言えるからである。

　市民後見人として活動するためには，市町村が老福32条の2に基づいて実施する研修に参加した上で，拠点である「市民後見センター（名称は様々）」に登録し，当センターから家裁へ推薦してもらう。研修では，後見制度の理解や家族法・消費者法の理解から，対人援助の方法まで幅広い知識を身につける。実際の活動では，活動に対する対価はなく，家裁に提出するための膨大な書類の作成が待っている。会社に勤めながらの活動は難しく，社会貢献に対する高い意識が求められる。ゆえに，なり手の確保が大きな課題となっている。

　2019年，最高裁は全国の家裁へ向け，親族後見を優先する通知を出した。成年後見人等としてふさわしいのは誰か。制度導入20年を超え，改めて問われている。

家族構成等多岐にわたるため，事業者には守秘義務が課せられる（個人情報保護法15条）。

　こうした苦情や権利侵害が生じた場合，ひとまずは上記窓口等を通じて，当事者間の解決が求められる。当事者間で解決できない場合には，都道府県社協に設置される運営適正化委員会や都道府県国民健康保険団体連合会に設置される苦情解決委員会といった第三者機関に，あっせん等を求めることができる。

(5)　事業者規制と権利擁護

　社会福祉に登場する利用者は，「措置から契約へ」（⇨コラム9‐1）という大きな制度転換により，消費者という立場となった。社会福祉事業法を改正した社会福祉法は，もともと事業者規制の意味合いを有していたが，消費者保護も併せ持つ，水と油が一緒になったような法律となってしまった。加えて，利用者は単なる消費者ではない。判断能力が低下し，自分自身での意思決定が難しい高齢者や障害者，生活していくためには，子どもを預けるほかないという選択肢の限られた親などが想定される。つまり，社会福祉は，消費者に比しもっと権利を守る必要性のある人たちを対象にしていると言える。社会福祉において権利擁護という考え方が必要な理由は，こうしたところに由来していると言えよう。

(6)　家族によるケア

　最後に，家族によるケアについて触れておこう。育児にせよ，介護にせよ，ケアを外部化できる人はそれほど多くない。例えば，育児に関してみてみると，保育所への入所を希望しながらも入所できない，あるいは保留決定通知を受け取った人は，厚生労働省の報道発表によると，43,822人（2019年10月現在）であった（⇨論点第3版Ⅲ‐1）。高齢者の介護では，主たる介護者が家族・親族の割合は約7割であり，事業者による介護は12.1％である（厚生労働省「2019年国民生活基礎調査」）。

　以上のように，わが国におけるケアの多くは家族によって担われている。しかしながら，ケアを担う家族に対する支援は十分ではない。育児については，地域子ども・子育て支援事業や児童相談所などで，育児の相談窓口があったり（⇨⑥子ども支援），家族の病気などで子どもを緊急的・一時的に預かる，一時預かりなどの事業も存在する。しかしながら，その利用状況については，芳しくない（⇨論点第2版Ⅰ‐4）。また，高齢者の介護については，介護保険法上，家族を直接的に支援する制度も存在せず，家族の負担はますます重くなっている（⇨論点第2版Ⅵ‐1）。認知症高齢者については，2020年の介護保険法改正で地域社会に

おいて尊厳を保ちつつ共生できるよう，国および地方公共団体が支援体制を整えることが定められたところである（介保5条の2第2項3項）。

　家族に対する支援策が皆無あるいは充実しない状況で，家族は介護者としての責任をどこまで負うべきであろうか。この点について，徘徊癖のある認知症の夫（91歳）が，JR線路内に立ち入り，衝突事故を起こしたため（夫は事故により死亡），JR側が列車運行に支障が出たとして，遺族に720万円の損害賠償を求めたことに

コラム9-5　介護離職

　厚生労働省「雇用動向調査」によると，例年，離職者のうち1.0%前後が，介護・看護により離職している。2020年度の調査では，離職者が727万人であるから，その1%，つまり7万人程度が介護離職をしていることになる。男女別・雇用形態別割合を見ると，女性の方が高く，女性のなかでもパートタイム労働者の離職率が高い。

　1年以上の雇用見込みのある労働者であれば，家族（配偶者，父母，配偶者の父母など）を介護するために，家族1人あたり93日間まで，3回に分割して介護休業を取得できる（育介法11条）。休業期間中は，雇用保険の介護休業給付の対象となり，従前賃金の67%が支払われる（雇保61条の4）。また，年5日までの介護休暇の取得やその半日取得（育介法16条の5），所定外労働の制限を請求できる（育介法18条）。しかし，介護休業の取得率は，常用労働者で0.11%，女性は0.16%，男性は0.07%であり（厚生労働省「令和元年度雇用均等基本調査」），休業・休暇の取得や介護と仕事の両立は進んでいない。

　そもそも介護休業制度は，取得可能期間を見てみてもわかるように，家族が直接介護をすることを想定していない。あくまでも，外部化された介護（介護サービス）を利用することを前提とした，両立の準備期間といえる。しかし実際には，外部化された介護を毎日利用することは難しい。例えば，食事やトイレ・入浴が手助けなしにできない状態（おおよそ要介護2）では，施設は利用できず，週3日程度の在宅介護か通所介護を利用することとなる。残り4日間は誰かが見守り，手助けをする必要があり，その誰かが労働者である場合，1週間のうち2日は仕事ができない状態となる。また，施設入所が可能な要介護3と判定されても，すぐに入所できるとは限らない。どの施設も定員オーバーで待機となっている可能性が高いからである。

　介護は要介護度の進行や終末期医療への移行といったより深刻な状況に陥る可能性もある。介護を終えることはすなわち要介護者の死を意味し，いつ介護を終えるかも予測不可能である。そうであればなおさら，長期利用を前提とした柔軟な両立支援とともに，介護サービスの整備拡充が急務といえる。

対し，遺族側が不服として裁判を起こした事例がある（最判平成28・3・1）。

この裁判で最高裁は，介護をしていた妻（85歳）について民法714条1項に定める「責任無能力者を監督する法定の義務を負う者」に当たるとすることはできないと判断し，認知症の被介護者に対する家族介護者の法的責任を否定している。

家族はお互いがお互いを支え合うものと一般的に思われているかもしれないが，家族の形は多様であり，家族が抱える事情もまた様々である（家族に関する法の定義について，⇨⑦家庭支援，コラム9-5）。家族の誰かにケアが必要となるとき，家族の中で，ケアをする側とされる側という関係が発生する。このとき，ケアをする側には，誰が何を担うのか，どこまで担えるのか，どこまでケアされる側の意見や気持ちを汲みとるのかが，日常生活の中で常に問われることとなり，悩みながらも，答えを出し続けることになるだろう。いずれにせよ，家族の中の1人だけ（これまでは妻や嫁）がケアを負担するには限界が来ており，高齢化・晩婚化の中で，育児と介護を両方負担するダブルケアの問題も生じている。こうした状況の中で，ケアを担う事業者の役割も，期待も大きい。

● STEP UP

本章では，社会福祉法制の中でも事業者と利用者に絞ったため，その歴史や行政組織，地域福祉等についてはあまり記述できなかった。歴史については，鵜沼憲晴『社会福祉事業の生成・変容・展望』（法律文化社，2015）を参照してほしい。

成年後見制度については，菅富美枝編著『成年後見制度の新たなグランド・デザイン』（三和印刷，2013）を，家族・専門職によるケアについては，庄司洋子編『親密性の福祉社会学─ケアが織りなす関係』（東京大学出版会，2013）を参照して，新たな知見を得てほしい。また，ややコアなテーマではあるが，高齢者と契約をめぐる問題については，三輪まどか『契約者としての高齢者』（信山社，2019）が詳しい。興味のある皆さんはぜひご一読いただきたい。

⑩ 生 活 保 護

トピック　リストラの果てに……

　A男さん（40歳）は，妻のB子さん（35歳）長男のC男くん（9歳），次男のD男くん（3歳）の4人で東京都X区のアパート（家賃60,000円）に暮らしている。A男さんは，半年ほど前までとある中規模の自動車部品メーカーに勤務していたのだが，需給調整の関係でリストラを余儀なくされ，現在は無職である。ハローワークに通っているが，40歳代に入った身の上では，思うような職がみつからない。妻のB子さんは，1年ほど前から病気がちで，仕事はもちろん，C男くん，D男くんの面倒をみることもままならない。

　これまで退職金や貯蓄でどうにかしのいできたが，B子さんの医療費や子どもたちの養育費もかかるため，このままではやがて行き詰まってしまうのは目に見えている。どうしたものか……。

　A男さん一家のように，生活に行き詰った人々を救済し，最低限度の生活を保障するための制度として公的扶助がある。日本の公的扶助において中心的な役割を担っているのが生活保護制度である。生活保護は，憲法25条において保障されている生存権の理念を具体化するための制度であり，社会保障における「最後のセーフティネット」として，重要な役割と位置づけが与えられえている。

　近年，生活困窮者支援のあり方が抜本的に見直され，生活保護法についてもここ数年の間に大幅な改正が相次いで行われている。以下，生活保護法における給付内容，制度の目的や基本原理，保護を受けるための要件等について順次検討を行う。

1　保護の種類および内容

(1)　保護の種類および内容

　生活保護の給付には，生活扶助・住宅扶助・教育扶助・医療扶助・介護扶助・出産扶助・生業扶助・葬祭扶助の8種類がある（⇨図表10-1）。このうち介護扶助までの5種類は継続的な給付，あとの3種類は一時的な給付である。また，医療扶助と介護扶助に関しては，診療・介護サービス等の現物給付であるが，その他は原則として金銭給付である。保護は，被保護者の需要に応じて，これらの扶

助を適宜組み合わせる（単給または併給）ことにより行われる。

　金銭給付の各扶助については厚生労働大臣により基準額が定められている（⇨ 2(3)）。この基準額に基づき，保護を受ける世帯（被保護世帯）の「最低生活費」

図表10-1　最低生活費の体系

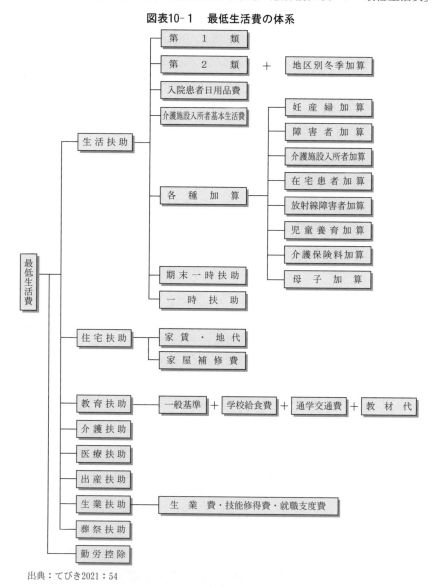

図表10-2　2021（令和3）年4月の生活扶助基準額表

○ 生活保護制度における生活扶助基準額の算出方法（令和2年10月）

【最低生活費＝A＋B＋C＋D＋E＋F】

（単位（円／月額））

生活扶助基準（第1類）

基準額①

年齢	1級地-1	1級地-2	2級地-1	2級地-2	3級地-1	3級地-2
0～2	21,820	20,830	19,850	18,860	17,890	16,910
3～5	27,490	26,260	25,030	23,780	22,560	21,310
6～11	35,550	33,950	32,350	30,750	29,160	27,550
12～17	43,910	41,940	39,960	37,990	36,010	34,030
18～19	43,910	41,940	39,960	37,990	36,010	34,030
20～40	42,020	40,140	38,240	36,350	34,460	32,570
41～59	39,840	38,050	36,250	34,470	32,680	30,880
60～64	37,670	35,980	34,280	32,590	30,890	29,200
65～69	37,670	35,980	34,280	32,590	30,890	29,200
70～74	33,750	32,470	30,710	29,530	27,680	26,620
75～	33,750	32,470	30,710	29,530	27,680	26,620

逓減率①

人員	1級地-1	1級地-2	2級地-1	2級地-2	3級地-1	3級地-2
1人	1.0000	1.0000	1.0000	1.0000	1.0000	1.0000
2人	1.0000	1.0000	1.0000	1.0000	1.0000	1.0000
3人	1.0000	1.0000	1.0000	1.0000	1.0000	1.0000
4人	0.9500	0.9500	0.9500	0.9500	0.9500	0.9500
5人	0.9000	0.9000	0.9000	0.9000	0.9000	0.9000

基準額②

年齢	1級地-1	1級地-2	2級地-1	2級地-2	3級地-1	3級地-2
0～2	44,630	43,330	41,190	41,190	38,340	36,940
3～5	44,630	43,330	41,190	41,190	38,340	36,940
6～11	45,640	44,320	42,140	42,140	39,220	37,780
12～17	47,750	46,350	44,070	44,070	41,030	39,520
18～19	47,420	46,030	43,770	43,770	40,740	39,250
20～40	47,420	46,030	43,770	43,770	40,740	39,250
41～59	47,420	46,030	43,770	43,770	40,740	39,250
60～64	47,420	46,030	43,770	43,770	40,740	39,250
65～69	45,330	44,000	41,840	41,840	38,950	37,510
70～74	45,330	44,000	41,840	41,840	38,950	37,510
75～	40,920	39,730	37,780	37,780	35,160	33,870

逓減率②

人員	1級地-1	1級地-2	2級地-1	2級地-2	3級地-1	3級地-2
1人	1.0000	1.0000	1.0000	1.0000	1.0000	1.0000
2人	0.8548	0.8548	0.8548	0.8548	0.8548	0.8548
3人	0.7151	0.7151	0.7151	0.7151	0.7151	0.7151
4人	0.6010	0.6010	0.6010	0.6010	0.6010	0.6010
5人	0.5683	0.5683	0.5683	0.5683	0.5683	0.5683

生活扶助基準（第2類）

基準額①

人員	1級地-1	1級地-2	2級地-1	2級地-2	3級地-1	3級地-2
1人	45,320	43,280	41,240	39,210	37,160	35,130
2人	50,160	47,910	45,640	43,390	41,130	38,870
3人	55,610	53,110	50,600	48,110	45,600	43,100
4人	57,560	54,970	52,390	49,780	47,200	44,610
5人	58,010	55,430	52,800	50,210	47,570	44,990

基準額②

人員	1級地-1	1級地-2	2級地-1	2級地-2	3級地-1	3級地-2
1人	28,890	27,690	27,690	27,690	27,690	27,690
2人	42,420	40,660	40,660	40,660	40,660	40,660
3人	47,060	45,110	45,110	45,110	45,110	45,110
4人	49,080	47,040	47,040	47,040	47,040	47,040
5人	49,110	47,070	47,070	47,070	47,070	47,070

※ 第2類は地区別に冬季加算が別途加算され上される。4人世帯の例は札幌市の場合は日額2,270円（10月～翌4月）

生活扶助基準（第1類＋第2類）①

※ 各居宅世帯員の第1類基準額を合計し、世帯人員に応じた逓減率を乗じ、世帯人員ごとの第2類基準額を加える。

生活扶助基準（第1類＋第2類）②

（「生活扶助基準（第1類＋第2類）①」×0.855）又は「生活扶助基準（第1類＋第2類）②」のいずれか高い方）

生活扶助基準（第1類＋第2類）① における経過的加算［A］
＋生活扶助本体における経過的加算

加算額 ［B］

	1級地	2級地	3級地
障害者			
身体障害者障害程度等級表1・2級に該当する者等	26,810	24,940	23,060
身体障害者障害程度等級表3級に該当する者等	17,870	16,620	15,380
母子世帯等			
児童1人の場合	18,800	17,400	16,100
児童2人の場合	23,600	21,800	20,200
3人以上の児童1人につき加える額	2,900	2,700	2,500
児童を養育する場合	10,190（児童1人につき）		

①障害者がいるときだけ、その分を加える。
②入院患者、施設入所者は金額が異なる場合がある。
③このほか「妊産婦」などがいる場合に、別途妊産婦加算等が加わる。
④児童とは、18歳になる日以後の最初の3月31日までの者。
⑤障害者加算と母子加算は原則併給できない。

※ 一定の要件を満たす母子世帯等及び障害を要する等の場合には、別途経過的加算（別表②）がある。

住宅扶助基準 ［C］

実際に支払っている家賃・地代

※ 東京都の例（単身の場合）、基準額の範囲内で実費相当が支給される。 53,700

教育扶助基準、高等学校等就学費 ［D］

	小学生	中学生	高校生
基準額	2,600	5,100	5,300

このほか必要に応じ、教材費・クラブ活動費・入学金（高校生）などの実費が計上される。

介護扶助基準 ［E］

居宅介護等にかかった介護費の平均月額

医療扶助基準 ［F］

診療報酬にかかった医療費の平均月額

最低生活費認定額

※ このほか、出産、葬祭などがある場合は、それらの経費の一定額がさらに加えられる。

が算定され，生活保護による支給額が決定される。以下，各扶助のうち主なものについて説明する。

(a) **生活扶助**（生保12条）　飲食物費，被服費，光熱費などの「生活の需要を満たすもの」および転居費用や保護施設への入所の費用といった「移送」の費用に関するもので，保護の内容の中心かつ基本となるものである。基準額が年齢層ごとに設定される第1類費と，世帯の人数（保護の「世帯単位の原則」については後述）ごとに設定される第2類費からなり，両者の合計額がその世帯の生活扶助の額となるのが基本である（⇨図表10-2）。1カ月以上入院する場合はこれに代わり入院患者日用品費が，介護保険施設に入所している場合は介護施設入所者基本生活費がそれぞれ支給される。これに，世帯の状況に応じて「各種加算」がなされ，臨時的な支出については一時扶助が給付される。

基準額には，消費者物価の地域による差異を反映するため，市町村単位で給付額に差をつけた「級地制」が採用されており，各市町村が1級地-1・2，2級地-1・2，3級地-1・2の6段階に分類されている。基準額は1級地-1が最も高く，3級地-2が最も低い。ちなみに，A男さん一家の住む東京23区内は1級地-1である。

各種加算のうち，「老齢加算」は2006年度までに廃止された。「母子加算」についても同様に2008年度までに一度廃止されたが，2009年9月の当時の民主党政権成立の際に，同党の公約にもとづいて同年12月より復活されている。

老齢加算の廃止について，その違法性・違憲性を主張する訴訟が全国各地で提起されたが，最高裁は，保護基準の変更は厚生労働大臣の裁量の範囲内であるとして，廃止を適法としている（老齢加算廃止東京訴訟：最判平24・2・28，同北九州訴訟：最判平24・4・2など）。

保護基準（特に生活扶助基準）は，毎年見直しが行われ，（⇨2(3)b），近年では，2013年度から2015年度の3年間にわたり，平均10%程度の引き下げとなる生活扶助基準額の改定が段階的に行われた。この際，生活扶助支給額の算出方法の変更（保護受給世帯における人員規模の相違による生活費の節減効果を支給額に反映させるための「逓減率」の設定など）も行われている。この基準額の改定につき，国（厚生労働大臣）に裁量権の逸脱・濫用があったとして違法性を認め，減額決定を取り消す判決（大阪地判令3・2・22）が出され，注目を集めたが，その後の全国各地の同様の訴訟ではいずれもこの基準額改定を適法としている。

　生活扶助基準額については，5年に1度，社会保障審議会生活保護基準部会による検証が行われることとなっている。直近では2017年度に実施され，その結果に基づき，同年度まで据え置かれていた基準額の再度の見直し（増減額）が行われた。基準額は，2018年10月，2019年10月，2020年10月の3段階で改定され，2020年10月より新たな基準額が適用されている（2021年度も引き続きこの基準額が適用されている）。なお，この見直しでは，特に多人数世帯や都市部の単身高齢者等への減額影響が大きくならないよう，個々の世帯での生活扶助本体，母子加算等の合計の減額幅を，2017年度基準の5％以内にとどめるものとされ，一部の世帯においては，これに対応するための経過的加算を行うなどの緩和措置も講じられている。

　個々の保護受給世帯における生活扶助額の算定方法としては，食費・被服費等の個人的経費に相当する第1類費の額と，光熱水費等の世帯経費に相当する第2類費の額とを世帯構成員の年齢や人数に応じて算定し，これを合計するのが基本となっている。そのうえで，2018年10月以降においては，段階的な基準額の改定を反映させるための特殊な算定式が導入されており，現時点での生活扶助額の算定方法はかなり複雑なものとなっている。

　トピックのA男さんの世帯の場合，生活扶助の月額は171,050円，児童養育加算を合わせると191,430円となる（2021年4月現在。経過的加算を含む）。

　(b)　**教育扶助（生保13条）**　　義務教育に伴って必要な学用品や学級費，給食費，教材費や入学準備金などを給付する。義務教育期間に限定された給付であり，高校就学に関する費用は生業扶助から支給される（コラム10-2も参照）。

　(c)　**住宅扶助（生保14条）**　　住居およびその補修その他住宅の維持に必要なものに関する給付である。住宅扶助（家賃）の基準額は現在の水準を反映しておらず，（2020年度で，1級地・2級地月額13,000円，3級地月額8,000円），特に賃貸住宅については，別途設定されている「特別基準額」と合わせ家賃相当額が支給される。住宅扶助（家賃）の特別基準額は，都道府県ごとに設定されており，その額が家賃の上限額となる。この特別基準額は，2015年4月の通知（平成27・4・14社援発0414第9号）により見直しが行われ，同年7月から適用されている（ただし，従前からの受給者には経過措置がある）。また，この新たな特別基準では，無料定額宿泊所などにおけるいわゆる貧困ビジネス対策の観点から，1人世帯における住居の床面積が15㎡以下の場合には，別途定められたより低い基準額が適

用されるなどの措置も講じられている。東京都の1級地で1人世帯の場合，基準額は53,700円（床面積15㎡超の場合），同じく2人世帯では64,000円となっている（以下「3〜5人」，「6人」，「7人以上」の区分で基準額が設定されている。2021年4月現在）。

これにより，A男さん世帯の場合も，家賃全額（月額60,000円）が支給される。

(d) **医療扶助（生保15条）**　診察，薬剤または治療材料，医学的処置，手術その他の治療ならびに施術，入院などを，原則として現物給付により行う。すなわち，被保護者には医療に関わる自己負担はない。ただし，受診できるのは法49条に基づき厚生労働大臣もしくは都道府県知事の指定を受けた生活保護指定医療機関に限られる（生保34条2項・49条）。

ところで，2012年度の生活保護費負担金（保護に要する費用）の総額は約3兆6,028億円であったが，このうち46%と約半分は医療扶助費が占めていた（2019年度は総額3兆5,882億円のうち医療扶助費は1兆8,013億円で，総額に占める割合は50.2%となっている）。このことから，2015年の生活保護法改正においては，医療扶助の適正化が最重要課題の一つとされ，具体的には，生活保護指定医療機関の指定（取消）要件の明確化（指定要件について生保49条の2第2項，取消要件について生保51条2項），指定の更新制（6年間）の導入（生保49条の3），後発医薬品（いわゆるジェネリック医薬品）の原則使用を法律上明記（生保34条3項）等の改正が行われている。

生活保護の被保護者は，国民健康保険（国保）の被保険者とならない（国保6条6号，⇨1医療保障3(2)）。したがって，保護開始まで国保に加入していた者は，保護開始と同時に国保を脱退しなければならない（民間企業等の被用者保険には引き続き加入できる）。

(e) **介護扶助（生保15条の2）**　2000年の介護保険法施行に伴う法改正により設けられた給付である。被保護者と介護保険の関係については次の3つが考えられる（⇨2介護保障2(1)）。①被保護者が65歳以上で介護保険の被保険者（第1号被保険者）となる場合，②40歳以上65歳未満で第2号被保険者となる（被用者保険等に加入している）場合，③40歳以上65歳未満で被保険者資格がない場合（被保護者は国保の被保険者資格がないため，介護保険にも加入できない。介保9条）。それぞれにより取扱いが異なるが，要保護者が保護開始までの段階で加入している医療保険は国保または後期高齢者医療制度が大半である実情からして，実際に問題

となるのは主として①と③の場合である。

　①の場合，年金収入等があればそこから介護保険料が徴収されるが，生活扶助の「介護保険料加算」により介護保険料相当額が加算される。また，実際に介護保険給付を受ける際の1割の自己負担分については，介護扶助より支給される。したがって，第1号被保険者である被保護者については，保険料についても，給付についても，実質的な負担はないことになる。

コラム 10-1　わが国における公的扶助制度の歴史的沿革

　現行の生活保護法は1950年に制定されたものである。ここでは，それ以前のわが国における公的扶助制度の沿革について概観しておこう。

　明治以降における，わが国最初の公的扶助制度として，1874年の「恤救規則」がある。これは，「人民相互の情誼」（親族や共同体による相互扶助）による救済が期待できない場合に，「無告の窮民」（誰にも苦しみを訴えることのできない貧民）に対し，国が救済を行うというものであったが，対象者は①窮貧かつ独身の廃疾者，②70歳以上の重病あるいは老衰者，③独身の疾病罹患者，④13歳以下の独身者に局限されており，「恤救」の名が示すとおり（「恤」は「憂える」「憐れむ」等の意味），あくまでも天皇や政府の「恩恵（お恵み）」としての域を出ないものであった。この制度が，実に昭和初期まで維持された。

　恤救規則に代わり，わが国最初の包括的な扶助立法として制定されたのが，1929年の「救護法」である。同法は，救護を公の義務とする公的救護義務主義を初めて採用したことに特徴がある。ただしその対象は，①65歳以上の老衰者，②13歳以下の幼者，③妊産婦，④不具廃疾・傷病・心身障害のため労務に故障のある者，の4者に限定され，要救護者には保護請求権（保護の権利性）は認められず，公の義務としての救護義務の「反射的利益」として救済を受けることができるにすぎない，という考え方に立っていた。

　第2次大戦の敗戦による国民生活の窮乏に処処するには，それまでの扶助立法では不十分であったため，政府は1946年，当時のGHQが示した公的扶助三原則（①国家責任による実施体制を確立し，無差別平等の救済を与えること，②救済の責任を民間に転嫁しないこと，③救済総額に制限を設けないこと）に基づき，生活保護法（旧生活保護法）を制定した。旧法は，GHQの指示を反映して，困窮の要因を問わない無差別平等の保護を定めたにも拘わらず，その一方で，怠惰・素行不良者および扶養義務者のある者には保護を認めないとする欠格条項を有しており，また，相変わらず保護請求権も明記されていないなど，不十分な点を多く残した立法であった。

③の場合，介護保険給付は適用されないため，それに相当する給付（10割分）が生活保護の介護扶助として（被保護者の自己負担なしに）なされる。

(f) **出産扶助（生保16条）** 出産に要する費用（分娩の介助，分娩前及び分娩後の処置，脱脂綿，ガーゼその他の衛生材料）を支給するもので，①基準額，②出産に伴う入院費，③衛生材料費の3項目から構成されている。このうち基準額は，施設分娩と居宅分娩に分けて設定されている。経済的困窮の場合における出産費用の助成については，児童福祉法上の「入院助産制度」（児福22条）が優先的に適用されるため，出産扶助の実際の適用例は少ない。

(g) **生業扶助（生保17条）** 生業費（自営業の運転資金等）や，就業に必要な資格を身につけるための技能修得費，就職支度費（衣服などの購入費）などに対する給付である。高校就学のための費用もここから支給される。

以上により，A男さん世帯の最低生活費の額は，生活扶助・住宅扶助・教育扶助の額を合計した254,030円となる（ただし，保護の「補足性」の原理（生保4条，⇨3(3)）から，生活保護からの実際の支給額はA男さんが受給できる社会手当等の金額を差し引いた額となる）。

(h) **葬祭扶助（生保18条）** 葬祭に関する費用（検案，死体の運搬，火葬，埋葬）を支給するものである。支給対象となるのは火葬にあたり最低限必要な費用とされており，通夜・告別式などの宗教儀式や香典返しなどの費用は含まれない。遺族（特に故人のいわゆる喪主として葬儀を執り行う者）が被保護者である場合のほか，被保護者が死亡し，その者の葬祭を行う扶養義務者がないときや，死者に対しその葬祭を行なう扶養義務者がない場合において，その遺留した金品で，葬祭を行うに必要な費用を満たすことができないとき（生保18条2項）にも適用される。後者の場合，地域の民生委員や葬祭業者や市町村からの依頼を受けて支給申請を行うケースが多い。

(2) 世帯単位の原則

最低生活費の算定や保護の実施にあたっての重要な原則として，保護は，個人ではなく「世帯」を単位として行われるという「世帯単位の原則」（生保10条）がある。これは，生活困窮という状態が，生計を同一にしている世帯全体を観察して把握される現象であるという社会通念にもとづくものであるとされる（てびき2020：17）。

保護の単位としての「世帯」の認定においては，血縁等の親族関係よりも，申

請時現在の居住実態が重要視される（生活保護法にいう「世帯」の意義が問題となった事案として東京地判昭38・4・26がある）。ただし，世帯の全員に保護を適用することが不可能な場合（例えば，世帯の誰かが長期入院しているような場合や，世帯主が飲んだくれで働かず，家族が生活に困窮している場合など）には，特定の者だけを別に生活しているものとみなして保護する「世帯分離」の取扱いが認められている。これに関して，生活保護世帯の子どもが大学等に進学する場合，その子どもを世帯分離し，保護の対象外とする取り扱いが一般的である。この取り扱いが，生活保護世帯の子どもの進学意欲を阻害し，進学率が低水準にとどまる結果，いわゆる「貧困の連鎖」を招いているとの指摘もある（⇨コラム10-2）。

2　生活保護の目的と基本原理

(1)　生活保護の位置づけと目的

　生活保護（より一般的な意味では「公的扶助」とも呼ばれる）は，さまざまな事由により，あらゆる手段を尽くしても生活を維持することができない者に対し，国が（全額税財源で）憲法25条の保障する「健康で文化的な最低限度の生活」を保障するための制度である。社会保障法の体系においても，生活保護には「最後のセーフティネット」としての重要な位置づけと役割が与えられている。

　生活保護法1条は法の目的につき「この法律は，日本国憲法第25条に規定する理念に基き，国が生活に困窮するすべての国民に対し，その困窮の程度に応じ，必要な保護を行い，その最低限度の生活を保障するとともに，その自立を助長することを目的とする。」と規定している。

　この「最低生活保障」と「自立助長」という法の2つの目的のうち，後者については後ほど改めて検討することとし（⇨4(1)），ここでは前者の「最低生活保障」の原理と，それを支える基本的人権としての生存権の理念について確認しておきたい。

(2)　生存権保障の意義と生活保護

　現代社会での生活に，思いがけない様々な困難や障害が生じる可能性のあることは誰しも否定しえないだろう。病気，事故やそれに伴うケガ，労災，失業…。あるいはこのような突発事ばかりでなく，ひとり親家庭，出産や子育て，それに障害や老齢なども，生活上の困難の要因となりうる。これらのできごとは，家計における支出の増加や，収入の減少・途絶といった生活危険を個人や世帯にもた

らす。

　本書のこれまでの各章では，このような生活危険の要因に個別的に対応し，その要因を除去するために用意された様々な社会保障制度をみてきた。しかし，これら諸制度の適用を受けてもなお，生活困窮に陥るという可能性も否定できない。例えば，トピックのＡ男さん一家の場合，児童手当（⇨⑦家族支援）を受給できるが，それだけで必要な生活費のすべてをまかなうことはできない（そもそも社会手当制度は生活費のすべてをまかなうことを目的とするものではない）。この場合，これらの手当のみでは不足する生活費の分だけ，Ａ男さん一家は生活困窮の状態に陥らざるをえない。しかし，その責任を，生活自己責任を理由に，Ａ男さん一家にすべて負わせることが果たして妥当だろうか。

　あるいは，リストラや雇止めにより失業した場合，雇用保険という制度が用意されている（⇨⑤雇用保険）。しかし，その給付期間には期限があるし，Ａ男さんのように当人には働く意思と能力があるのに，その期間内に再就職先がみつからない，といった事態も大いにありうることである。この場合も，仕事がみつからないのは，すべて当人の能力と責任の問題としてしまって，ほんとうによいだろうか。

　ひとり親家庭の問題も，リストラ等による失業も，誰の身の上にも起こりうることである（明日は我が身である）。また，これらのできごとは，その性質上，個人の自助努力だけでは回避できない場合が多い。しかも，上でみたように，生活危険の要因はリストラや失業だけではなく，他にもいろいろ考えられる。

　生存権保障の意義は，まさにこのような点にある。憲法25条は，すべての国民に対し生存権を保障している（言い換えれば，国民は誰もが生活危険に遭遇し，それによって最低限度の生活を維持できなくなる可能性があることを憲法が想定している，ともいえる）。そして生活保護法は，必ずしも自己の責任によらない生活困難の際に受けられる保護の内容や要件を定めることによって，生存権の理念を具体化する役割を担っている。この意味で，すべての国民は，生活困難の状態となったときには，その要因を問わず，憲法25条を根拠として，生活保護法上の保護を請求する権利（保護請求権）を有しているということができる。

(3)　最低生活保障

(a)　最低生活保障の原理

生活保護法３条は，「最低生活」についても規定している。これは，憲法25条の理念を改めて確認したものである。言ってしまえ

ば簡単なようであるが，それでは「健康で文化的な最低限度の生活」とは何か，その基準は客観的・具体的に定めうるのか，となると，容易な問題ではない。

コラム 10-2　**生活保護と進学問題**

　生活保護世帯において高校に進学する場合，以前は生活保護から授業料等が支給されなかったため，その費用を奨学金等に頼らざるを得ないのが実情であった。そのため，生活保護世帯における高校進学率は，一般的な水準に比べ低水準にとどまっていた。

　この問題に関連して，高校就学費用にあてることを目的として保護費から積み立てた学資保険の満期保険金（50万円）の大部分を収入認定（この用語については本文で後述）して，翌月からの保護費を減額した処分が違法とされた事案がある（中嶋訴訟：最判平16・3・16）。本件以後，満期金が50万円までの学資保険については保護を受けていても解約する必要はないとする取扱いがなされている。

　生活保護世帯の子どもの高校就学のための費用が生業扶助から支給されるようになったのは2005年度からである。給付は公立高校授業料相当額とされ，私立高校への進学には引き続き奨学金が必要な状況であった。

　2010年度からは，国の「高等学校等就学支援金制度」が新たに導入され，所得の要件を満たす世帯の実質的な「高校無償化」が図られた。生活保護世帯においても，現在はこの制度の適用が優先となる。なお，同制度は2020年度に大幅な見直しが行われ，従来国公立高校授業料相当とされていた年間の支給限度額が39万6,000円（年収590万円未満の世帯で私立高校進学の場合）まで引き上げられ，いわゆる実質的な「私立高校無償化」が図られている。

　次に，大学，専門学校等への進学についてであるが，生活保護世帯の子どもが大学等に進学する場合，その子ども分は，「世帯分離」の取り扱い（⇒1⑵）により，原則として保護費の給付の対象外とされている。そのため，生活保護世帯の子どもの大学等への進学率はきわめて低水準にとどまっており，こうした状況が「貧困の連鎖」を助長している側面のあることが指摘されてきた。

　このため，2017年12月に出された社会保障審議会生活困窮者自立支援及び生活保護部会の報告書では，「生活保護受給世帯であることが進学の阻害要因とならないようにし，大学等への進学を支援していくことが重要である」との指摘がなされた。これを受け，2018年度から，生活保護世帯の子どもが大学等へ進学する際，進学準備のための「進学準備給付金」支給制度（自宅で親と同居する場合は10万円，1人暮らしの場合は30万円。法55条の5第1項）が実施されている。その一方で，上記の世帯分離の取り扱いには変更がなく，進学後の学費や生活費は奨学金によることとされており，給付金の支給が貧困の連鎖の断絶にどの程度実効性を有するかは未知数の状況である。

(b) 厚生労働大臣が定める「保護基準」 制度の面からいうと，この「最低生活」の基準は，生活保護法8条にもとづいて厚生労働大臣が定める「保護基準（一般基準）」により具体化される。この保護基準が，「厚生労働省告示」（法律ではない）という形式によって定められていることに注意を要する。実際，生活保護の現場における制度の運用の基準となる具体的な給付水準や，実施要領などの策定は，すべて厚生労働大臣（厚生労働省）の裁量に委ねられているといってよい。保護における「手続的権利」から，国民は，その裁量によって定められた基準や，それに基づいて行政当局がなした処分について不服がある場合は，行政不服審査や行政訴訟（⇨3(7)）を通じて争いうるわけであるが，上記保護基準の違法性を初めて争ったのが，有名な「朝日訴訟」である。

この訴訟では，「健康で文化的な最低限度の生活」とは何か，保護基準の設定にあたっての厚生大臣（当時）の裁量は認められるか，といった点が争点とされた。一審（東京地判昭35・10・19）は，当時の保護基準は最低限度の生活水準を維持するのに足りない，として基準の違法性を認めたが，最高裁（最大判昭42・5・24）は，「……何が健康で文化的な最低限度の生活であるかの認定判断は，いちおう，厚生大臣の合目的的な裁量に委されており，その判断は，当不当の問題として政府の政治責任を問われることはあっても，直ちに違法の問題を生ずることはない」として，厚生大臣の広範な裁量権を認めた。

保護基準のうち，特に生活扶助基準額については，2013年度から3年間にわたり平均10%程度の引き下げとなる改定が行われ，さらに2018年度からも再度改定が行われていることは前述のとおりである（⇨1(1)(a)）。このうち，特に2018年度からの改定ついては，当初国が示した基準額に対し，社会保障審議会生活保護基準部会などからも懸念が示され，引き下げ幅が圧縮された経緯がある。保護基準が国民に保障されたナショナル・ミニマム（国家最低限）を示す役割を有する以上，基準の設定は慎重になされなければならない。基準額の引き下げが断続的に行われている現在の状況のなかで，厚生労働大臣の裁量権行使のあり方が改めて検討されることになろう。

(c) 「一般基準」と「特別基準」 先に見た8種類の扶助につき，厚生労働大臣が基準額を設定し，「告示」の形で示されるのが「一般基準」である。一般基準は年1回改定される。

これに対し，特別な事由により一般基準で対応できない需要について，厚生労

働大臣が「特別基準」を設定することがある。これは，その事例限りのものとして，「告示」はされないため，一般基準と異なり，適用するかどうかは保護実施機関に委ねられる。典型例として，住宅扶助の特別基準（⇨1(1)(c)）があげられるが，その法的性質は必ずしも明確ではない。

(4) 無差別平等

(a) 無差別平等の原理　保護請求権が「すべての国民」に認められたものである以上，国民は，法に定められた要件を満たす限り，無差別平等に生活保護を受けることができる（生保2条）。例えば，受給対象者に年齢制限や性別による差別を設けることは許されず，また，生活困窮の要因も問われない。

　ここで問題となるのは，生活保護法2条の「すべて国民は」という文言との関係で，日本に在留する外国人に生活保護が適用されるか，という点である。

(b) 外国人と生活保護　生活保護法1条および2条は，生活保護受給権の対象を，文言上「すべての国民」と規定している。そこで，日本に在留する外国人には生活保護は適用されないのか，という問題が生じることになる。この点については，1954年の古い通知（昭和29・5・8社発382号）によって，「外国人は（生活保護）法の適用対象とならない」が，「当分の間，生活に困窮する外国人に対しては一般国民に対する決定実施の取り扱いに準じて」必要な保護を行う，とされ，この「当分の間」の「準用」のまま現在に至っている。すなわち，外国人については，日本国民と同様の保護請求権は認められていない，という前提のもと，通知によって日本国民に準じて保護が行われているにすぎない，という状態が続いている。

　その後1990年，厚生省（当時）は，この「準用」の対象を永住者や定住者等に限る旨を口頭で指示し，短期滞在の外国人や留学生などは，適法に在留資格を有していても，準用の対象から除外されることとなった。

　このような運用実態に対しては，国籍の有無のみによって共同体共通の利益から外国人を排除することの不当性（古賀1997：125〔片岡執筆部分〕）や，憲法25条の生存権理念の普遍性といった観点から，外国人にも同様に保護受給権を認めるべきであるとする批判がある。その一方で，生存権を普遍的な人権として理解することには問題があること，また，日本が1981年に批准した「難民の地位に関する条約」やILOで1962年に採択された「社会保障における内国民及び非内国民の均等待遇に関する条約」（第118号）の解釈などからも，生活保護法を外国人に

適用しないことをもって違法とはいえないとする見解も有力である（西村2003：496，堀2004：152以下など）。

　これに関し，日本での「永住外国人」の資格を有する中国籍の女性が保護の対象となりうるかが争われた事案として，大分地判平22・10・18，福岡高判平23・11・15，33，最判平26・7・18がある。本件一審判決では，永住外国人は保護の適用対象ではないとして原告女性の請求を退けたが，二審では「永住外国人は生活保護を受給できる地位を法的に保護されている」とする逆転判決が出された。しかし，最高裁は，「外国人は行政措置による事実上の保護対象にとどまり，同法にもとづく受給権はない」，すなわち永住外国人は保護の対象とはならないとの判断を示し，二審判決を破棄している。

3　保護の要件と申請・受給

トピック　福祉事務所で

　困り果てたＡ男さんは，生活保護という制度のあることに思い至った。この制度については，区の福祉事務所で相談に応じてくれることを知ったＡ男さんは，思い切って相談に行ってみることにした。福祉事務所では，「相談係」の職員（相談員）が相談に応じてくれた。

　Ａ男さんが現在の生活状態を説明し，保護を受けたい旨を申し出ると，相談員からは，本当に真剣に仕事を探しているか，ほかに生活費にあてられるような資産はないか，Ａ男さんやＢ子さんの両親に支援を求めることはできないか，といった，Ａ男さんにとってはいささか厳しい質問がなされた。また，保護を申請すると，世帯の資産や生活状況が調査されるほか，両親などの親族にも福祉事務所から連絡が行く旨の説明もなされた。

　Ａ男さんとしては，双方の両親に迷惑はかけたくないので，できれば連絡などしてほしくないが，きまりなので，それは無理だという。思った以上に厳しい話にＡ男さんはとまどい，ともかく出直して，もう一度よく考えてみることにした。

　保護を受けるためには，単に生活に困窮しているというだけでは足りず，法の定めるさまざまな要件を満たしている必要がある。その人が保護を必要としているかどうかを判断し，保護に関する必要な事務を行うのは自治体の福祉事務所である。

　ここでは，保護の要件や申請手続きなどについて，実際の流れに沿って検討する。

(1) 保護受給のための手続き

　生活保護を受けるにあたっての手続きの流れは図表10-3のとおりである。ト
ピックにもあるとおり，保護を希望する人は，まず福祉事務所で「相談」を受け
ることになる。この相談は，特に法的に位置づけられたものではないが，相談者
の状況を把握するという意味で，実務上は重要な意味を持っている。その人に保
護が必要か否かは，本来は申請を受理したうえで，以下の法的な手続きのもとで
判断されるべきであるが，実際には相談のみで申請にまで至らないケースも多い
（福祉事務所の相談のべ件数のうち，8割以上が相談のみで終わったケースであるとす
るデータもある）。

　その後，申請書を提出して保護の申請を行い，申請者の資産状況等の調査（資
産調査＝ミーンズテスト）が行われ，それにもとづいて保護の要否判定がなされる。
保護が必要と認められた場合は，福祉事務所長による保護開始決定，そうでない
場合は申請却下処分となる。これらはいずれも行政法上の行政処分である。開始
決定後，申請者にその旨が通知され，保護が開始される。

(2) 申請保護の原則

(a) 保護の「適正化」　　ところで，トピックの相談係の対応は，確かにA男
さんにちょっと厳しいような感じもするが，これは生活保護の相談事例としては
ごく一般的なものである。相談係の発言も，決して無意味になされたものではな
く，生活保護の基本原則や制度の現状，運用実態などと深くかかわっている。

　今から40年ほど前，暴力団員による保護の不正受給が問題となったことがあっ
た（現在でも時折そのような事例がみられる）。これが発端となり，1981年に厚生
省（当時）が出したのが，「生活保護の適正実施の推進について」（昭56・11・17社
保発123号）と題する，いわゆる「123号通知」である。

　この通知は，保護の申請者や受給者の資産・収入のより的確な把握，という見
地から，資産報告書，関係機関への照会に関する同意書などを対象者に提出させ
ること，これを拒む場合には，申請の却下や保護の停止などを検討すべきことな
どを内容としている。この保護の「適正化」以降，制度全体の運用が厳格化され，
それに対応して保護の申請そのものが抑制される傾向が顕著となった。それにも
かかわらず，バブル崩壊やその後の景気の悪化，東日本大震災の影響などによっ
て，保護受給者は増加し続けた。その後，2015年3月をピークに受給者数は減少

に転じ，2019年度の受給者数は207万3,117人，2021年10月時点での速報値では203万7,970人であった。他方，保護受給世帯数は，受給者数が減少に転じた後も増加傾向が続き，ここ数年は若干の増減を繰り返していたが，2021年10月現在では164万1,917世帯で，前年度比で微増となっている。このうち半数以上（55.5%）を「高齢世帯」（65歳以上の者のみで構成される世帯）が占めており，その9割以上は単身世帯となっている（⇨図表10-4）。

(b) 申請保護の原則 生活保護法は，申請行為は国民の保護請求権の発動であるとの見地から，保護は申請があって初めて開始されるとする「申請保護の原則」を定めている（生保7条。ただし，急迫した場合に，申請がなくても保護実施機関が保護を開始できる「職権保護」も認められている。同条但書）。ところが，保護の「適正化」の流れの中で，相談の段階で申請が過度に抑制されるケース（本来受理すべき申請を受け付けない，故意に申請書を渡さないなど）も報告されている。申請がなければ保護が開始されない以上，そのような行為は保護請求権の一環としての申請権を侵害するものとして，認められないというべきであろう。

申請には実施機関が定めた様式の申請書を提出するのが通常である。従来，生活保護法には申請に一定の様式を要求する旨の規定はなかったが，2013年の法改正において，保護の開始を申請する者は，必要事項を記載した申請書その他必要な書類を実施機関に提出しなければならない旨の規定が新設された（改正後の生保24条1項・2項）。ただし，「特別の事情」がある場合はこの限りでないとされており（同条1項但書・2項但書），このことから，現在では行政実務においても，保護の申請は必ず定められた方法により行わなければならない要式行為ではなく，申請の意思が明確であれば口頭による申請なども認められると解されている（別冊問答集2021：349以下）。

(3) 保護の補足性

(a) 補足性 国家責任，最低生活保障，無差別平等と並ぶ生活保護の基本原理として「保護の補足性」がある。

生活保護は「健康で文化的な最低限度の生活」を維持するための制度であるから，それを上回る生活をしている場合，もしくはそれが可能である場合には保護は受けられない。すなわち，個人があらゆる手段（自助努力）を尽くしてなお，最低生活を維持できない場合の最後の手段として，不足分を補う（補足する）のが生活保護である，とするのが法の基本的な考え方である。このことを示したの

図表10-3　保護の補足性のイメージ

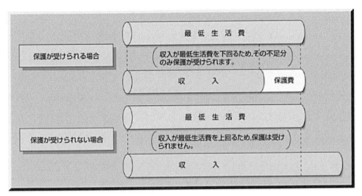

出典：てびき（2021）：30（一部修正）

　が法 4 条の「保護の補足性」であり，生活保護の諸原理の中でも，とりわけ重要なものである（⇨図表10-3）。

　生活保護法 4 条は，まず 1 項で，保護を受けるための「要件」として，「資産，能力その他あらゆるもの」の活用を求めている。したがって，生活保護以外に利用できる社会保障制度その他の法制度（例えばA男さん世帯の場合，児童手当）がある場合は，まずそちらを優先的に活用すべきことになる（「他法優先の原則」）。

　次に「資産」であるが，通常，資産というと，ばく大な預金や株式，不動産などを連想する。しかし，この場合はそのようなものばかりでなく，一定額以上の現金や預貯金，自動車，それに貯蓄性の高い保険など，およそ換金可能なものはすべて活用すべき「資産」とみなされる。

　しかし，「活用」のために本当にすべての資産を処分して，丸裸の状態になってしまったのでは，逆に最低限度の生活すら維持できなくなってしまう。そこで，保護に際しても，最低限度の生活の維持に必要な一定の資産については保有が認められている。もっとも，法 4 条の包括的な規定だけではその具体的内容が明らかでないため，行政解釈により保有が認められる資産の範囲が示されている。

　それによれば，現実に最低限度の生活の維持のために活用されており（もしくは近い将来において活用することがほぼ確実であり），保有している方が，生活維持・自立助長に実効があがっていること，社会通念上処分させることを適当としないもの，等とする解釈基準が示されている。しかし，これだけではまだ抽象的

であるため，個別により具体的な基準が示されている（⇨コラム10-3）。

　資産の活用をめぐっては，保護費を切り詰めて蓄えた預金（約81万円）を「収入」として認定して，翌月からの保護費を減額した保護変更決定の違法性が争われた事案がある（加藤訴訟：秋田地判平5・4・23）。判決は，預貯金の額が「国民一般の感情」からみて違和感を覚えるほどの高額でないことを条件に保有を認め，上記変更決定処分を違法なものとして取り消した。この結果，現在では，保護費のやり繰りによって蓄えられた預貯金等の使用目的が生活保護の趣旨目的に反しないと認められる場合には保有を認めて差しつかえないとする取扱いがなされている。

(b)　能力の活用　　生活保護法4条は，もうひとつ，「能力の活用」を求めている。この場合の能力とは稼働能力（労働能力）のことをいう。健康で稼働能力があり，なおかつ適当な働き口がある場合には，能力の活用の余地があるとして保護は認められない。しかし，トピックのA男さんのように，思うように就職先がみつからないケースはままありうる。単に稼働能力があり，それを活用して

図表10-4　被保護世帯数，被保護人員，保護率の年次推移

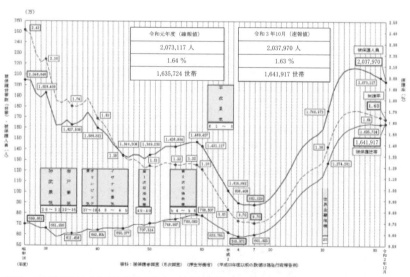

資料：被保護者調査より厚生労働省社会・援護局保護課にて作成（平成24年3月以前の数値は福祉行政報告例）（一部修正）

いないとの理由だけで保護を認めないとする取り扱いには，慎重な判断が求められる。

　この点，行政解釈では，稼働能力を活用しているか否かの判断基準について，①稼働能力があるかどうか，②その具体的な稼働能力を前提として，その能力を活用する意思があるか否か，③実際に稼働能力を活用する就労の場を得ることができるか否かにより判断するとする，いわゆる3要件を示している（手帳2021：228）。この点が直接争われたリーディングケースとして「林訴訟」がある。いわゆるホームレスの状態にあった原告（H）が，労働能力を活用していないことを理由として保護申請を却下した福祉事務所長の処分の取消と慰謝料の支払を求めた事案であるが，一審（名古屋地判平8・10・30）は，要保護者に労働能力がある場合でも，その人に働く意思があり，働こうとしても実際に働く場所がなければ，

コラム 10-3　保有を認められる資産の範囲

　①　土地・家屋　　現に居住している家屋とそれに付属する宅地については，そのまま保有が認められる。ただし，処分価値が利用価値に比べて著しく大きいもの（世帯の人数からすると大きすぎる家など）は保有を認められない。保有が認められる場合であっても，部屋数に余裕があるような場合には，賃貸するなどの活用が求められる。

　②　生活用品　　家具什器および衣類寝具・趣味装飾品・貴金属および債券・その他の物品に分類され，それぞれにつき基準が設けられている。このうち，貴金属および債券については保有が認められず，その他の物品についても，テレビ・カメラ・ステレオ・楽器等については処分価値の低いもののみ，それ以外の物品については，その地域での一般世帯での普及率が70％に達している場合には保有が認められる。

　③　自動車　　身体障害者および過疎地の居住者が通勤に使用する以外は保有が認められない。原付バイクは，必要と認められた場合には保有が認められる場合が多いようである。

　④　保護開始時の手持ち金（預貯金を含む）　　被保護者の現金の保有は原則として認められていない。ただし，「家計上の繰越金程度のもの」については配慮するとの趣旨から，保護開始時の手持ち金のうち，「最低生活費の5割まで」の現金の保有が通知により認められている。

　⑤　生命保険　　原則として解約し，解約払戻金を活用すべき資産として充当しなければならない。ただし，貯蓄性が高くない等，一定の要件を満たしている場合には保有が認められる（中嶋訴訟も参照，⇨コラム10-2）。

「利用し得る能力を活用していない」とはいえない，とする画期的な判断を示し，生活扶助・住宅扶助の申請を却下した福祉事務所長の処分を違法として取り消し，慰謝料25万円の支払いを命じた。

これに対し二審（名古屋高判平9・8・8）は，総論としては一審と同様の判断を示しつつも，当時の平均有効求人倍率（1を超えていた）を根拠にHを逆転敗訴とした。H側は上告したが，その後のHの死亡により上告棄却とされ（最判平13・2・13），H側の敗訴が確定している。

最近の下級審判例（新宿七夕訴訟：東京地判平23・11・10）は，2008(平成20)年当時ホームレス状態にあった男性（当時58歳）が，稼動能力の不活用を理由に生活保護申請を3度にわたり却下された事案につき，本人に働ける場がなければ「法は不可能を強いることができない」として却下処分を違法なものとして取り消している。その控訴審（東京高判平24・7・18）も原判決を支持し，福祉事務所側の控訴を棄却している。このように，判例では稼働能力の活用を厳格に運用することに一定の歯止めをかけようとする傾向がみられる。

(c) **親族による扶養（私的扶養）** 次に，生活保護法4条は2項で「民法上の扶養義務者による扶養の優先」を定めている。同条1項における「資産，能力，その他あらゆるものの活用」が保護受給にあたっての「要件」とされているのに対し，扶養義務者による扶養は保護に「優先」されるにすぎず，位置づけが異なる。行政実務においても，扶養義務者による扶養が単なる期待可能性にすぎない状態においては「その他あらゆるもの」に含むことはできず，保護の要件とはならないと解されている（別冊問答集2021：141。ただし，同書の解釈では，扶養義務者からの援助が確実である場合には扶養請求権が保護の要件となることを認めており，この点を批判する学説もある（吉永2011：161））。

その一方で，2013年の法改正においては，保護開始決定にあたっての扶養義務者への通知（改正後の法24条8項），保護の申請書や添付書類の調査のための扶養義務者への報告徴収（改正後の法28条2項）等の規定が新設され，扶養義務の履行の厳格化が図られている。

なお，「扶養義務者」とは，配偶者（民752条），直系血族および兄弟姉妹（絶対的扶養義務者・民877条1項）をいい，また，特別な事情がある場合には，家庭裁判所の審判により，それ以外の3親等内の親族も扶養義務を負う（相対的扶養義務者・民877条2項）。扶養義務は法律上の義務であるが，実務上はこれを直ちに

法律上の問題として取り運ぶのではなく，努めて当事者間の話し合いによって解決し，円満裡に履行させるよう取り扱うものとされている（手帳2021：230）。

⑷　資産調査

　ここから手続きは相談員の手を離れ，次に「保護係」の地区担当員（ケースワーカー）に送られる。

　申請後にまず行われる手続きは「資産調査（ミーンズテスト）」である。担当となったケースワーカーが，法28条1項の「調査権」にもとづき，親族への扶養照会，申請者の資産調査（実際の預貯金についての金融機関への照会，保険や債券などの保有に関する関係会社への照会等），健康状態調査といった調査手続きを行う。同時にケースワーカーは，申請者の自宅を訪問し，資産状況，健康状態，生活状況等について尋ね，申請書に記入された内容に誤りがないかどうか確認する。

　資産調査は，要保護者が生活自己責任を果たしているかを確認し，要保護者の実際の必要を判定するうえで重要であり，他の社会保障制度にはない，生活保護独特の手続きである。しかし，調査内容が申請者のプライバシーに深く関わることになるため，先の「相談」とあいまって，申請にあたっての心理的抵抗感の要因となることが多い。したがって，資産調査にあたっては，申請者のプライバシーに配慮した慎重な対応が求められる。

⑸　収入認定

　保護の補足性（⇨ 3⑶）から，保護実施機関としては，当該要保護者が，実際にどのくらいの生活費や生活に必要な物品を確保できているかを確定し，最低限度の生活の維持に必要な「不足分」を算定する必要がある。これが「収入認定」と呼ばれる手続きである。

　「収入」というと，働いて得た賃金だけを指すようなイメージがあるが，ここでいう収入には，そのような「勤労収入」のほか，親族からの仕送り等の援助，年金収入，臨時収入，その他得られた金品が，原則としてすべて含まれる。ただし，社会通念上収入として認定することが適当でないもの（冠婚葬祭の際の祝い金，香典など）や，自治体からの福祉的な給付金は，一定額までは収入として取り扱われない（これを「認定除外」という）。

　収入認定に関する近時の裁判例として，保護受給世帯の高校生が，修学旅行費用や大学受験の受験料にあてるためにアルバイトをして得た収入を，父親が収入として申告しなかったため，福祉事務所長が法78条にもとづきアルバイト収入に

相当する費用の徴収を求めた事案（横浜地裁平27・3・11）がある。判決は，アルバイト収入の使途などから，これを法78条にいう「不実の申請その他不正な手段」で保護を受けたとまではいえないとして，費用徴収処分を取り消している。この判決に先立ち，高校生のアルバイト収入のうち，私立高校における授業料の不足分，修学旅行費，クラブ活動費，学習塾費等にあてられる費用については，就学のために必要な費用として，必要最小限度の額を収入として認定しなくてよいとする旨の国の通知が出されており，現在はこれに基づく取扱いがなされている。

収入認定は，保護の開始時だけでなく，毎月行われる。例えば，ある月に臨時収入があった場合，それが収入認定され，翌月ないし翌々月の給付額に反映される（すなわち，その分だけ給付額が減額される）。収入認定は月単位で行われるが，前3カ月間程度の収入額の平均を標準として行われるのが一般的な取り扱いである。

被保護者の収入のうち，勤労収入については，各種の必要経費の控除が認められており（勤労控除），その分，受給できる額が実質的に最低生活費よりも多くなる仕組みとなっている。これは，就労に伴って大きくなる消費エネルギー量や必要な経費をまかなう趣旨のほか，受給者の就労を促進する意味合いが含まれる。

収入認定額の計算方法をまとめると，次のようになる。

収入認定額＝（勤労収入－必要経費）＋（年金収入－必要経費）＋援助による収入（親族からの仕送りなど）＋（福祉的な給付－認定除外額）

これらの調査が済むと，保護の当否が決定され，申請者に通知される。この決定の通知は申請から14日以内になされなければならない（生保24条3項。ただし，特別な事情があるときは，30日まで延ばすことができる）。

A男さんの申請は認められ，A男さん親子はこの時点で「被保護者」となった（ここまで明確に区別していなかったが，正確には現に保護を受けている者を「被保護者」，保護を受けているかどうかにかかわらず，保護を必要とする状態にある者を「要保護者」という〔生保6条1項・2項〕）。なお，保護は，申請があった日が開始日となる（すなわち，保護費は申請日にさかのぼって算定される）。

A男さんの実際の保護費（受給額）は，先に算定したA男さん世帯の最低生活費（⇨1(1)）と収入認定額とを比較し，前者から後者を差し引いた額となる。

(6) 保護の実施機関・実施責任

A男さんは，自分の居住するX区の福祉事務所で保護の申請を行い，それに対

して当該福祉事務所長が保護開始決定を行った。このように，保護の実施責任は，保護が必要となった時点での要保護者の居住地，もしくは現在地（後述）を管轄する福祉事務所が負っている。

　生活保護は，国の責任で行われるものであるが（生保1条），保護の決定・実施に関する実務については，いわゆる法定受託事務の方法により，地方公共団体が行うものとされている（生保19条1項）。これは，保護の実務は地域住民により身近な地方公共団体が行うのが適切という理由にもとづくものである。具体的には，要保護者の居住地もしくは現在地を管轄する都道府県知事，市長，および福祉事務所を設置する町村では町村長が保護を実施するものとされ，生活保護法は，これらを「保護の実施機関」と位置づけている（同条1項・4項）。

　さらに，これら保護の実施機関は，保護の決定および実施に関する事務の一部または全部を，その都道府県，市町村が管理する行政庁に限って委任することができる（同条4項）。この規定にもとづき，これら地方公共団体の長は，保護の実施機関として福祉事務所を設置し，その事務を福祉事務所長に委任している。このため，実際の保護の実施責任は，当該地方公共団体を管轄する福祉事務所長にあることになる。

　ところで，A男さん一家のように居住地の明らかな要保護者の場合は，その者の居住する地方公共団体（A男さんの場合はX区）を管轄する福祉事務所が保護の実施機関となるが（居住地保護），要保護者の中には，例えばホームレスのように，居住地のない，もしくは明らかでない者も多い。そのような場合や，居住地が明らかであっても要保護者が急迫した状況にある場合には，その者が有する現在地（その者が現在いる場所）を管轄する福祉事務所が保護の実施機関となる（現在地保護。同条1項2号・2項）。

(7)　不服申立て

　仮にA男さんの申請が却下され，その決定に不服がある場合には，行政不服審査と行政訴訟の2つの制度が設けられている。これらの制度は，国民の保護請求権を手続的な側面から保障するという点で，重要な意義を持っている。

　生活保護に関わる処分の行政不服審査は，生活保護法64条以下および行政不服審査法の規定にもとづき行われる。行政不服審査法については，2014年6月に成立した改正法により全面的な改正がなされ，2016年4月より施行されている。なお，施行期日前の処分・不作為については改正法施行前の規定が適用されるため，

その内容もカッコ書きで付記している（行政不服審査法の改正内容については，⇨コラム10-4も参照）。

　福祉事務所長の決定に不服がある場合，決定のあったことを知った日の翌日から起算して3カ月以内（改正前60日以内）に都道府県知事に対し審査請求をすることができる（行審2条・4条，生保64条1項）。知事は，審査請求があった場合，50日以内に裁決をしなければならない（生保65条1項2号。行審法改正により新たに導入された行政不服審査会への諮問を行う場合は70日以内。同1号）。また，保護の実施機関がした決定（処分）の取消しを求める行政訴訟の提起は，この審査請求を経た後でなければすることができない（審査請求前置主義。生保69条⇨コラム10-4）。

　審査請求の裁決に不服がある場合は，裁決を知った日の翌日から起算して1か月（改正前30日以内）に厚生労働大臣に再審査請求を行うか（生保66条），裁決を知った日から6カ月以内に行政訴訟を提起するかのいずれかを選択することができる。再審査請求があった場合，厚生労働大臣は70日以内に裁決をしなければならない（生保66条2項）。再審査請求の裁決に不服がある場合には，さらに行政訴訟を提起することも可能である。

(8)　家庭訪問と被保護者の権利義務

　保護が開始されると，生活保護法28条1項の調査権にもとづき，担当のケースワーカーが被保護者の自宅を定期的に，もしくは随時訪問し，生活状態の確認などの調査を行う。これをもとにその後の被保護者の保護の要否や，内容の変更などの検討，決定がなされる。被保護者がこの訪問を拒否することは基本的にできない（都合が悪い場合などに，後日に変更してもらうことは可能である）。また，その際に，被保護者の生活の向上に関し，必要な指導・指示をしたり（生保27条），被保護者の相談に応じて助言をしたり（生保27条の2）するのも，ケースワーカーの重要な役割である（生保27条にいう指導・指示の意義や法的性格，行政処分性などが問題となった判例として，先に紹介した加藤訴訟（⇨3(3)(a)）のほか，最判平26・10・23，東京地判昭53・3・31，福岡地判平10・5・26（いわゆる増永訴訟）などがある）。これに対応して，被保護者には，指示に従う義務（生保62条）をはじめ，保護受給権の他人への譲渡の禁止（生保59条），勤労節約・生活の維持向上等の生活上の義務（生保60条），収入・支出の変動や，居住地・世帯の構成の移動等の際の届出の義務（生保61条）等の義務が課せられる。他方，被保護者の権利とし

て，保護の正当な理由のない不利益変更の禁止（生保56条），保護金品への租税その他の公課の禁止（生保57条），給付された金品やこれを受ける権利の差押の禁止（生保58条）等が認められている。

⑼　施設における保護

保護の中心部分である生活扶助は，被保護者の居宅で行われることを原則とするが，「これによることができないとき，これによっては保護の目的を達しがたいとき，または被保護者が希望したとき」には，施設等に入所させ，または入所を委託することにより保護を行うことができる（生保30条）。施設の種類は「救

コラム 10-4　社会保障法と行政不服申立て・行政訴訟

「措置から契約へ」の流れのなかで，社会保障サービスの提供方式に契約の仕組みが導入された現在でも，社会保障における給付の可否やその内容についての決定の多くは公権力の発動としての「行政処分」として行われている。生活保護における保護開始（変更・廃止）決定や，介護保険における要介護認定，児童扶養手当法における受給資格と手当額の認定などはその典型である。その意味で，これらの処分が違法・不当なものであった場合の事後的な救済措置として，行政不服申立ておよび行政訴訟が社会保障において有する意義は大きい。

行政不服申立てについて定める行政不服審査法については，公正性や使いやすさの向上，国民の救済手段の充実・拡大を理念とする全面的な改正法が2016年4月1日より施行された（本文3⑺）。同法の主な改正内容は，①審理員による審理手続の導入，②行政不服審査会等への諮問手続の導入，③審査請求人の権利の拡充，④審査請求期間を60日から3か月に延長，⑤不服申立て手続のうち「異議申立て」を廃止し「審査請求」に一元化，⑥標準審理期間の設定等による迅速な審理の確保，⑦不服申立前置の見直し，⑧情報提供制度の創設，等である。

このうち⑦に関して，従来社会保障の諸制度には審査請求前置主義がとられているものが多かったが，改正法によりこれが見直され，子ども・子育て支援法，児童扶養手当法などについては，行政訴訟との自由選択とされた。他方，生活保護法，障害者総合支援法，介護保険法などについては引き続き審査請求前置とされている。

行政訴訟については，2004年の行政事件訴訟法改正により新たに設けられた「義務付け訴訟」（行訴3条6項）が一定の定着をみせつつあり，リーディングケースとなった和歌山地判平24・4・25（ALS患者の介護支給量義務付け訴訟⇨⑧障害者福祉も参照）以降，社会保障分野での裁判例も蓄積されつつある。

ただし，行政訴訟については，審理期間が長いこと，訴訟費用の負担が重いことなど，国民の権利救済の手段という観点からみて問題とすべき点も多い。

護施設，更生施設若しくはその他の適当な施設」（同）とされており，さらに法38条においてより具体的に，救護施設，更生施設，医療保護施設，授産施設，宿所提供施設の5種類があげられている。また，「その他の施設」としては，法で保護施設と規定されていないホームレス支援施設や，他の法律で認められている施設（老人福祉法に基づく養護老人ホームなど）があげられる。生活保護法30条における「これによることができないとき」とは，居宅を有しない被保護者を保護する場合などを，また「これによっては保護の目的を達しがたいとき」とは，居宅らしいものはあるが，非常に不健康な状態であるため，そこで日常生活を営ませることが適当でない場合や，一応居宅はあるが被保護者に日常生活の用を弁ずる力がなく，しかもその世話をするものがいない場合，身体上または精神上の理由により，もしくは特殊な事情により特にその被保護者をその家庭から隔離して保護を行う必要があるような場合などをいうものと解されている（小山1975：435）。

ホームレスのような定まった住居を有しない人が保護を希望する場合，施設保護による場合が多く，むしろそのような扱いが原則であったとされる。これに対し，施設ではなく，居宅での保護を求めたホームレスが，一時保護所への施設保護を内容とする保護開始決定の取消しを求めたケースにつき，住居を持たない者は居宅保護はできないとして施設での保護をしたのは違法であるとして，開始決定の取消しが認められた事例がある（佐藤訴訟控訴審判決：大阪高判平15・10・23）。この判決と前後して，保護の実施要領が改正され，保護開始時に安定した住居のない要保護者の住居の確保に際し，敷金の支給が認められるようになった。

⑽ 生活保護の費用負担

生活保護は，憲法25条に規定する理念に基づき，国家の責任において実施するという建前から，保護に要する費用は主として国が負担することとなっている。具体的には，扶助の費用のうち，原則として4分の3を国が負担している。

他方，法定受託事務として保護を実際に実施する地方公共団体も費用の4分の1の負担を行っている。本来国家の責任において実施されるべき保護について地方の費用負担を求めるのは，実施機関における保護の濫給を防止するという国の政策目的にもとづくものであるとされる。

4　生活保護における「自立」

(1)　自立助長

　最低生活保障と並ぶ生活保護法の重要な目的として，「自立助長」がある。従来，一般的に自立とは，保護を受けずにすむようになった状態，すなわち経済的に自立している状態を指すものと考えられてきた（消極的自立論）。したがって，自立に向けた方策も，これまでは就労指導が中心であった。

　しかし，生活保護受給世帯には，A男さんのような世帯のほか，母子世帯，障害者世帯，高齢者世帯など，社会的にハンディを負っているものが多く，しかも，

コラム 10-5　ケースワーカー（現業員）と自立支援

　先に本文でも触れたとおり，現場で生活保護の実務を担当するのが，地方公務員である福祉事務所のケースワーカー（法律上は「現業員」という）である。その業務内容は，面接相談・各種調査の実施・保護の要否判定といった保護に至るまでの業務と，保護開始後の訪問調査・指導指示等の業務とに大きく二分される。前者を受け持つのが相談員（または面接員），後者を受け持つのが「地区担当員」である。「ケースワーカー」というのは本来両者の総称であるが，通常は後者のみを指していう場合が多いようである。

　保護の実施過程において自立に向けた取組みが重視されるようになった現在，ケースワーカーの役割と重要性はますます高まっている。自立という目的の実現のためには，被保護者本人の意欲と努力がまず重要であるのはいうまでもないが，それを成功させるカギはケースワーカーの適切なサポートにあるといってよい。両者の信頼関係とそれに基づく協働の下で，はじめて自立支援に向けた取組みが実効性を持ちうるのである。

　しかし，現場はそのような理想的な状況にあるとは言いがたい。近時，被保護者数が大幅に増加している一方で，ケースワーカーの数は抑制されたままであり，結果として一人あたりの負担が増している。また，ケースワーカーの質的な問題もある。社会福祉法ではケースワーカーは「社会福祉主事」であることとされている（社福15条6項）が，ケースワーカーが激務であることから，各自治体において配置を希望する職員が少なく，この要件を満たさない職員や，採用されて間もない職員が予備知識のないまま配置されている，といった現状がある。さらに，保護や自立支援に向けた取組みの自治体間の格差（地域格差）の問題も指摘されている。今後の自立支援や生活保護自体のあり方を考えるうえで，保護実施機関の問題は，自立支援プログラムそのものの検討と並んで重要な検討課題であるといえよう。

これらの世帯は，長期にわたって保護を受給し続ける傾向が強い。このような世帯に，単に経済的な自立だけを求めるのが本当に妥当だろうか。

　この意味で，ここにいう自立とは，単なる経済的自立だけではなく，被保護者が，社会的弱者としてではなく，生活保護を含む社会保障制度を活用しつつ，社会の中で主体的に生活する「社会的自立」ないし「人格的自立」の観念を含むものと考えるべきであろう（積極的自立論）。現在の保護の現場においても，このような理念の転換と，「自立支援プログラム」の実施をはじめとする自立支援のための具体的な取組みが行われている。

(2) 2013年生活保護法改正

　こうした取組みによってもなお，保護の受給者数・世帯数は高止まり傾向が続いていること（⇨ 3 (2)(a)），長期的・潜在的な失業に伴う生活困窮者が増加していることなどを背景として，2013年12月に大規模な生活保護法の改正法と，新たな「生活困窮者自立支援法」が成立した（生活困窮者自立支援法については後掲 5 参照）。

　改正法の主な内容は，①就労による自立の促進（保護からの脱却を促すための給付金の創設・生保55条の 4 ・55条の 5 ），②不正受給への厳正な対処（福祉事務所の調査権限の拡大，罰則の引上げおよび不正受給に係る返還金の上乗せ，扶養義務者への通知および報告徴収の法定化（⇨ 3 (3)(c) 等），③医療扶助の適正化（⇨ 1 (1)(d)），④被保護者が有する損害賠償請求権の取得に関する規定の創設（生保76条の 2 ）等である。

　このうち①は，保護受給中の就労収入のうち，収入認定額の範囲内で別途一定額を仮想的に積み立て，安定就労を得たことにより保護廃止に至った場合に「就労自立給付金」として一定額を支給するというものである。従来，被保護者が生活保護から脱却すると，保護受給中にはなかった税・社会保険料等の負担が新たに生じ，脱却直後の生活がかえって不安定な状態に陥りやすいという問題点が指摘されていた。就労自立給付金は，そのような段階での生活を支え，再度保護へ至ることを防止するとともに，保護から脱却するためのインセンティブを強化することを目的とするものである。

　また④は，被保護者の医療扶助または介護扶助を受けた事由が第三者の行為によって生じたときは，その支弁した保護費の限度において，被保護者が第三者に対して有する損害賠償の請求権を都道府県または市町村が取得するというもので

ある。これは，例えば被保護者が交通事故などを原因として損害賠償請求権を取得した場合，損害保険会社等に対して損害賠償請求を行い，受領した賠償金を医療費を含む最低生活費に充当するのが本来であるが，当該被保護者に対して先に医療扶助が行われると，当該被保護者は損害賠償請求を行わずにすませてしまう，というケースが生じていることに対応するものである。

5　生活困窮者自立支援法

(1)　概要と法の理念

　2013年の生活保護法改正法と同時に成立したのが生活困窮者自立支援法である。生活保護制度の見直しとあわせて，増加しつつある生活困窮者に対する総合的な対策を行い，いわゆる「第2のセーフティネット」を構築することを目的としている。この場合の「第2のセーフティネット」とは，第1のセーフティネットとしての社会保険制度・労働保険制度と，第3のセーフティネットとしての生活保護制度との中間に位置し，これらだけでは対応しえない生活困窮に対応するためのセーフティネットを意味する。

　しかし，ひと口に「生活困窮者」といってもそのイメージや抱えている困難の実態は多様であり，複数の生活課題が複合化している場合も多い。その結果として，既存の制度や施策では対応しきれず制度の狭間に陥る，社会的孤立の状態となって生活課題が潜在化するといった事態を招来しやすいことが特徴として指摘されている。

　生活困窮者自立支援法は，生活困窮者の尊厳を保持し，就労や心身の状況に応じた包括的かつ早期の支援を行うことを基本理念としつつ（生困2条1項），生活困窮者の自立の支援のための各種の事業を行うことを規定している。

　同法にいう「生活困窮者」とは，「就労の状況，心身の状況，地域社会との関係性その他の事情により，現に経済的に困窮し，最低限度の生活を維持することができなくなるおそれのある者」（生困3条1項）とされている。すなわち，生活保護法による保護を必要とする状態（要保護者）ではないが，現に生活に困窮し，そのままでは生活保護に至るリスクを有する者が想定されており，保護に至る前の段階での自立のための支援を行うことにより，保護に至ることを防止することが企図されている。

⑵ 生活困窮者自立支援法に基づく事業

生活困窮者自立支援法は2018年に改正され，現在の同法に基づく事業の概要は図表10-5のとおりとなっている。

直接的な実施主体は福祉事務所設置自治体とされているが，実際の支援にあたっては，地域の関係機関や民間団体が連携したネットワークを構築することにより，地域による支援，チームによる支援を行うこと，さらにはそれにより生活困窮者支援を通じた地域づくりを行うことが目指されている。

事業は必須事業と任意事業とからなり，必須事業は実施主体により必ず実施しなければならない事業とされている。

⒜ 必 須 事 業

㈎ 自立相談支援事業
福祉事務所設置自治体（もしくはその委託を受けた社会福祉協議会，社会福祉法人，NPO法人等の民間団体）を実施主体（相談機関）として，①生活困窮者本人や家族その他関係者からの相談対応，アセスメントの実施，個々の状況に応じたプランの作成とそれに基づく必要なサービスの提供への

図表10-5　生活困窮者自立支援制度の概要

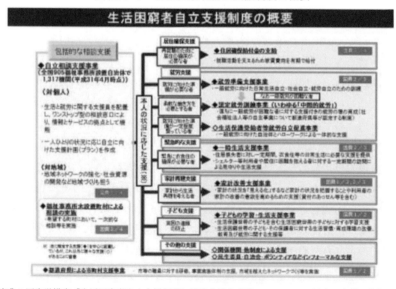

出典：厚生労働省「生活困窮者自立支援制度に係る自治体事務マニュアル」（令和2年第7版）：5

つなぎ，②関係機関への動向訪問や就労支援員による就労支援，③認定就労支援事業の利用のあっせん，④関係機関とのネットワークづくりや不足する社会資源の開発などを行う。

　(イ)　**住居確保給付金**　　離職により住宅を失った，またはそのおそれの高い生活困窮者に対し，有期（原則3か月，最長9か月）で住居確保給付金を支給するものである。

　(b)　**その他の任意事業**　　就労準備支援事業，家計改善支援事業，就労訓練事業（いわゆる「中間的就労」），一時生活支援事業，家計相談支援事業，子どもの学習・生活支援事業等が設けられている（⇨図表10-5）。

●STEP UP

　本章では，生活保護と他の社会保障制度との関わり，保護基準（特に生活扶助基準）の算定方式といった事項に十分に言及できなかった。これらの不足を補うためには，「公的扶助論」のテキストを別途通読されることをお勧めする。

　生活保護の理論的な問題点を考えるうえで重要な文献として，小山進次郎『生活保護法の解釈と運用（改訂増補）』（全国社会福祉協議会，1975・1951年の復刻版）がある。本書は生活保護法立法当事者の手になる古典的なコンメンタールであるが，現代でも参考とすべき点が多い。また，生活保護制度の問題点や実態を，審査請求の実態分析から検討した文献として吉永純『生活保護の争点――審査請求，行政運用，制度改革をめぐって』（高菅出版，2011）がある。

11 社会保障

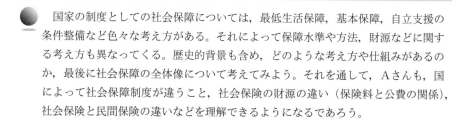

> ## トピック　社会保障と社会保険
>
> 　Aさんは，『トピック社会保障法』を使った大学の講義で，社会保険給付や社会手当など，自分たちが安心して生活していくために大切だということを理解することができた。特に，私達の生活や人生の中で起きる事件や事故に対して予め備えておくという保険の考え方に興味を持った。それで，これから就職活動を始めるにあたって，損害保険や生命保険，あるいは総合保険などを扱っている保険会社や共済組合の情報収集をすることにした。
>
> 　Aさんが就職活動のために調べてみると，数え切れないほど沢山の保険会社があって，何だか違いがよく分からない。国家制度としての社会保障があるのに，外国の保険会社も含めて，こんなに沢山の保険会社がどうして必要なのだろうか？それが分からないと，安心して就職活動をすることもできない。保険会社の扱っている民間保険は，社会保障法の講義で勉強した社会保険とどう違うのだろうか？

　国家の制度としての社会保障については，最低生活保障，基本保障，自立支援の条件整備など色々な考え方がある。それによって保障水準や方法，財源などに関する考え方も異なってくる。歴史的背景も含め，どのような考え方や仕組みがあるのか，最後に社会保障の全体像について考えてみよう。それを通して，Aさんも，国によって社会保障制度が違うこと，社会保険の財源の違い（保険料と公費の関係），社会保険と民間保険の違いなどを理解できるようになるであろう。

1　社会保障制度の成立と発展

(1)　先進諸国における社会保障制度の成立と発展

(a)　**社会保障制度の成立**　　社会保障の概念は，歴史的にも国家体制によっても異なっており，現在においても通説ないし定説として確立したものがあるわけではない。しかし，いつの時代にも，またいずれの国においても，傷病・障害・老齢・働き手の死亡などのために，人が生活困難に陥ることはある。このような場合，まずは家族や近隣などの私的扶養による救済が期待されるが，しかし常に誰もがこのような私的救済を受けられるわけではない。

　歴史的に見ると，一方では，社会保障制度は，こうした私的救済の期待できない生活困窮者に対する例外的・恩恵的な救済制度として出発している。もっとも，初期の救貧制度は，人道的な理念にもとづき設けられたというよりも，むしろ治安維持や公衆衛生の観点から国家がやむを得ず設けたものと見ることもできる。その後，救貧制度は，一方では人道的な公的扶助制度へと発展し，他方では障害者・高齢者・児童など対象者別の救済，すなわち社会福祉サービスへと発展していくことになる。他方，同じ職場で働く者や同業者が，生活困窮に陥った仲間を助けるといった互助組合的なものが存在した国もあり，ドイツではこうした互助組合的な制度を母体に，工業生産力の向上による富国強兵のために，工場労働者を対象とした社会保険制度が，ビスマルクによって19世紀半ばに法制度化された。すなわち，社会保障制度は，歴史的には，救貧制度と社会保険制度を2本柱として発展してきたものといえる（⇒コラム11-1）。

　(b)　社会保障制度の展開　これに対し，第2次大戦後における社会保障制度の展開については，大戦中にイギリスで作成されたベヴァリッジ報告（一圓2014）が大きな影響を与えている。このベヴァリッジ報告による全国民を対象とした社会保障制度は，東西冷戦の中で社会主義体制の拡大を阻止するために，先進諸国で1970年代にかけて積極的に拡充されていった。これにより，先進諸国の社会保障制度は，国家財政への依存が増大するとともに，社会保険における国家責任も拡大するなど，重大な変化を経験することとなった（⇒図表11-1）。しかし，国家財政に対する依存が増大した結果，社会保障制度は財政赤字を生む大きな原因となり，先進諸国における少子高齢化現象は，さらに財政赤字を増大させている。このような状況の下，一方では先進諸国の社会保障制度拡充の原動力であった東西冷戦は1990年代に終結し，他方では世界経済の中において，先進諸国の高い社会保障負担が企業の経済活動に与える影響の大きさが問題となってきた。その結果，21世紀にはいると，社会保障制度の財政規模の増大を防ぐために，先進諸国の社会保障制度は次々に改革されてきている。そこで見られる改革の方向性は，大まかにいうと，社会保障給付の水準を基本的な保障のレベルに止め，それ以上の生活保障については国民1人1人の自助によるというものである。

　(2)　わが国における戦後の社会保障制度の展開

　(a)　戦後における社会保障制度の展開　第2次大戦後の社会保障の基本的方向性は，日本政府とGHQとの文書の往復によって定まっていったといわれてい

る。1946年には日本国憲法が制定され，基本的人権として生存権が規定された（憲25条）ことは画期的であった。戦後の困窮状態に緊急に対応するために，1946年には旧生活保護法が制定され（⇨⑩生活保護コラム10-1）1947年には児童福祉法，1949年には身体障害者福祉法が制定された。そして，1950年には現行生活保護法，1951年には社会福祉の全分野についての基本枠組みを定めた社会福祉事業法（現在の社会福祉法）が制定されている（⇨⑨社会福祉コラム9-1）。これに対し，社会保険の分野では，1947年に労働者災害補償保険法および失業保険法（現在の雇用保険法）が制定された。また，戦前からあった国民健康保険法と健康保険法は1948年と1953年に，厚生年金保険法は1954年にそれぞれ改正されている。もっとも，これらの立法や法改正は，いずれも基本枠組みを設定したり，戦前からの制度を再編・整備したりしたものにすぎない。

　このような中，総理大臣の諮問機関である社会保障制度審議会が1950年に出した「社会保障制度に関する勧告」は，その後の社会保障制度の基本的方向性を示したものといわれている。すなわち「社会保障の中心をなすものは自らをしてそれに必要な経費を醸出せしめるところの社会保険制度でなければならない。」「社会保険制度の拡充に従ってこの扶助制度は補完的制度としての機能を持たしむべきである」というものであった。そして，社会保険制度を核とした社会保障制度の確立に向けて，社会保険制度の適用対象を全国民にまで拡大する「国民皆保険・皆年金体制」実現のために，1958年に国民健康保険法の全面改正が行われ，1959年には国民年金法が制定された。1960年代には，高度経済成長による税収の増大を背景に国際的地位の確立・向上のために，1960年に精神薄弱者福祉法（現在の知的障害者福祉法），1963年に老人福祉法，1965年に母子保健法が次々と制定されていった。

　(b)　**経済成長の鈍化と高齢化の進展**　　1970年代以降の経済成長の鈍化により，社会保障制度の展開にも変化が生じ，専ら財政的な理由から1975年に健康保険法が改正され，1982年に老人保健法が制定された。1985年には国民年金法の抜本的改正により基礎年金制度が導入され，来るべき高齢社会における公的年金の位置づけが明確となった。1995年には，同審議会は「社会保障体制の再構築（勧告）」の中で，「社会保障制度を充実する財源については，社会保障体制再構築の見地から現行制度の見直しにより効率化を図るとともに，高齢者の介護など立ち後れの著しい分野への配分を大幅に高めるべきである。この場合，増大する負担につ

図表11-1 社会保険方式の2類型

	ビスマルク型	ベヴァリッジ型
沿　革	中世の相互援助組織 1883年疾病保険法～法整備	1942年ベヴァリッジ報告
目　的	労働者の従前の所得を保障し，福祉を増進	貧困の予防による全国民の最低生活を保障
仕組み	所得に応じて社会保険料を負担し，負担に比例して給付	均一拠出，均一給付 資力調査不要
原　理 国庫負担	保険原理の徹底 国庫負担はほとんどなし	保険原理の重視 一定程度を国庫が負担
運　営	保険者機能の重視	国による管理運営

出典：「社会保障負担等の在り方に関する研究会報告書」（平成14年7月）

コラム 11-1　社会保障の法体系

　社会保障法の体系については，基本的に2つの見解がある。1つは，社会保障法が歴史的に社会保険と公的扶助から発展してきたことを踏まえて，この2つを社会保障法の制度的支柱としてとらえたうえで，制度の発展に応じて社会手当，社会福祉サービス等をその中に含ませていく考え方である。保障方法を基準として，保険技術への依拠の有無により社会保険法と社会扶助法に二分したうえで，後者に公的扶助法，社会福祉法，家族手当等を含むとする考え方（堀2004：106）も，基本的には同様の考え方に立つものといえる。もう1つは，社会保障の既存の制度の枠組みにとらわれず，社会保障における要保障事故のもつ保障ニーズの内容・性質と，これに対応すべき保障給付の内容・性質を法的に分析し，そこから社会保障法を理論的に導き出そうとする考え方である（荒木1999：32）。後者の考え方にもとづきつつ，医療保障の特殊性に着目し，所得保障・医療保障・社会福祉サービスの3つの法分野に分けて論じる考え方もある（清正2000：20）。もっとも，理論上の法体系と講学上の体系とを完全に一致させることの問題点を指摘する考え方もある（菊池2018）。

　本書の構成は，基本的には前者の制度別体系に拠ってはいるものの，内容的には要保障事故ごとに横断的に保障給付を取り扱おうとする点では給付別体系論に拠っている。その意味では，本書は，法体系論的には，両者の体系論の折衷的な体系に拠っているということになる。

いては，自立と連帯の精神にのっとり，国民のだれもが応分の負担をしていくことが必要である」「急速な高齢化による社会的必要性の増大等に配慮し，特に公費負担の確保について格段の努力をする必要がある」とし，1997年には介護保険法が制定されている。しかし，2000年の「新しい世紀に向けた社会保障（意見）」を最後に，同審議会は，省庁再編にともなって，その50年の歴史を閉じることになった。

2　社会保障の目的と機能

(1)　社会保障の目的

　社会保障の目的をめぐる議論は，一方では憲法25条の生存権保障の問題として論じられてきた。憲法25条は，1項で「すべて国民は，健康で文化的な最低限度の生活を営む権利を有する」と宣言しており，いわゆるナショナルミニマムの思想に通じる基礎的生活水準の保障責任を国に課していると考えられるからである。確かに，憲法25条が，社会保障法の基本理念の1つであることについては，ほぼ異論を見ない。もっとも，その文言からして，最低限度の生活水準＝社会保障の水準と解される可能性があったため，また社会保障が国家の国民に対する一方的な給付であり，国民は保護されるべき客体であると解される可能性があったため，新たに憲法13条の規定が，社会保障法の理念として強調されるようになってきた。すなわち，人間の尊厳に相応しい生活保障として，あるいは幸福追求のために，憲法25条の最低限度の生活より高い水準の生活保障を実現することが，社会保障の目的であると解するものなどである。

　最近では，憲法13条を根拠に，個人が人格的に自律した存在として，主体的に自らの生き方を追求していくことを可能にするための条件整備こそが社会保障の目的であるという見解が主張されている（菊池2000：140）。社会保障法の基本理念を憲法規範に求めることに異論はない。しかし，個人の自己実現のための条件整備といっても，社会保障法だけが目指すものではなく，教育や労働の保障と相まって実現可能になるものである。また，社会保障法の分野の多様性，あるいは個々人の人生観や価値観の多様性ゆえに，一口に自己実現のための条件整備といっても，そのための社会保障の範囲や水準を定めることは容易ではない。もっとも，Aさんのような疑問を抱く若者達にとっては，自己実現の条件整備の1つとして社会保障制度を理解することができれば，結婚して子どもを産むという私

的な事柄と，社会保障制度の維持のための次世代育成の必要性という公的要請との間にある乖離感覚は緩和され，若い世代の理解を得やすくなるかもしれない。

(2)　社会保障の機能と意義

　社会保障は，歴史的展開からも明らかなように，国民が貧困に陥るのを予防し，貧困に陥った国民を救済する上で大きな役割を果たしている。そして一般に，社会保険は貧困に陥ることを予防し（防貧），公的扶助は貧困者を救済する（救貧）機能をもつといわれている。また，社会保障は，生活困窮者の生活を安定させることによって，また生活困窮に陥る不安を取り除くことによって，社会的・政治的安定をもたらす機能も有している。さらに，社会保障は，社会保険料の拠出により，世代間および同世代間における所得の再分配を行い，また，累進課税にもとづく租税徴収により，高額所得者から貧困者に対する所得の再分配を行う機能も果たしている。そして，社会保険における保険料拠出は，一方では自らの拠出で保険事故に備えるという意味で「自助」を，また他の被保険者や扶養家族の給付の財源形成に寄与しているという意味では「連帯」を制度化しているといえ，公的扶助は，一般租税を財源とすることから，広く一般国民（納税者）相互間での「連帯」を組織化したと見ることができる（岩村2001：19）。そのほか，社会保障は，消費性向の高い低所得者に給付を行って購買力を与えるため，有効需要を喚起して経済成長や雇用確保を促す可能性もあり，また医療や機能回復訓練は労働者の稼働能力を回復させる機能を持っている（堀2004：27-28）。さらに，児童福祉や児童手当などの社会保障は，少子化対策の中心的存在であり，次世代育成による持続的な経済発展や社会の安定をもたらす機能を果たすことになる。

　社会保障は，これらの機能を有しているからこそ国民にとっても，また国にとっても重要な意義を有しており，国家責任により維持・発展させていく意味のある制度ということになる。それゆえ，社会保障制度を維持し，国民の社会保障に対する権利を保障するために，国は社会保障の負担と給付に関する基準を示すために，あるいは給付要件や給付水準を示すために法律を制定し，国民の権利が侵害された場合には，これを救済する方策を講じている。そして，最も重要な役割を果たしているのは，国および地方自治体の行政機関である。もっとも，国や地方自治体が常に社会保障給付に直接関わらなければならないわけではなく，互助的な組織や非営利組織，あるいは民間事業者に委託して社会保障給付を行うことも可能である。このような場合，社会保障に対する国家の責任は，権利侵害が

生じないように予防策を講じること，権利侵害があった場合における救済策を用意することによっても果たすことができるからである。むしろ，社会保障を国や地方自治体が直接行うことで，制度が硬直化してしまう危険性も指摘されており，国や地方自治体の財政支出の削減という意味だけでなく，国民の自由な選択を保障する意味からも，公的責任のもとに民間を活用していこうというのが，現在の社会保障制度改革の方向ということができる。

3　社会保障の中心である社会保険の機能と意義

(1)　社会保険と民間保険

　保険制度は，一般的な日常生活上のリスク（保険事故）を予め想定し，当該保険事故が将来発生した場合に一定の給付（保険給付）を行うことを前提に，保険給付を行う者（保険者）に対し，保険事故の発生リスクを負う者（被保険者）が，給付の財源となる基金の形成・維持のために必要な金銭（保険料）を支払うものである。すなわち保険者は，被保険者が事前に保険料を支払ってきたこと，保険事故が発生したことを条件に，保険給付の受給資格を有する者に対し，その給付請求により給付を行う（保険原則）。この保険料支払と保険給付との対価性こそが保険制度の特徴であり，その限りでは，社会保険と民間保険の間に大きな違いはない。

　商法の保険法の講義で学ぶ民間保険は，契約自由の原則のもと，被保険者がどの保険者とどのような内容の保険契約を締結したり，あるいは解約したりすることは原則として自由である。そして，被保険者は保険者との契約により，保険事故や保険給付の種類・内容を決めたり，保険給付を受け取る受給権者を指定したりすることができる。また，保険料の価額は，将来受け取る保険給付の支給に必要な費用が高くなればなるほど，被保険者の年齢等による保険事故発生のリスク率が高くなればなるほど高くなる。このように，民間保険は，その対価性ゆえに個人資産と同様にとらえることができるものであり，一方では自由度の高い便利なものであるが，他方では保険料を支払えない低所得者やリスク率の高い高齢者，いわゆる社会的弱者には苛酷なものとなる。

　社会保険は，保険事故や保険給付の種類・内容などを法定するとともに，被保険者資格を法定し，該当する被保険者に対し加入を義務づけている（強制加入）。このように，社会保険が強制加入とされる理由の1つは，保険料を支払う被保険者の数が多くなればなるほど，保険者の財政規模は大きくなり，保険給付を持続

的・安定的に支給することができ，リスク分散機能が高まるからである。もっとも，社会保険が強制加入とされる一番の理由は，被保険者の支払う保険料の金額と保険給付との対価関係が必ずしも貫徹されていないからである。すなわち，社会保険は，①保険料の支払が困難である低所得の被保険者に対して保険料の減免を行ったり，保険事故の発生リスクの高い高齢者や障害者等の保険料負担が重くなりすぎないように保険料負担を抑制したり，社会的・経済的要因により保険料負担の調整を行っている。そして，このような保険料負担の調整により保険料収入が減少しても，一定レベルの保険給付を支給することができるように，②被保険者である被用者のみならず，事業主にも保険料の支払が法律上義務付けられるとともに，③被保険者や事業主の保険料負担が重くなりすぎないように，国や都道府県・市町村などが公費負担をして，財政調整を行っているのである。給付面においても，社会保険は，④被保険者が保険料の減免により保険料を十分には負

コラム 11-2　金銭給付と現物給付

金銭給付ないし現金給付は，給付を受ける者に対し貨幣の形態で支給され，現物給付は財またはサービスの形態で支給される。社会保障の財源である保険料も税も共に貨幣の形態で徴収されるため，給付も貨幣の形態で行われる金銭給付のほうが自然であるし，また金銭給付のほうが受給者にとって柔軟性があり便利である。しかし，その柔軟性ゆえに，受給者が本来の給付目的に則して金銭を使用するかどうかの確実性はなく，いわゆるバラマキになる可能性も否定できない。いずれにしても，金銭給付は，その柔軟性ゆえに，所得を代替ないし補充するための所得保障（年金や社会手当など）に適している。

現物給付が望ましい場合としては，例えばニーズが供給を大幅に上回るために財やサービスの値段が高騰して，支給された金銭では，財やサービスを必要量購入できない場合が考えられる。また，離島や過疎地のように，居住地域に必要とする財やサービスを提供する者がいないために，金銭給付を受けた者が財やサービスを購入できない場合もある。さらに，給付を受ける者が必要とするサービスが，医療や介護・保育のように，人の命や健康，日々の日常生活に直結するサービスである場合には，金銭価値とは別の次元で，サービスの一定の質を保障するということが重要となる。したがって，現物給付は，医療サービス，介護サービス，社会福祉サービスの分野に適した給付形態といえる。

もっとも，金銭給付と現物給付は相対立するものではなく，両者を組み合わせたり，受給者に選択をさせたりすること（ドイツの介護保険給付）も，また金銭給付を財やサービスの利用と直接連動させることもできる（日本の介護保険給付）。

担してこなかった場合にも，原則として保険給付を減額することなく支給したり，
⑤被保険者の被扶養者についても，その保険料分を被保険者の保険料に上乗せすることなく，保険給付を行ったりしている。

　このように，社会保険は，民間保険と同様に保険原則にもとづくものではあるが，しかし，民間保険のように対価関係を貫徹することによって生じる社会的不平等や不当性を緩和ないし是正するために，社会連帯を根拠に，被保険者の強制加入，事業主による保険料負担，公費負担により，保険原則を修正しようとするものである。すなわち，社会保険は，上記①〜⑤に挙げたような公的・社会的性質を有するものであり，同世代間における所得再分配機能，異世代間における世代間扶養の機能を有するものなのである。このように社会保険と民間保険はその法的性質を異にするものではあるが，しかし両者が相対立する必要はなく，むしろ相互補完的な関係にあるものとして，基本保障は社会保険で，それ以上の水準の保障は民間保険で任意に行うという棲み分けは可能である。現にわが国でも年金・医療・介護などの分野で，そのような相互補完的関係は既に見られるところでもある。

(2)　社会保険とそれ以外の社会保障給付

　社会保険は，社会連帯を根拠に，保険原則を一定修正するとはいうものの，あくまでも保険料の支払を前提に保険給付を支給する保険制度である。したがって，同じ生活保障的な給付であっても，租税を主な財源とする社会手当が所得制限を設けたり，生活保護給付が，補足性の原理のもと，扶養義務者の探索や資産調査を行うことを前提にしたりするのとは大きく異なっている。特に個別具体的な生活保障ニーズを満たすことを目指す救貧的な生活保護給付とは異なり，防貧的性格を有する社会保険は，保険事故の発生と被保険者資格が認定されれば，法定された受給権者に対し，定型的な保険給付が支給されるものである。その意味では，社会保険給付は機械的・合理的・定型的なものであり，保険事故発生の認定や受給権者の資格認定は，法定された基準に従って，保険者により機械的・定型的に行われるべきものである。したがって，その判断基準は，原則として個々の被保険者や受給権者の生活保障ニーズの高低によって，左右されてはならない性格を有するものである。

　このような保険者による画一的処理によって，受給権者の個別具体的な生活保障ニーズの探求のために必要となる事務経費を節約するとともに，受給権者の私

的生活関係の探求による弊害（プライバシーの侵害や受給権者の屈辱感）を回避することができる。もっとも，社会保険における画一的処理や定型的給付といった特徴は，①個別的ニーズに対応できない場合があるばかりでなく，②生活保障ニーズのない者にまで機械的に給付が支給される場合もあるという不合理な結果を招来することになる。そのような場合，①については，個別的ニーズの類型化（障害の種別・程度による類型化や単親家庭など）により，社会手当や福祉サービスを租税財源で提供することによって，受給権者の屈辱感を回避しつつ，一定程度まで個別ニーズをカバーすることも可能である。②については，年金などについて所得制限を導入することが考えられる。受給権者本人が，ニーズなしとして受給請求権を任意に放棄するのであれば，もちろん問題はない。しかし，保険原則のもと強制的に保険料を徴収されてきた受給権者が，保険事故発生の時点で高額所得を得ているからといって，受給請求権の一部または全部を強制的に放棄させることは，保険原則それ自体の否定にも繋がりかねず，慎重でなければならない。もっとも，一定額以上の資産・収入のある者について，給付の一部ないし全部の支給を停止すること自体は，保険制度のもとでも技術的には可能である。

⑶　社会保険と公費負担

　わが国の社会保険制度の場合，その財源に公費が多く投入されている。その結果，保険料と給付との間の対価関係が見えにくく，また，行政コントロールが強く働くため保険者自治が確立されていない。そのためか，被保険者相互の情報交換や手続き支援を行ったり，保険者に対する不服申立や訴訟を支援したりする被保険者組織も未熟である。さらに，わが国の社会保険は，国や地方自治体が保険者となる場合が多いため，公費負担による社会福祉サービスから社会保険によるサービス提供へと転換された介護保険の場合のように，行政サービスと保険給付の違いを認識することが，一般の国民にとって必ずしも容易でなかったりする。社会保障給付のための公費投入は，保険財源への直接的投入という方法でなくても，保険給付の水準を低く抑えた上で，前記①のように，類型化されたニーズに従って給付する社会手当や福祉サービスの財源とすることもできる。そうすることによって，前記②のような社会保険の矛盾を緩和することもできる。ただし，このような具体的ニーズに対する給付も，その財源となる租税との関係が不明確になれば，納税に対するインセンティヴは働きにくくなるし，給付に対するタダ感覚（いわゆる「フリーライダー」問題）が生じるなどの弊害も起こりやすくなる。

さらに，租税財源による社会手当や社会福祉サービスを提供する場合の基準の定め方によっては，プライバシーの侵害や屈辱感をもたらすような運用がなされる危険性がある。社会保険における公費負担のあり方，主として租税財源による社会手当や社会福祉サービスとの関係など，社会保障制度としての保険と税の長所・短所を十分に理解した上で，これからの社会保障制度のあり方を考えていく必要がある。

　Aさんも，日本の社会保障制度の歴史的展開の中で，社会保険の意味や財政負担の特徴，民間保険との関係と違いなど，少しは理解できるようになった。もっとも，社会保障法の先生には，生命保険や損害保険は商法で学ぶことだと言われてしまったので，商法（保険法）の講義を受講しようと思っている。

4　21世紀の社会保障制度改革

トピック　少子高齢社会と社会保障

　Aさんは，『トピック社会保障法』を使った大学の講義で，自分たちが安心して生活するために，社会保障制度の維持が大切だということはわかったが，しかし新聞やテレビでは，少子高齢化で社会保障制度の維持は財政的に難しくなったから，社会保障制度改革が必要だといっている。その社会保障制度改革のためには，一方では医療，介護，年金といった高齢者のための給付に関する支出を抑えるとともに，若い世代の負担を一定限度まで増やさざるを得ないし，他方では少子化対策を充実して少子化に歯止めを掛けなければならないという。しかし，これから就職したり結婚したりすることになるAさんは自分のために就職したり，子どもを育てたりするものだと思っているので，どうも釈然としない。自分の幸せを追求することと，社会保障はどう関係しているのだろうか？

　Aさんも，自分の就職や子育てが個人的なことであると同時に社会的なものでもあること，何かあったときのために社会保障が必要であることが理解できるようになれば，安心して生活できるようになるであろう。そして，Aさんのような若者が安心して子育てできる社会になれば，少子化問題も解決するはずである。そのために必要な社会保障制度改革について，Aさんと一緒に考えてみよう。

(1) 経済財政諮問会議と社会保障制度改革

従来の社会保障制度審議会の機能は，2001年以降，内閣府に設置された経済財政諮問会議と，厚生労働大臣の諮問機関として基本的政策を審議する社会保障審議会とに受け継がれることになった。もっとも，社会保障制度改革の基本方針を決定する機能は，各省庁の利害や族議員の影響を排除するために，総理大臣直轄で設置された経済財政諮問会議が担うこととなった。そして，毎年出される「経済財政運営および経済社会の構造改革に関する基本方針」（骨太の方針）が閣議決定され，社会保障制度改革を含む構造改革の基本指針となっていた。例えば，2004年の基本方針では，社会保障制度の総合的改革として，年金・医療・介護・生活保護の各制度の改革に止まらず，社会保障の一体的見直しを挙げるとともに，少子化対策の充実として，高齢関係給付の比重が高い現在の社会保障制度の姿を見直すことが明示されている。こうした社会保障制度に関わる抜本的改革は，確かに従来の社会保障制度審議会ではなしえなかったことであろうが，しかし経済財政諮問会議の社会保障制度改革論議は，ともすると社会保障財政の問題に偏りがちであり，社会保障の目的や理念といった基本的な哲学が欠如していると批判されたりしていたが，2009年の政権交代に伴って，経済財政諮問会議は事実上休眠化された。

(2) 社会保障国民会議最終報告

社会保障国民会議は，社会保障の今後の方向について国民目線で議論する場として，福田総理の下に2008年1月に設置され，同年11月4日に最終報告を公表した。国民会議は，①社会保障制度について，国民の暮らしを支える最も重要な社会基盤であり，国民の期待に応えられる社会保障制度を構築することは，国家の基本的な責任のひとつであることを確認している。そして②社会保障制度を，持続可能なものとしつつ，経済社会の様々な変化にあわせて，その機能を強化していかなければならないとした上で，③総ての国民が参加し支える，国民の信頼に足る社会保障であり，④国と地方が協働して支える社会保障であることが重要であるとする。これら4点を議論の出発点として明示した上で，社会保障の進むべき道筋を議論しているところに，国民会議の議論の特長があるといえる。

社会保障国民会議は，社会保障制度の持続可能性とともに，社会保障の機能強化に向けての改革を重要視している。たとえば，基礎年金制度について，現行社会保険方式による場合と税方式による場合について定量的シミュレーションを

行った上で（⇨③年金保険6），現行基礎年金制度の財政は安定していること，むしろ「非正規労働者への厚生年金適用拡大や免除制度の積極的活用などの未納対策の強化，基礎年金の最低保障機能の強化等が大きな課題となる」とする。

　これに対し，医療・介護費用に関するシミュレーションは，医療の機能分化，急性期医療を中心とした人的・物的資源の集中投入，早期の家庭復帰・社会復帰の実現，在宅医療・在宅介護の大幅充実による地域包括ケアシステムの構築により，利用者・患者の生活の質（QOL）の向上を目指すという哲学の下に行われている。そして，そこで示された新たなサービス提供体制の実現により，「現在の医療・介護とは格段に異なる質の高いサービスが効率的に提供できる」とする。もっとも，そのような新たなサービス提供体制の実現のためには相当大胆な改革の実行が必要であり，そのためには実現されるサービスの姿をわかりやすく国民に示す必要があるとする。

　そして国民会議は，これらに少子化対策の充実を図った場合の費用試算を合わせれば，社会保障制度の機能を充実強化していく「実現すべき・目指すべきサービスの姿」としてどのようなものがあり，それを実現していくために必要な将来の費用がどの程度のものであるのか概ね明らかになるとした上で，具体的な保険料負担等について数値を示している。国民会議の最終報告書に示された数字，その費用計算のシミュレーションなどは，最初に示された哲学と共に大いに参考になるものといえる。

(3) 民主党政権と社会保障改革

　2010年秋以降，民主党政権は菅内閣のもと精力的に社会保障改革と取組み，政府・与党社会保障改革検討本部を10月28日に設置して検討を重ね，12月14日には「社会保障改革の推進について」を閣議決定した。その中では，社会保障の安定・強化のための具体的な制度改革案とその財源を明らかにするとともに，必要財源の安定的確保と財政健全化を同時に達成するための税制改革について一体的に検討をすすめることとし，2011年1月31日には「社会保障・税にかかわる番号制度についての基本方針」を決定した。

　これらの改革の基本方針を受けて，2011年2月5日には，「社会保障改革に関する集中検討会議」が設置され，12月20日には，社会保障・税一体改革案骨子（社会保障部分）が公表された。そして，2012年2月17日には，「社会保障・税一体改革大綱」が閣議決定され，「社会保障制度改革推進法」が8月22日に公布・

施行された。同法の基本的な考え方は，①自助，共助および公助の最適の組み合わせによって，家族相互および国民相互の助け合いの仕組みを通じて，国民の自立生活を支援すること，②社会保障の機能の充実と給付の重点化および制度の運営の効率化とを同時に行い，負担の増大を抑制しつつ，持続可能な制度を実現すること，③年金，医療および介護においては，社会保険制度を基本とし，国および地方公共団体の負担は，社会保険料に係る国民の負担の適正化に充てることを基本とすること，④社会保障給付に要する費用に係る国および地方公共団体の負担の主要な財源には，消費税および地方消費税の収入を充てるものとすることである（同法2条）。この社会保障制度改革推進法に従って，社会保障制度の改革を進めるため，11月16日には，民主党・自由民主党・公明党の三党実務者協議において，医療改革，介護の改革，年金の改革，少子化対策の4項目について，それぞれ検討項目の確認が行われた。そして，社会保障制度改革国民会議が招集され，2012年11月30日の第1回会議が開催された。

(4)　第2次安倍内閣と社会保障改革法

2012年12月の総選挙によって自由民主党が大勝し，発足した第2次安倍内閣の経済政策優先姿勢のもと，新たに招集された経済財政諮問会議のもと，2014年1月20日には，「選択する未来」委員会が新たに設置された。検討項目としてまとめられた4項目のうち，「1 基本的考え方とWG共通の課題」では，①人口減少と高齢化（⇨図表11-2），②世界経済の構造変化，③未来のための攻めと守りの戦略，④目指すべき日本の未来の「選択」が挙げられ，③では「地方のあり方，財政や社会保障制度の持続可能性を考えると，縮小・撤退を含め大胆な改革が必要ではないか」とされている。

民主党政権下において設置された社会保障制度改革国民会議は，第2次安倍内閣のもとでも継続して開催され，2013年8月6日には「報告書〜確かな社会保障を将来世代に伝えるための道筋〜」がとりまとめられた。同報告書では，社会保障制度の改革の方向性として，①「1970年代モデル」から「21世紀（2025年）日本モデル」へ，②すべての世代を対象とし，全ての世代が相互に支え合う仕組み，③女性，若者，高齢者，障害者などすべての人々が働き続けられる社会，④すべての世代の夢や希望につながる子供・子育て支援の充実，⑤低所得者・不安定雇用の労働者への対応，⑥地域づくりとしての医療・介護・福祉・子育て，⑦国と地方が協働して支える社会保障制度改革，⑧成熟社会の構築へのチャレンジを挙

げ，これらの改革は「社会保障制度改革の道筋」として短期と中長期に分けて実現すべきとした。

　この社会保障制度改革国民会議の報告書を踏まえて，2013年8月21日には，「社会保障制度改革推進法第4条の規定に基づく「法制上の措置」の骨子について」が閣議決定され，社会保障制度改革の全体像・進め方を明示する「持続可能な社会保障制度の確立を図るための改革の推進に関する法律」が2013年12月13日に公布・施行された。同法は，少子化対策，医療制度，介護保険制度，公的年金制度について検討項目を挙げるとともに，改革推進体制として，関係閣僚からなる社会保障制度改革推進本部および有識者からなる社会保障制度改革推進会議を設置するとした。2014年6月25日に公布された「地域における医療及び介護の総合的な確保を推進するための関係法律の整備等に関する法律」（以下，医療介護総合確保法と略す）は，上記の短期的な医療・介護分野の改革である。

(5)　第3次安倍内閣と消費税率引上げ

　2014年12月の総選挙で自由民主党が圧勝し，12月24日に発足した第3次安倍内閣は，社会保障制度改革の財源確保のために予定されていた2015年10月の消費税10％への引上げを，2017年4月に延期し，さらに2019年10月までの再延期を閣議決定したが，高齢者の増加による年金や医療・介護の財源確保を考えると，社会保障制度改革に与える影響は小さくない。ちなみに，2015年1月29日に開催された第27回社会保障審議会の資料「社会保障・税一体改革による社会保障制度改革の今後の進め方について」によれば，2015年度に子ども・子育て支援新制度の施行，医療介護総合確保推進法の一部施行が行われるほか，2017年度には年金関連法の一部施行，2018年度には国民健康保険の財政運営責任等の都道府県への移行，医療計画・介護保険事業（支援）計画・医療費適正化計画の同時策定・実施がうたわれ，順次実施されてきた。そして，2019年度には，国民年金第1号被保険者の産前産後期間の保険料を免除（財源として国民年金保険料を月額100円程度値上げ）するとともに，消費税率10％への引き上げにともなって，前年の所得額が老齢基礎年金満額以下の者などに対し，年金生活者支援給付金（基準月額5,000円）を年金に上乗せして支給することとした（⇨3年金保険）。

(6)　ニッポン一億総活躍プランと地域共生社会の実現

　2016年6月に閣議決定されたニッポン一億総活躍プランは，「女性も男性も，お年寄りも若者も，一度失敗を経験した方も，障害や難病のある方も，家庭で，

図表11-2　我が国の総人口及び人口構造の推移と見通し

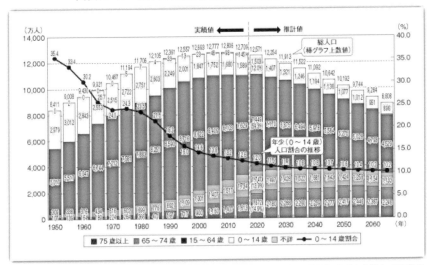

資料：2015年までは総務省「国勢調査」、2020年は総務省「人口推計」（2020年10月1日現在（平成27年国勢調査を基準とする推計値））、2025年以降は国立社会保障・人口問題研究所「日本の将来推計人口（平成29年推計）」の出生中位・死亡中位仮定による推計結果を基に作成。

注：1. 2020年以降の年齢階級別人口は、総務省統計局「平成27年国勢調査　年齢・国籍不詳をあん分した人口（参考表）」による年齢不詳をあん分した人口に基づいて算出されていることから、年齢不詳は存在しない。なお、1950～2015年の年少人口割合の算出には分母から年齢不詳を除いている。ただし、1950年及び1955年において割合を算出する際には、下記の注釈における沖縄県の一部の人口を不詳には含めないものとする。

2. 沖縄県の1950年70歳以上の外国人136人（男55人、女81人）及び1955年70歳以上23,328人（男8,090人、女15,238人）は65～74歳、75歳以上の人口から除き、不詳に含めている。

3. 百分率は、小数点第2位を四捨五入して、小数点第1位までを表示した。このため、内訳の合計が100.0％にならない場合がある。

出典：令和3年版少子化社会対策白書

職場で，地域で，あらゆる場で，誰もが活躍できる，いわば全員参加型の一億総活躍社会を実現」することを目標として，①働き方改革，②子育ての環境整備，③介護の環境整備，④すべての子どもが希望する教育を受けられる環境の整備，⑤「希望出生率1.8」に向けたその他の取組，⑥「介護離職ゼロ」に向けたその他の取組を行うものとした。なお，2019年5月末には，「ニッポン一億総活躍プラン」フォローアップ会合・働き方改革フォローアップ会合の合同会合が開催され，2040年を展望し，誰もがより長く元気に活躍できる社会の実現を目指して，①多様な就労・社会参加の環境整備，②健康寿命の延伸，③医療・福祉サービスの改革による生産性の向上，④給付と負担の見直し等による社会保障の持続可能

図表11-3 地域共生社会の包括的支援体制

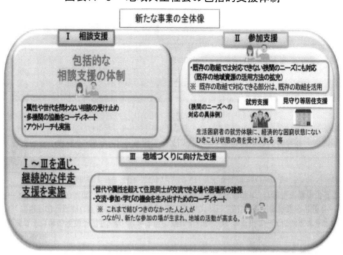

性の確保の取組みを進めることを確認した。

2017年2月には，地域共生社会実現本部が当面の改革工程として，①地域課題の解決力の強化（⇨⑨社会福祉），②地域丸ごとのつながりの強化，③地域を基盤とする包括的支援の強化，④専門人材の機能強化・最大活用を公表した。

2020年には，「地域共生社会の実現のための社会福祉法等の一部を改正する法律」が制定され，社会福祉法，介護保険法，老人福祉法などが改正された（2021年4月1日施行）（⇨②介護保障）。社会福祉法に基づく新たな事業として，相談支援，参加支援，地域づくりに向けた支援を実施する事業（任意事業）を創設し，交付金を交付することとした（図表11-3）。特に，子ども，障害者，高齢者，生活困窮者などの属性や世代を問わない相談支援事業の一体的実施のイメージを示すなどしている。

(7) 全世代型社会保障

2019年12月には，全世代型社会保障検討会議が中間報告が公表され，改革の視点として，①生涯現役（エイジフリー）で活躍できる社会，②個人の自由で多様な選択を支える社会保障，③現役世代の負担上昇の抑制，④全ての世代が公平に支える社会保障，⑤国民の不安への寄り添いが挙げられ，各分野（年金，労働，医療，予防・介護）の具体的方向性が示された。

　2020年6月には第2次中間報告が公表され，全世代型社会保障改革の進捗状況として，**労働**：①高年齢者雇用安定法の一部改正，②労働施策総合推進法の一部改正，**年金**：①厚生年金の適用対象の段階的拡大，②年金受給開始年齢の引上げ，③在職老齢年金の所得基準の引上げ，④私的年金（確定拠出年金）の加入可能年齢の引上げ，**予防**：①自治体による疾病予防の取組強化，②自治体による介護予防の取組強化，③エビデンスに基づく予防・健康づくりの促進が挙げられている。

　2020年12月には，「全世代型社会保障改革の方針」が公表され，少子化対策として，①不妊治療への保険適用等，②待機児童の解消，③男性の育児休業の取得促進が挙げられ，2021年に通常国会に法案が提出され可決された。また，医療として，①医療提供体制の改革，②後期高齢者の自己負担割合の在り方，③大病院への患者集中を防ぎ，かかりつけ医機能の強化を図るための定額負担の拡大を図るとし，2021年に①②に関する法案が通常国会で可決された。

　Aさんも，社会保険の保険料負担の場面で子育てが評価されて保険料が軽減されたり，社会保険に回されていた税財源から，子育ての経済的負担に対する社会手当が支給されたり，あるいは保育所などの児童福祉サービスなどが安価に利用できたりするようになれば，社会保障を身近に感じられるようになるであろう。また，自分の親世代や祖父母世代の年金や医療についても，Aさんが個人的に対応したら，どれくらい高額の費用がかかるのか，具体的に示されれば，もっと社会保険のありがたさを実感することもできるであろう。Aさんのような若い人達にとっては，直接・間接に受ける社会保障制度の恩恵を，具体的に感じてもらうことが大切ではないだろうか。

● STEP UP

　社会保障制度の歴史的展開や法体系，社会保障の目的や機能については，荒木誠之『生活保障法理の展開』（法律文化社，1999），堀勝洋『社会保障法総論（第2版）』（東京大学出版会，2004），岩村正彦『社会保障法Ⅰ』（弘文堂，2001）を読んでみてほしい。その上で，「自由」を基調とした自立支援など最近の社会保障法のあり方に影響を与えた菊池馨実『社会保障の法理念』（有斐閣，2000），社会保障における「連帯」の意味を問い直そうとする倉田聡『社会保険の構造分析』（北海道大学出版会，2009）を比較しながら，今後における社会保障法のあるべき方向性について考えてほしい。さらに，社会保障法総論および各論について論述した菊池馨実『社会保障法〔第2版〕』（有斐閣，2018）も参考にしてもらいたい。

留学生の皆さんに知ってもらいたい日本の社会保障制度
Major social security programs to know for international students

1. Social Security for foreigners in Japan

International students in this chapter are those foreigners who hold the status of residence of "Student" according to Immigration Control and Refugee Recognition Act (ICRRA) and staying in Japan as "mid to long-term residents". The mid to long-term residents, who will stay in Japan more than three months, have duties and rights under the social security legislations in Japan. Until 1982, the core social security and welfare legislations - National Pension Act, Child Dependency Allowance Act, Special Child Dependency Allowance Act and Child Allowance Act - excluded foreigners. By virtue of the enforcement of the Convention Relating to the Status of Refugees in Japan in 1982, the nationality requirements were removed from all above-mentioned legislations and the access to these social benefits for foreigners was established. As the results, international students are entitled to receive the benefits from those revolutionary law reforms. The only remaining is Public Assistance Act that guarantees the minimum standard of living limits the public assistance to "a Japanese national", although in practice some assistance may be provided as an exception. Yet, it is to be noted that the major social security programs, such as National Health Insurance and National Pension system, exclude the so called irregular staying foreigners who are not given any status of residence in Japan. Furthermore, repeated deaths in the immigration detention centres in recent years reflect Japan's cruel and inhuman treatments of irregular migrants. While these infringements of human rights should be eliminated forthwith, an international student should make sure not falling into an irregular situation by duly extending his/her duration of stay before the permitted period of stay is expired and changing the status of residence before start working.

According to the statistics by the Ministry of Justice, the number of international students at the end of 2020 was 280,901, comprising 9.7% of the total number of foreign residents. International students are not only the persons who are "studying", but also the ones who are "living" and "working" in Japan. Considering international students' aspects of "residents" and "workers", they may get sick or injured, welcome several critical life events such as pregnancy, delivery and raising children while studying. In addition, they also have to plan for their future life. For this reason, this chapter aims to introduce the major social security programs and social welfare services that are particularly relevant to international students.

2. National Health Insurance

Everyone is vulnerable to sudden illness and injury. Levels of anxiety may increase if you are living in Japan as a foreigner. The most familiar social security system for international students is the National Health Insurance (NHI). All residents, including foreigners who live in Japan more than three months, are required to enroll in any kind of health insurance. The NHI provided by local governments is a public medical insurance program for all residents, such as self-employed individuals and international students, who cannot join the health insurance associated with employment. The NHI program offers several benefits. It covers 70% of the total cost of medical treatment and medication. More than 90% of Japanese hospitals and clinics, including dental clinics, accept NHI. When the medical expenses exceed a designated maximum amount within a calendar month, a claim for the Reimbursement for High Medical Expenses is available. Moreover, lump sum birth allowance and other benefits are also provided. In order to have access to those benefits, it is required to complete the enrollment process in the NHI provided by local governments and pay the monthly insurance premium. This registration can be completed after registering at the municipality as a resident in the city. For further information, contact the NHI section of the municipality. Useful website: Japan Healthcare Info (https://japanhealthinfo. com).

3. Industrial Accident Compensation

In principle, international students are not expected to engage in other activities other than studying during their stay since the main purpose of their stay in Japan should be corresponded to the status of residence granted as a "Student". However, after applying and be granted a "Permission to Engage in an Activity Other than that Permitted under the Status of Residence Previously Granted", international students are allowed to take a part-time job with a limitation of basically 28 hours per week.

Regardless the type of occupation, the length of working hours, one's nationality, with or without a Status of Residence, all workers are protected under the Labor Law in Japan. Suppose that a student is injured while working at his/her part-time work place. Although the NHI enables the injured worker to get medical treatment with self-pay ratio three out of ten, as explained below, the worker should get the insurance benefits that will cover the full medical treatment expenses. According to Labor Standards Act, as long as the injured person is a "worker" who is employed at a business or office and receives wages therefrom (Art. 9), the employer shall furnish necessary medical treatment at its expense or shall bear the expense for the medical treatment (Art. 75). The Industrial Accident Compensation Insurance also provides the industrial benefits to compensate workers for injuries, diseases, disabilities, death or the like resulting from an employment-related cause or commuting. One should be brave to an employer who is unwilling to recognize the claim for industrial benefits because that will increase his/her premiums in the future. For further information, visit the website of Ministry of Health, Labour and Welfare (https://www.mhlw.go.jp/english/). Incidentally, apart from the above-mentioned public social security programs, there are insurances specially designed for students, such as UNIV. CO-OP's KYOSAI (Student Comprehensive Mutual Insurance) which is a secure insurance system based on mutual help among student co-op members across Japan. For more information, visit the website of Student Comprehensive Mutual Insurance (https://kyosai.univcoop.or.jp/english/).

4. National Pension system

Independently of one's nationality, all registered residents of Japan aged 20 to 59 years old must be enrolled and be covered by the National Pension System (NPS, Art.7 of National Pension Act). It includes international students, self-employed persons and others (see Category I of Chart 1). While the participation is compulsory and it is required to pay the contribution amount (16,610JPY / month for the fiscal year 2021), students shall be allowed to postpone the contribution payment under the "Special Payment System for Stu-

Chart 1: National Pension System in Japan

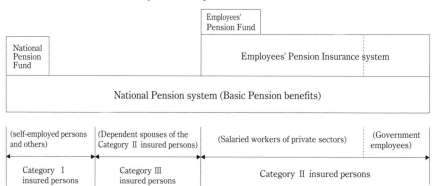

Source: Japan pension Service,
https://www.nenkin.go.jp/international/english/nationalpension/nationalpension.html, last accessed on 3 February 2022.

dents". The NPS provides benefits called the "Basic Pension" due to disability, death or old age. Accordingly, once covered by NPS and paid the correspondent contribution, or be approved under Special Payment System for Students, one is entitled to claim the benefits for "Disability Basic Pension" in case of proven disability. The spouse and the child(ren) are entitled to receive the "Survivors' Basic Pension" in case of the loss of the insured householder. In order to receive the "Old-Basic Pension" at the age of 65, the minimum contribution period of ten years should be satisfied. For being entitled to these benefits, it is required to enroll to the program at the municipal office within 14 days since one became a subject to NPS in Japan.

When one got a job in Japan after graduating, he/she will become a subject to the Employees' Pension Scheme (see Category II of Chart 1). The Employer should enroll the employees in the Employees' Pension Insurance or the Mutual Aid Associations. Within this procedure, one will be automatically enrolled in the NPS as well. The contributions will be withheld from the employee's salary. As mentioned above, since the minimum contribution period is ten years to receive the "Old-Basic Pension" in Japan at the age of 65, one may be interested to note that it is possible to make up payments retroactively for the postponed periods under the "Special Payment System for Students" of up to ten years.

When an insured person leaves Japan to other country and is not eligible for pension benefit any more, he/she can claim the Lump-sum Withdrawal Payments within two years after his/her departure from Japan. Lump-sum Withdrawal Payments is a one-time payment for foreigners who have paid contributions of the National Pension or the Employees' Pension Insurance in Japan for six months or longer. On the other hand, any foreigner who has a future possibility for the "totalization of coverage periods" under the Social Security Agreements (see 6 (2)), is advised to compare closely between the Lump-sum Withdrawal Payments and the future totalization benefits. Because once a person receives the Lump-sum Withdrawal Payment, the contribution-paid period which is used to calculate the Payments cannot be counted again for the totalization of coverage periods under the Social Security Agreements. For further information: see Japan Pension Service, (https://www.nenkin.go.jp/international/index.html).

5. Pregnancy and childbirth

Many international students are living with their partners and family members in Japan. It must be a delightful discovery of pregnancy for an expected couple, but as the same time, the anxiety may be heightened for a student and the student's partner to give a childbirth in a foreign country, away from their family. Expectant mothers, including students, are eligible for various public supports. This section aims to explain some important support-systems for safe pregnancy and childbirth in Japan.

(1) Medical examination and notification of pregnancy

When aware of pregnancy, it is highly recommended to visit a gynecology clinic or a hospital to take a medical examination for pregnancy as soon as possible for the health of both the mother and the unborn child. A medical certificate of pregnancy is necessary to receive services provided by local municipalities as mentioned in the following subsections.

Once the pregnancy is conformed, a pregnant woman should notify her pregnancy to the municipal office at an early stage that is required under Article 15 of Maternal and Child Health Act. This obligation of notification of pregnancy is aimed to make the municipality to be able to promptly provide varieties of services relating to pregnancy, childbirth and childcare after birth. All persons living in Japan are protected under the Maternal and Child Health Act, irrespective of nationality, statelessness or the status of residence of pregnant women, mothers and children. A certificate of pregnancy should be notified to the local municipality where the pregnant woman's residence is registered or a nearby Health Center. It can be submitted by any pregnant woman, regardless of her nationality, family status or legal status. The form of notification and the contents can be different by municipalities. For further information, contact the municipality.

(2) Maternal and Child Health Handbook (母子健康手帳／ *boshi-kenko-techo*)

Article 16 of Maternal and Child Health Act stipulates that a municipality office must issue a Maternal and Child Health Handbook to a person who notified her pregnancy. As the Maternal and Child Health Handbook is a small booklet contains information and serves for safe pregnancy, delivery and child's health, it is extremely important to receive this handbook at an early stage of pregnancy and bring it to every doctor's appointment and health check-up.

For providing continuous supports from municipalities, the handbook is used to record the expectant mother's health condition throughout the pregnancy, information of the childbirth, and the child's developments after birth. Records in the handbook are such as: personal data of the mother and the father; certificate of birth registration; health condition of the expectant mother and history of prior pregnancies; working and living conditions of the expectant mother, maternity leave before and after birth; progress of pregnancy; conditions of delivery; the mother's postpartum condition; vaccination history of the child; health conditions and developments of the child including dental check-ups, guidance and preventive care till the child reaches seven years old and even older.

The handbook may available not only in Japanese but also in other languages. For example, the following versions of the handbooks are available for non-Japanese mothers in Tsukuba city: English, Chinese, Hangeul, Thai, Tagalog, Portuguese, Vietnamese and Indonesian. The Maternal and Child Health Handbook will be an important record for the child's development and is treated with special care and kept lifelong by many people in Japan.

(3) Supports for health check-up and prenatal classes

The expenses for prenatal checkup will not be covered by the National Health Insurance, because pregnancy and childbirth are not considered as illness. Instead, by submitting a notification of pregnancy to the local municipality, the expectant mother will receive prenatal checkup coupons which will cover part of the expenses for the checkups. Generally, the coupons can be used in any medical institutions or a midwifery center in the prefecture. The amount of the public support varies by municipalities.

An expectant mother can access to counseling services with public health nurses, classes for mothers or parents, and various information services relating to pregnancy, childbirth and childcare after birth provided by the local municipality.

(4) Lump sum payment for childbirth and childcare

As mentioned above, a normal childbirth is not considered illness, therefore the expenses for childbirth will not be covered by the National Health Insurance (NHI). However, in case of the mother is an insured person or a spouse of an insured person to NHI, she can receive the lump sum payment for childbirth and childcare when the child is born. The lump sum payment for childbirth and childcare is to reduce the economic burden of childbirth. In many cases, this payment will be paid directly to the medical institution. In principle, the amount is 420,000JPY. For further information, contact the NHI section of the municipality.

6. Social Security Agreements

As the number of persons working transnationally is growing, the needs to establish a mechanism to arrange the duties and eligibility for benefits among countries in the social security area is increasing. While it is compulsory to participate in the Employees' Pension Scheme for those who are working in Japan, one may also be obliged to be enrolled in the social security system of his/her home country and occasionally to pay contributions to both countries. Nonetheless, one may not be eligible for the pension benefits, even if he/she contributes to the system, because of not being satisfied the coverage period requirements. To avoid dual burden of contribution payments by arranging compulsory coverage between two countries (elimination of dual coverage) and to totalize the periods of both Japan and the other country to make one to be qualified for the benefits (totalization of coverage periods), Japan has concluded Social Security Agreements with twenty-one countries (see Table 1) and two countries under preparation for implementation (Italy and Sweden) as of February 2022.

Table 1: Applicable social security systems in the Social Security Agreements

Agreement country	Effective year	Totalization Agreement	Social Security System subject to the elimination of dual coverage	
			in Japan	in agreement countries
Germany	2000	✓	- Public pension system	- Public pension system
UK	2001	—		
Korea	2005	—		
U.S.A.	2005	✓	- Public pension system - Public health insurance system	- Social Security system (Public pension system and Medicare)
Belgium	2007	✓	- Public pension system - Public health insurance system	- Public pension system - Public health insurance system - Public insurance for accidents at work - Public insurance for unemployment
France	2007	✓	- Public pension system - Public health insurance system	- Public pension system - Public health insurance system - Public insurance for accidents at work
Canada	2008	✓	- Public pension system	- Public pension system ※ except for Quebec Pension Plan
Australia	2009	✓		- Superannuation guarantee

Netherlands	2009	✓	- Public pension system - Public health insurance system	- Public pension system - Public health insurance system - Unemployment insurance
Czech Republic	2009*	✓		
Spain	2010	✓	- Public pension system	- Public pension system
Ireland	2010	✓		
Brazil	2012	✓	- Public pension system	- Public pension system
Switzerland	2012	✓	- Public pension system - Public health insurance system	- Public pension system - Public health insurance system - Unemployment insurance
Hungary	2014	✓	- Public pension system - Public health insurance system	- Public pension system - Public health insurance system
India	2016	✓	- Public pension system	- Public pension system
Luxembourg	2017	✓	- Public pension system - Public health insurance system	- Public pension system - Public health insurance system - Public insurance for accidents at work - Public insurance for unemployment
Philippines	2018	✓	- Public pension system	- Public pension system
Slovak Republic	2019	✓	- Public pension system	- Public pension system - Public sickness insurance - Public accidents insurance - Public unemployment insurance - Gurantee insurance - Solidarity Reserve Fund
China	2019	–	- Public pension system	- Public pension system
Finland	2022	✓	- Public pension system - Public insurance for unemployment	- Public pension system - Public insurance for unemployment

* Amended in 2018.
Source: Table "Effective Date of Each Social Security Agreement and Applicable Social Security Systems", Japan Pension Service,
https://www.nenkin.go.jp/international/agreement/effectivedate.files/1.pdf, last accessed on 3 February 2022.

As shown in Table 1, although basically the "elimination of dual coverage" and the "totalization of coverage periods" are possible between Japan and these countries, agreements with the UK, Korea, Italy and China only include the "elimination of dual coverage". In addition to the Public Pension System, the Public Health Insurance is also subjected to the elimination of dual coverage in the agreements with US, Belgium, France, the Netherlands, Czech Republic, Switzerland, Hungary and Luxemburg.

(1) Elimination of dual coverage

Under the Social Security Agreements, the general rule is that a person will be covered only by the system of the country where he/she works. That is, either a person is sent by an employer in an agreement country to the branch office in Japan or is hired locally by an employer or self-employed in Japan, he/she will be only covered by the Japanese system and be exempted from the coverage of the agreement country (see Chart 2).

Chart 2: Exemption from coverage of the agreement country

Source: Japan Pension Service,
https://www.nenkin.go.jp/international/english/international/workjapan.html, last accessed on 3 February 2022.

On the other hand, if a person is temporarily sent to Japan for the expected period of not more than 5 years, he/she is subject to the exception rule under the agreements. That is, a person will be continuously covered only by the system of the agreement country and be exempt from coverage under the Japanese system (see Chart 3).

Chart 3: Exemption from coverage in Japan for temporary detachment workers

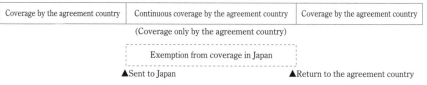

Source: same as Chart 2.

(2) Totalization of coverage periods for Old-age Benefits

The "totalization of coverage periods" under the Social Security Agreements is aimed to make a person eligible for pension benefits by aggregating the pension insurance periods of Japan and the other agreement country. To be eligible for the benefits of Old-age Pension in Japan, a minimum period of ten years coverage is required. In case if a person does not satisfy the sufficient coverage period under the Japanese pension systems, the totalization of coverage periods by adding the period under the system of the agreement country enables one to be qualified for the Japanese benefits (see Chart 4).

Chart 4: Totalization of coverage periods for the Old-age Benefits in Japan

65 years old

| 6 years coverage in the agreement country | | 2 years coverage in the agreement country |

3 years coverage in Japan

Source: Japan Pension Service,
https://www.nenkin.go.jp/international/english/international/specialprovisionj.html, last accessed on 3 February 2022.

In the same manner, for any agreement country which requires the minimum coverage period for benefits, the coverage period under the Japanese system is taken into account and coverage periods of both countries will be totalized. It is worthy to note that each country of the Social Security Agreements will calculates respectively one's totalization benefits in proportion to his/her coverage period under each country's system and pays the benefits of that country to him/her separately.

As explained above, while the contents of the Social Security Agreements are basically the same, there are some different treatments due to the system of the agreement country. For more details of the applicable social security systems and procedure regarding to the Social Security Agreements, visit the website of Japan Pension Service.
(https://www.nenkin.go.jp/international/agreement/index.html)

　* For the translations of Japanese laws, see Japanese Law Translation:
　(http://www.japaneselawtranslation.go.jp)

事 項 索 引

判 例 索 引

297

参考文献　（太字は本文中の文献略語を示す）

青野覚（**2003**）「労災保険法」山田省三編『リーディング社会保障法』八千代出版

浜村彰・唐津博・**青野**覚・奥田香子（2020）『ベーシック労働法（第 8 版）』有斐閣

秋田成就（2011）「シルバー人材センターと労災補償」労働判例1013号

浅倉むつ子・島田陽一・盛誠吾（**2020**）『労働法（第 6 版）』有斐閣

阿部彩（**2008**）『子どもの貧困──日本の不公平を考える』岩波書店

阿部彩（**2014**）『子どもの貧困Ⅱ──解決策を考える』岩波書店

阿部和光（2001）「公的扶助法における権利と法の構造」日本社会保障法学会編『講座社会保障法第 5 巻　住居保障法・公的扶助法』法律文化社

新井誠・秋元美世・本沢巳代子編（2006）『福祉契約と利用者の権利擁護』日本加除出版

新井誠・大貫正男・赤沼康弘編（2006）『成年後見制度──法の理論と実務』有斐閣

荒木誠之（1983）『社会保障の法的構造』有斐閣

荒木誠之（**1999**）『生活保障法理の展開』法律文化社

石橋敏郎（2001）「資産・能力活用と公的扶助」日本社会保障法学会編『講座社会保障法第 5 巻　住居保障法・公的扶助法』法律文化社

一圓光彌監訳（**2014**）「ベヴァリッジ報告──社会保険及び関連サービス」法律文化社

岩村正彦（2001）「所得保障法の構造」日本社会保障法学会編『講座社会保障法第 2 巻　所得保障法』法律文化社

岩村正彦（2001）『社会保障法Ⅰ』弘文堂

岩村正彦編（2007）『福祉サービス契約の法的研究』信山社

岩村正彦編（2016）『社会保障判例百選（第 5 版)』有斐閣

碓井光明（2005）「行政組織を通じた養育費の取立て」岩村正彦・大村敦志編『融ける鏡超える法第 1 巻・個をささえるもの』東京大学出版会

鵜沼憲晴（2015）『社会福祉事業の生成・変容・展望』法律文化社

江口隆裕（2008）『変貌する世界と日本の年金』法律文化社

江口隆裕（2011）『「子ども手当」と少子化対策』法律文化社

大友信勝（2000）『公的扶助の展開　公的扶助研究運動と生活保護行政の歩み』労働旬報社

岡伸一（2011）『損得で考える二十歳からの年金』旬報社

小川政亮（1964）『権利としての社会保障』勁草書房

柏女霊峰（2015）『子ども・子育て支援制度を読み解く──その全体像と今後の課題』誠信書房

加藤智章・菊池馨実・倉田聡・前田雅子（2019）『社会保障法（第 7 版）』有斐閣

笠木映里ほか（2018）『社会保障法』有斐閣

金川めぐみ（2003）「児童扶養手当の性質とその検討課題」経済理論［和歌山大学］311号

金川めぐみ（2012）「日本におけるひとり親世帯研究の動向と課題」経済理論369号

神尾真知子（2005）「少子化対策の展開と論点」『少子化・高齢化とその対策』国立国会図書館資料

上林千重子（2015）「介護人材の不足と外国人労働者受け入れ——EPA による介護士候補者受け入れの事例から」日本労働研究雑誌662号

河野正輝（2006）『社会福祉法の新展開』有斐閣

菊池馨実（2000）『社会保障の法理念』有斐閣

菊池馨実編（2012）『社会保険の法原理』法律文化社

菊池馨実（2018）『社会保障法〔第2版〕』有斐閣

菊池馨実・中川純・川島聡編（2021）『障害法〔第2版〕』成文堂

衣笠葉子（2021）「社会保障法制における『配偶者』の意義と再検討——LGBTQ と多様性の受容」社会保障法37号

木下秀雄（2001）「社会保障と家族」日本社会保障法学会編『講座社会保障法第1巻　21世紀の社会保障法』法律文化社

木村真理子（1997）『文化変容ストレージとソーシャルサポート——多文化社会カナダの日系女性』東海大学出版会

倉田賀世（2008）『子育て支援の理念と方法』北海道大学出版会

倉田聡（2001）「医療保険法の現状と課題」日本社会保障法学会編『講座社会保障法第4巻　医療保障法・介護保障法』法律文化社

倉田聡（2009）『社会保険の構造分析』北海道大学出版会

黒田有志弥（2016）「社会手当の意義と課題——児童手当制度及び児童扶養手当制度からの示唆」社会保障研究1巻2号

桑原洋子（2006）『社会福祉法制要説〔第5版〕』有斐閣

健康保険組合連合会編（2017）『図表で見る医療保障　平成29年度版』ぎょうせい

権丈善一（2016）『年金, 民主主義, 経済学——再分配政策の政治経済学Ⅶ』慶應義塾大学出版会

玄田有史（2013）『孤立無業』日本経済新聞出版社

厚生労働統計協会（2021）『国民の福祉と介護の動向 2021/2022』厚生の指標（増刊）68巻10号

高齢者医療制度研究会（2006）『新たな高齢者医療制度——高齢者の医療の確保に関する法律——〈概説と新旧対照表〉』中央法規

古賀昭典編（1997）『現代公的扶助法論（新版）』法律文化社

小西啓文（2011）「社会保険料拠出の意義と社会的調整の限界」社会保障法研究1号

小西啓文（2014）「労災認定にかかる学説・判例の再検討のための覚書」古橋エツ子・床谷文雄・新田秀樹編『家族法と社会保障法の交錯　本澤巳代子先生還暦記念』信山社

駒村康平（2014）『日本の年金』岩波新書

駒村康平編（2009）『年金を選択する』慶應義塾大学出版会

小山進次郎（1975）『生活保護法の解釈と運用（改定増補）』全国社会福祉協議会（復刻版）

近藤昭雄（2011）「労災保険の社会保障化と適用関係——『労働者』概念論議に関して」山田省三・石井保雄編『労働者人格権の研究　下巻　角田邦重先生古稀記念』信山社

財団法人東京都高齢者研究・福祉振興財団（2005）『介護保険転換期——新制度のしくみとドイツ制度の現状』財団法人東京都高齢者研究・福祉振興財団

財団法人**労災保険情報センター**（2006）『通勤災害制度のしくみ――通勤災害制度が拡大されました』財団法人労災情報保険情報センター

佐藤進・桑原洋子監修（1998）『実務注釈　児童福祉法』信山社

佐藤進・河野正輝（2003）『新現代社会福祉法入門〔第 2 版〕』法律文化社

児童福祉法規研究会編（1999）『最新児童福祉法　母子及び寡婦福祉法　母子保健法の解説』時事通信社

島崎謙治（2020）『日本の医療　制度と政策〔増補改訂版〕』東京大学出版会

社会福祉の動向編集委員会『社会福祉の動向2015』中央法規出版

社会保険法令研究会編（1972）『社会保険質疑応答ハンドブック』第一法規

障害者福祉研究会編（2007）『逐条解説　障害者自立支援法』中央法規出版

障害者福祉研究会編（2013）『逐条解説　障害者総合支援法』中央法規出版

菅野和夫（2019）『労働法（第12版）』弘文堂

角田邦重・毛塚勝利・浅倉むつ子編（2004）『労働法の争点〔第 3 版〕』有斐閣

角田邦重・山田省三（2007）『現代雇用法』信山社

炭谷茂編著（2003）『社会福祉基礎構造改革の視座――改革推進者たちの記録』ぎょうせい

生活保護手帳編集委員会（2021）『生活保護手帳　**別冊問答集**　2021年度版』中央法規出版

生活保護制度研究会（2021）『生活保護のてびき　令和 3 年度版』第一法規

生活保護手帳編集委員会（2021）『生活保護**手帳**　2021年度版』中央法規

清正寛・良永彌太郎（2000）『論点社会保障法（第 2 版）』中央経済社

高藤昭（1978）「労災補償の社会保障化」恒藤武二編『論争労働法』世界思想社

嵩さやか（2020）「社会保障法制と家族」二宮修平編集代表，棚村政行編集担当『現代家族法講座第 1 巻 個人と家族』日本評論社

デイリー法学選書編修委員会編（2019）『事業リスク解消！労働安全衛生法のしくみ』（三省堂）

手塚和彰（2005）『外国人と法（第 3 版）』有斐閣

東京都社会福祉協議会（2015）『介護保険制度とは…（第13版）』東京都社会福祉協議会

中川善之助（1928）「親族的扶養義務の本質（一）――改正案の一批評」法学新報38巻 6 号，「同（二・完）」同 7 号

中窪裕也・**野田**進（2019）『労働法の世界（第13版）』有斐閣，同（2021）追補〔補訂〕

長瀬修・東俊裕・川島聡編（2012）『障害者の権利条約と日本――概要と展望〔増補改訂版〕』生活書院

西村健一郎（2003）『社会保障法』有斐閣

西村淳（2010）『社会保障の明日――日本と世界の潮流〔増補版〕』ぎょうせい

西村淳編（2015）『雇用の変容と公的年金』（東洋経済新報社）

日本弁護士連合会編（1993）『子どもの権利条約と家族・福祉・教育・少年法』こうち書房

日本社会保障法学会編（2001）『医療保障法・介護保障法』講座社会保障法・第 4 巻，法律文化社

日本社会保障法学会編（2008）『社会保障法23――次世代育成を支える社会保障』法律文化社

日本社会保障法学会編（2012）『新講座社会保障法　第1巻　これからの医療と年金』法律文化社

仁平典宏・山下順子編（2011）『労働再審5　ケア・協働・アンペイドワーク　揺らぐ労働の輪郭』大月書店

沼田稲次郎（1979）『労働法要説（改訂版）』法律文化社

野々山久也（1992）「家族福祉の視点とは何か」野々山久也編著『家族福祉の視点』ミネルヴァ書房

橋爪幸代（2005）「ひとり親家庭に対する就労支援策——児童扶養手当法と母子及び寡婦福祉法の改正を通して」季刊労働法211号

橋爪幸代（2008）「ひとり親家庭と自立支援」菊池馨実編『自立支援と社会保障——主体性を尊重する医療，福祉，所得保障を求めて』日本加除出版

橋爪幸代（2010）「児童手当にかかわる現状と課題」日本台湾法律家協会雑誌9号

原田啓一郎（2005）「母子・寡婦福祉法ならびにドメスティック・バイオレンス」石橋敏郎・山田晋編『やさしい社会福祉法制』嵯峨野書院

原田啓一郎（2014）「高齢者の住まいと高齢者ケアをめぐる現状と法的課題」古橋エツ子・床谷文雄・新田秀樹編『家族法と社会保障法の交錯　本澤巳代子先生還暦記念』信山社

樋口範雄（1995）「子どもの権利の法的構造——国の役割とそのしくみを含んで」『児童の権利条約——その内容・課題と対応』一粒社

久塚純一・古橋エツ子・本沢巳代子（1998）『テキストブック社会保障法』日本評論社

尾藤廣喜・松崎喜良・吉永純編（2004）『これが生活保護だ　福祉最前線からの検証』高菅出版

平田厚（2005）『家族と扶養——社会福祉は家族をどうとらえるか』筒井書房

福田素生（1999）『社会保障の構造改革——子育て支援重視型システムへの転換』中央法規出版

福田素生（2001）「児童扶養手当制度の現状と課題」日本社会保障法学会編『講座社会保障法　第2巻　所得保障法』法律文化社

福田素生（2010）「子ども手当制度の検討」社会保険旬報2430

福田素生（2012）「子育ち・子育て支援の法体系とその展開」日本社会保障法学会編『新・講座社会保障法第2巻　地域生活を支える社会福祉』法律文化社

別冊問答集（2017）『生活保護手帳　別冊問答集　2017年度版』中央法規

細川瑞子（2010）『知的障害者の成年後見の原理〔第2版〕』信山社

細野真宏（2009）『「未納が増えると年金が破綻する」って誰が言った？』扶桑社

堀勝洋（1997）『現代社会保障・社会福祉の基本問題』ミネルヴァ書房

堀勝洋（2004）『社会保障法総論（第2版）』東京大学出版会

堀勝洋（2005）『年金の誤解』東洋経済新報社

堀勝洋（2017）『年金保険法（第4版）』法律文化社

増田雅暢（2003）『介護保険見直しの争点——制作過程からみえる今後の課題』法律文化社

増田雅暢（2008）『これでいいのか少子化対策』ミネルヴァ書房

増田雅暢編著（2014）『世界の介護保障（第2版）』法律文化社

増田雅暢（2014）『逐条解説・介護保険法』法研

増田雅暢（2015）『介護保険の検証──軌跡の考察と今後の課題』法律文化社

増田雅暢（2016）『逐条解説・介護保険法2016改訂版』法研

増田幸弘（1999）「中川善之助『親族的扶養義務の本質』（一）（二・完）」加藤雅信ほか編『民法学説百年史』三省堂

増田幸弘（2008）「政策対象としての祖父母」法政論叢45巻1号

増田幸弘（2012）「子育ち・子育てのための金銭給付」日本社会保障法学会編『新・講座社会保障法第2巻　地域生活を支える社会福祉』法律文化社

増田幸弘（2014）「社会保険法における家族像とジェンダー」社会保障法29号

増田幸弘（2017）「社会保険とジェンダー──同性カップルに対する社会保険の適用」社会保障法研究7号

町野朔・岩瀬徹・柑本美和編（2012）『児童虐待と児童保護──国際的視点で考える』上智大学出版

町野朔・岩瀬徹編（2012）『児童虐待の防止──児童と家庭，児童相談所と家庭裁判所』有斐閣

水島郁子（2001）「育児・介護休業給付」日本社会保障法学会編『講座社会保障法第2巻　所得保障法』法律文化社

椋野美智子・田中耕太郎（2021）『はじめての社会保障［第18版］』有斐閣

本沢巳代子（1991）「離婚母子の生活保障と子の福祉──ドイツ家族法との比較を中心として」『家族・労働・福祉』刊行委員会編『家族・労働・福祉』永田文昌堂

本沢巳代子（1996）『公的介護保険──ドイツの先例に学ぶ』日本評論社

本沢巳代子＝ベルント・フォン・マイデル編（2007）『家族のための総合政策』信山社

本沢巳代子＝ベルント・フォン・マイデル編（2009）『家族のための総合政策Ⅱ』信山社

本沢巳代子＝ウタ・マイヤー・グレーヴェ（2013）『家族のための総合政策Ⅲ』信山社

本沢巳代子編（2017）『家族のための総合政策Ⅳ』信山社

本沢巳代子（2012）「社会福祉の権利の実現」日本社会保障法学会編『新・講座社会保障法第2巻　地域生活を支える社会福祉』法律文化社

本沢巳代子（2014）「扶養義務（877条以下）との関係──民法の視点から②」法時86巻8号

本沢巳代子監修（2015）『サ高住の探し方』信山社

本沢巳代子監修（2017）『サ高住の決め方』信山社

本沢巳代子監修（2019）『サ高住の住み替え方』信山社

森戸英幸・小西康之（2020）『労働法トークライブ』有斐閣

山田晋（2000）「社会手当」清正寛・良永彌太郎編『論点社会保障法（第2版）』中央経済社

山田晋（2001）「児童手当制度の展望」日本社会保障法学会編『講座社会保障法第2巻　所得保障法』法律文化社

山田晋（2010）「児童扶養手当法・批判」山口経済学雑誌［山口大学］58巻2号

山田晋（2013）「児童扶養給付に関する理論的検討──児童手当を中心に」良永彌太郎・柳澤旭編『労働関係と社会保障法』法律文化社

吉田恒雄（2001）「児童虐待に関する法制度とその課題」日本社会保障法学会編『講座 社会保障法第 3 巻社会福祉サービス法』法律文化社

吉永純（2011）『生活保護の争点――審査請求，行政運用，制度改革をめぐって』高菅出版

労務行政研究所編（2004）『新版雇用保険法（コンメンタール）』労務行政

『速報 障害者自立支援法の改正』中央法規出版（2011）

官公庁資料

内閣府（2021）『令和 3 年版少子化社会対策白書』

厚生労働省（2021）『令和 3 年版厚生労働白書』

厚生労働省「国民年金及び厚生年金に係る 財政の現況及び見通し――平成26年財政検証結果」（2014年 6 月 3 日）

厚生労働省「国民年金及び厚生年金に係る 財政の現況及び見通しの関連試算――オプション試算結果」（2014年 6 月 3 日）

執筆者紹介

編者　本沢巳代子
　　　新田　秀樹

（担当箇所）

本沢巳代子　　筑波大学名誉教授　　　　　オリエンテーション
（もとざわみよこ）　筑波大学客員教授　　　　　第2章，第11章

原田啓一郎　　駒澤大学教授　　　　　　　第1章，第3章補訂
（はらだけいいちろう）

†田中秀一郎　　元岩手県立大学准教授　　　第3章
（たなかしゅういちろう）

小西啓文　　　明治大学教授　　　　　　　第4章
（こにしひろふみ）

根岸　忠　　　高知県立大学准教授　　　　第5章
（ねぎしただし）

橋爪幸代　　　日本大学教授　　　　　　　第6章
（はしづめさちよ）

増田幸弘　　　日本女子大学教授　　　　　第7章
（ますだゆきひろ）

新田秀樹　　　中央大学教授　　　　　　　第8章
（にったひでき）

三輪まどか　　南山大学教授　　　　　　　第9章
（みわ）

脇野幸太郎　　長崎国際大学教授　　　　　第10章
（わきのこうたろう）

付　　月　　　茨城大学准教授　　　　　　補論
（ふうゆえ）

トピック社会保障法〔2022 第16版〕

2006年4月5日	第1版第1刷発行	2015年4月1日	第9版第1刷発行
2007年4月2日	第2版第1刷発行	2016年4月1日	第10版第1刷発行
2009年4月1日	第3版第1刷発行	2017年3月30日	第11版第1刷発行
2010年4月1日	第4版第1刷発行	2018年4月1日	第12版第1刷発行
2011年4月1日	第5版第1刷発行	2019年4月1日	第13版第1刷発行
2012年3月30日	第6版第1刷発行	2020年4月1日	第14版第1刷発行
2013年4月1日	第7版第1刷発行	2021年4月1日	第15版第1刷発行
2014年4月1日	第8版第1刷発行	2022年4月1日	第16版第1刷発行

編　者　本　沢　巳代子
　　　　新　田　秀　樹

発　行　不　磨　書　房
〒113-0033 東京都文京区本郷 6-2-10-501
TEL 03-3813-7199／FAX 03-3813-7104

発　売　㈱ 信　山　社
〒113-0033 東京都文京区本郷 6-2-9-102
TEL 03-3818-1019／FAX 03-3818-0344

©著者，2022, Printed in Japan　組版・翼／印刷・製本／藤原印刷
ISBN978-4-7972-8718-9 C3332

変わる福祉社会の論点（第3版）

増田幸弘・三輪まどか・根岸忠 編著

◇Ⅰ 感染症で世界が変わる

◇Ⅱ 家族が変わる

◇Ⅲ 働き方が変わる

◇Ⅳ 「中流」が変わる

◇Ⅴ 医療・福祉が変わる

◇Ⅵ 地域が変わる

【執筆者】
根岸忠/新田秀樹/増田幸弘/橋爪幸代/髙橋大輔/付月/三輪まどか/
小西啓文/原田啓一郎/田中秀一郎/本澤巳代子/脇野幸太郎

2021.3最新刊 **みんなの家族法入門**

本澤巳代子・大杉麻美 編

【執筆者】
石嶋舞/髙橋大輔/生駒俊英/付月/冷水登紀代/佐藤啓子/田巻帝子

信山社

わが国の社会保障制度の主な変遷

年	社会保障制度関連の主な施策等	日本と世界の動き
1874	恤救規則制定	1868 明治政府成立
		1889 大日本帝国憲法
1922	**健康保険法制定**	1917 ロシア革命
		1923 関東大震災
1929	救護法制定	1925 治安維持法
		1929 世界大恐慌
		1937 日中戦争
1938	(旧)国民健康保険法制定	1938 厚生省設置
		1938 国家総動員法
1941	労働者年金保険法制定	1941〜1945 太平洋戦争
1944	厚生年金保険法制定〈労働者年金保険法改正〉	
1946	**日本国憲法公布**(11.3)，(旧)生活保護法制定	
1947	保健所法制定，児童福祉法制定，**労働者災害補償保険法制定，民法（親族・相続）全改正**	
1948	医師法制定，保健婦助産婦看護婦法制定，**医療法制定**	
1949	身体障害者福祉法制定	
1950	(新)生活保護法制定（**福祉三法体制**），精神衛生法制定，社会保障制度審議会勧告（**社会保障制度に関する勧告**）	1950 朝鮮戦争
1951	結核予防法制定，社会福祉事業法制定	1951 サンフランシスコ平和条約
1952	栄養改善法制定	1955 55年体制の成立
1958	(新)国民健康保険法制定（**国民皆保険**）	
1959	国民年金法制定（**国民皆年金**），最低賃金法制定	
1960	精神薄弱者福祉法制定，身体障害者雇用促進法制定	1961 国民所得倍増計画（高度経済成長期へ）
1961	国民皆保険・皆年金の実施，児童扶養手当法制定	
1962	社会保障制度審議会勧告（社会保障制度の推進に関する勧告）	
1963	老人福祉法制定	1964 東京オリンピック
1964	母子福祉法制定（**福祉六法体制**）	
1965	母子保健法制定，厚生年金保険法改正（1万円年金）	
1966	国民健康保険法改正（7割給付実現）	
1970	心身障害者対策基本法制定	1970 日本万国博覧会
		1970 65歳以上人口比率が7.1%に
1971	**児童手当法制定**	1972 沖縄本土復帰
1973	老人福祉法改正（**老人医療費無料化**），健康保険法改正（家族7割給付，高額療養費），労災保険法改正（通勤災害保護制度の導入），厚生年金・国民年金法等改正（5万円年金，物価スライドの導入）	1973 第一次石油危機
1974	**雇用保険法制定**	1979 第二次石油危機
1981	母子及び寡婦福祉法制定〈母子福祉法改正〉	1982〜1985頃 中曽根内閣による行政改革
1982	**老人保健法制定**（一部負担の導入，老人医療費拠出金，老人保健事業）	
1984	**健康保険法等改正**（本人9割給付，退職者医療制度）	
1985	**厚生年金法・国民年金法等改正**（基礎年金導入，女性の年金権確立），**医療法改正**（地域医療計画）	
1987	社会福祉士及び介護福祉士法制定，精神保健法制定〈精神衛生法改正〉，老人保健法改正（老人保健施設），障害者雇用促進法制定〈身体障害者雇用促進法改正〉	
1988	国民健康保険法改正（保険財政基盤の安定化等）	1988 消費税法(税率3%)

年	社会保障制度関連の主な施策等	日本と世界の動き
1989	高齢者保健福祉推進十か年戦略（**ゴールドプラン**）策定	1989 1.57ショック
1990	老人福祉法等**福祉八法の改正**（在宅福祉の推進，老人福祉の市町村への一元化）	1990 バブル経済の崩壊
1991	老人保健法改正（老人訪問看護制度）	1991 ソビエト連邦消滅（冷戦終結）
1992	福祉人材確保法，看護婦等人材確保法制定	
1993	**障害者基本法制定**〈心身障害者対策基本法改正〉	
1994	健康保険法等改正（入院時食事療養費創設），雇用保険法改正（高年齢雇用継続給付・育児休業給付創設），地域保健法制定〈保健所法改正〉，厚生年金・国民年金法等改正（厚生年金支給部分の支給開始年齢引き上げ），**エンゼルプラン策定**，新ゴールドプラン策定，ハートビル法制定	1994 65歳以上人口比率が14.1％に
1995	精神保健福祉法制定〈精神保健法改正〉，社会保障制度審議会勧告（**社会保障体制の再構築**），高齢社会対策基本法制定，**障害者プラン策定**	1995 阪神・淡路大震災 1995 地方分権推進法
1997	基礎年金番号の実施，児童福祉法改正（保育制度の改正等），健康保険法等改正（被用者本人8割給付），**介護保険法制定**，精神保健福祉士法制定	1997 消費税率引上げ（3％→5％）
1998	知的障害者福祉法制定（精神薄弱者福祉法改正）	
1999	新エンゼルプラン，ゴールドプラン21，民法改正（成年後見制度）	
2000	健康日本21（第3次国民健康づくり対策）策定，厚生年金法・国民年金法等改正（厚生年金報酬比例部分の支給開始年齢引き上げ，総報酬制導入），児童虐待防止法制定，社会福祉法制定〈社会福祉事業法改正〉・身体障害者福祉法等改正（**社会福祉基礎構造改革**），児童手当法改正（3才〜就学前までの支給開始年齢の延長），健康保険法等改正（老人患者一部負担・見直し，高額療養費見直し），交通バリアフリー法制定	
2001	社会保障改革大綱，確定給付企業年金法，確定拠出年金法，高齢者住まい法制定	2001 中央省庁再編（厚生労働省の発足）
2002	健康保険法等改正（高齢者1割負担，老人医療対象年齢引き上げ，被用者本人7割給付，総報酬制導入），健康増進法制定〈栄養改善法改正〉（受動喫煙防止など），ホームレス自立支援法制定，新障害者プラン	
2003	雇用保険法改正（早期再就職の促進），少子化対策基本法及び次世代育成支援対策推進法制定，児童福祉法改正（子育て支援事業の法定化）	
2004	**厚生年金・国民年金法改正**（将来の保険料水準を固定，マクロ経済スライド），少子化対策大綱，子ども・子育て応援プラン，児童手当法改正（小学校第3学年修了前まで延長）	
2005	介護保険法改正（施設の食費・居住費負担創設，新予防給付創設，地域支援事業創設），**障害者自立支援法制定**（支援費支給制度から自立支援給付制度への移行），高齢者虐待防止法制定，医療制度改革大綱（政府・与党医療改革協議会）	2005 小泉内閣による郵政民営化
2006	**健康保険法等改正**（70歳以上の現役並み所得者の3割自己負担，傷病手当金・出産手当金見直し，標準報酬等級の上限・下限見直し，**高齢者医療制度創設**），医療法等改正（医療情報公表制度創設，広告規制緩和，医療計画制度見直し），児童手当法改正，児童扶養手当法改正，新バリアフリー法制定	
2007	雇用保険法改正，パート労働法改正（均衡処遇），児童手当法改正（乳幼児加算創設），日本年金機構法制定（社会保険庁→日本年金機構），最低賃金法改正，社会福祉士及び介護福祉士法改正	
2008	高齢者医療確保法施行（後期高齢者医療制度，特定健診・特定保健指導），介護保険法及び老人福祉法改正（サービス事業者に対する規制見直し），政府管掌健康保険→「全国健康保険協会」へ，社会保障国民会議（医療・介護費用のシュミレーションと最終報告），児童福祉法改正（「保育ママ制	